201 SWEDISH VERBS

FULLY CONJUGATED
IN ALL THE TENSES
Alphabetically arranged

Richard P. Auletta

Assistant Professor of Foreign Languages and
  Linguistics;
Director, Program in Critical Languages
C. W. Post College
Long Island University
Greenvale, New York 11548

Leif Sjöberg, Editor
Professor, Germanic Languages and
  Scandinavian Studies
State University of New York at Stony Brook

BARRON'S

BARRON'S EDUCATIONAL SERIES, INC.

All inquiries should be addressed to:
Barron's Educational Series, Inc.
250 Wireless Boulevard
Hauppauge, New York 11788

Library of Congress Catalog Card No. 74-9748

Paper Edition
International Standard Book No. 0-8120-0528-7

Library of Congress Cataloging in Publication Data

Auletta, Richard P
  201 Swedish verbs fully conjugated in all the tenses.

  Bibliography: p.
  1. Swedish language — Verb.   I.   Title.

PD5271.A8   439.7'5   74-9748

ISBN 0-8120-0528-7

PRINTED IN THE UNITED STATES OF AMERICA

3456   510   12 11 10

for Ingrid

CONTENTS

FOREWORD

ALTHOUGH FOREIGN LANGUAGE enrollments have declined somewhat in recent years, enrollments in less widely studied languages, including Swedish, have increased. This is due in large part to the increase in self-instructional, or independent-study, courses. Professor Auletta has been the Director of the Program in Critical Languages (which has offered fourteen languages) at C. W. Post College since 1968. He is on the Executive Board of the National Association of Self-Instructional Language Programs (NASILP), which has its headquarters at the State University of New York at Buffalo, and he is the Editor of that organization's journal, *The NASILP Bulletin.*

The verb, it may be said, is the core of language, in the sense that we tend to build complex linguistic structures around the verb. Indeed, Latin *verbum* means 'word', a further indication of the central importance of the part of speech which we call the 'verb'. We speak of one's "verbal ability" and refer to one's *linguistic* ability in general; one who is "verbose" is "wordy".

In a real sense, the verb is central to Swedish structure as well. Much of the vocabulary of Swedish is derived from verb roots. ⌐wedish strong verbs are of particular interest, as many lexical items are derived from these verbs. In this respect, Swedish is quite similar to the other Germanic languages. The focus of this present volume falls principally on strong and irregular verbs and should prove valuable to beginning and advanced students of Swedish alike.

LEIF SJÖBERG

PREFACE

THE SWEDISH LANGUAGE (and in particular its verb system) is presently in a state of transition in which many of the classical and traditional forms of the language are yielding to a more informal, colloquial style of speech. These changes, beginning in the early part of the century and accelerating since World War II, represent an evolution in language unusual in the speed with which it has occurred. The change has been so great, in fact, that speakers of Swedish occasionally feel uncomfortable using grammatical forms and words which they formerly considered to be normal. Indeed, it is often easy to determine the age of a Swedish person by noting the form of his written and spoken language. People who lived in Sweden and learned Swedish before World War II are very surprised when they return to the country a quarter century later and discover the great difference in the language as it is spoken today.

Linguists who have studied these language trends and have traced the direction this internal evolution is taking believe it is very likely that the current colloquial usages will eventually become standard spoken and written Swedish. There is a certain stability developing now that seems to indicate that the rapid rate of change may be slowing down and that the entire system will stabilize considerably by the end of the century.

The extent of the upheavals within the Swedish verb system in the twentieth century can readily be appreciated when one considers these factors:

1. The special endings for the plural (as well as the special plural forms themselves) have virtually disappeared, especially in the spoken language. For all practical purposes, Swedish no longer has personal endings, or "person-number markers." This means

that the verb has but one form in each tense which is used with the first person, the second person, and the third person, singular as well as plural. This is a stage of levelling which has progressed beyond that evident in English which still has vestiges of a former set of person-number verb endings (note the third person singular *he walks*, as opposed to *I/you/we/they walk*). However, even in English, this vestigial ending is not totally consistent: *I must; he must.* In the past tense, the distinction is not made between the third person singular and other persons: *I walked; he walked; we walked; they walked; I spoke; he spoke; we spoke; they spoke;* etc. In studying Swedish, the beginning student can totally disregard person-number endings.

2. The subjunctive mood has all but disappeared from current Swedish. It has been replaced by the indicative mood or by periphrastic phrases which enable the speaker to avoid the subjunctive forms and endings completely. Again, this is also true in English, although in English (as in Swedish) there are certain set expressions where the subjunctive is retained.

3. Pronoun usage (especially in reference to the second person, "you") is in a state of flux in current spoken Swedish. The former formal and plural form *I* is now totally archaic and no longer possible in spoken Swedish. The familiar form *du* is gaining currency, especially among younger age groups, but it is not generally acceptable for use between strangers or on a formal basis among older age groups, nor is *du* permissible in traditional or conservative settings. There is a growing tendency to "put aside titles" *(lägga bort titlarna* or *slänga titlarna)* which means, in effect, that two or more people agree to call each other by their first (Christian) names. This, in turn, opens the door for the mutual use of *du.* The formal substitute *ni* has not gained widespread currency in Sweden (although it is the standard form taught to foreigners learning Swedish there) and many Swedes avoid it by using a noun phrase referring to the person or persons being addressed, thus avoiding the equivalent of the word "you" altogether.

In addition to these major changes, certain pronunciations of verbal forms and endings are in a state of transition. Besides a change from [skal] *(skall)* to [ska] *(ska)* in the spoken language, the third person plural subject pronoun *de* 'they' is now usually pronounced [dɔm] (as though it were written *dom*); less frequently (and dialectally) it is pronounced [di] and only rarely as [de].

Accepting the premise that language constantly changes and the fact that the rate of the change is impossible to calculate, one may nevertheless rely on a common denominator in the study of linguistic evolution. This is that changes usually occur first in informal speech (often slang), gain respectability as their usage becomes more widespread and eventually become universally accepted, standard forms. Thus language, never static, progresses from one stage to another.

This volume, designed with the rapid linguistic evolution of the Swedish verbal system in mind, presents all possible variations of the verbs in a clear and concise manner which should prove useful to the beginning student who simply desires to learn the current colloquial usage, as well as to the more advanced student interested in mastering verb forms found in classical Swedish literature and those forms now restricted to legal, biblical, and very formal and traditional language. Beginning students can disregard the variations presented in parentheses and square brackets. The forms in parentheses are generally viable alternatives, but somewhat less common than the forms which precede them. Those forms in square brackets are either archaic, poetical, extremely formal, or very conservative. It is hoped that this method of presentation will provide special insight into the linguistic changes taking place in regard to the Swedish verb system and at the same time serve as a convenient reference source.

R. A.

ACKNOWLEDGEMENTS

THE AUTHOR wishes to express his deep gratitude to the many mentors who have provided the inspiration for this book, in particular to Professors William Anders (C. W. Post College), Peter Boyd-Bowman (State University of New York at Buffalo), and Leif Sjöberg (State University of New York at Stony Brook), each of whom has had a profound influence on the author's professional goals. It is with sincere appreciation that the author thanks Ruth H. Sanders for her very careful and critical assistance in the preparation of this book, and Professor Per Ålin (State University of New York at Stony Brook) and Bengt-Arne Wickström for their suggestions as native speakers of Swedish. Also of great value was the assistance rendered to the author by Mr. Jan O. Rudbeck and his staff at the Swedish Information Service in New York City. Sincere thanks are due above all to Professor Leif Sjöberg, who offered his encouragement from the conception of the idea for this work and who guided the author at every stage of its preparation. Besides placing his reference library at the author's disposal, Dr. Sjöberg has considered every problem which has arisen with the keen insight of a native speaker and learned scholar. Finally, the author would like to thank Professor George C. Schoolfield of Yale University for his invaluable advice and assistance.

Guide to the use of this book

NOTE: Square brackets indicate older, archaic, obsolete, or less common forms; for example:

vi har [ha] [hava] bakat

indicates that the current form is *vi har bakat* and that the forms *vi ha bakat* and *vi hava bakat* are becoming more and more archaic, although they may be found in very formal style and in older literature.

Parentheses indicate alternate but less frequent forms; for example:

jag ska(ll) baka

indicates that the current form (especially in the spoken language, and especially among those born since World War II) is *jag ska baka.* This form will often be encountered in informal and colloquial written Swedish as well, such as in informal correspondence and in popular magazines. The former pronunciation [skal] is restricted to older speakers and very formal style; there are many people who pronounce [ska] and write *skall;* they are, in general, middle-aged people. In serious literature and in all formal writing, the preferred form is still very possibly *jag skall baka,* but the direction of change is clearly evident and it is just a matter of time before the longer form, *skall,* disappears from Swedish entirely. At present, students of Swedish can feel comfortable using either form in writing, but should use the pronunciation [ska]. In other cases where alternate forms are indicated in parentheses, the student should be familiar with both forms as far as passive recognition is concerned; he should actively learn the first form and use that in writing and speaking.

Square brackets and parentheses have been combined in certain cases to indicate a number of alternate forms. For example:

vi kommer att [ska(ll)] [skola] ha [hava] bakat indicates that the current spoken form is *vi kommer att ha bakat*. [The most formal older form would be *vi skola hava bakat*.] As can be seen, a number of intermediate forms might be encountered, such as:

> vi kommer att hava bakat
> vi ska ha bakat
> vi skall ha bakat
> vi skola ha bakat
> vi skall hava bakat

While all of these are theoretically possible, some are rather unlikely. For example, **vi ska hava bakat* is unlikely, since *ska* is rather modern and *hava* rather old-fashioned; similarly **vi kommer att hava bakat* is another unlikely hybrid. The reader can easily perceive the state of flux in which the Swedish verb system presently finds itself, and therefore can perhaps excuse the author of this book for what at first glance might seem to be very cumbersome constructions: *vi kommer att [ska(ll)] ha [hava] bakat* is, while a bit staggering at first glance, a very handy way of telescoping all of the possible variations in as short a manner as possible. Using this volume, the reader can assume that the simplest forms — those neither in parentheses nor in square brackets — are the current, colloquial spoken forms, and these forms appear to be gaining acceptance universally as standard Swedish. Conversely, the forms in square brackets are the most formal or least common forms, usually reserved for formal writing or encountered in older and very formal literature.

VOWEL QUALITY. The quality (long or short) of each vowel is not given. In general, however, a vowel preceding a single consonant is long in Swedish, and a vowel preceding a double consonant is short. This same rule applies in English, but it is far more consistent in Swedish than in English.

Thus, the verb *sprida* will have a long stem vowel *i*; the past tense *spridde* will have a short stem vowel *i* (note that the alternate past tense form *spred* has a long stem vowel *e*); the supine and past participle forms *spritt* and *spridd* have short vowels.

THE SWEDISH ALPHABET

ALL LISTS in this book have been alphabetized according to the SWEDISH alphabet, which has 29 letters. The first 26 are the 26 letters of the English alphabet, and the last three are å, ä and ö. The Swedish alphabet in full, capital and lower case, is as follows: A a, B b, C c, D d, E e, F f, G g, H h, I i, J j, K k, L l, M m, N n, O o, P p, Q q, R r, S s, T t, U u, V v, W w, X x, Y y, Z z, Å å, Ä ä, Ö ö. The consonants Q and W occur only in foreign words and in personal and place names. In Swedish dictionaries, and in telephone books, V and W are listed together without distinction; some dictionaries even respell words beginning with *w-* as words beginning with *v-*: *Wilhelm* appears as *Vilhelm*, etc. As a side note, some names beginning with the letter *c* are alphabetized under *k* in Swedish telephone directories; in dictionaries the two letters are kept distinct, and occur in the same positions as in the English alphabet. The letter *c* as an initial letter in Swedish is limited by and large to words of foreign origin, typically words of French, English or Italian origin.

I Some changes taking place in modern Swedish affecting the verb system

SUBJECT PRONOUNS
Survey

The first person singular subject pronoun is *jag* 'I'. It can be pronounced [jag] but is often pronounced [ja] in colloquial and informal speech. It is always written *jag*.

The second person singular subject pronoun is *du* [dɯ] 'you'.

Du was formerly restricted to use among members of a family, in addressing God, between intimate friends, with young children in general, and with animals; this restriction concerning the second person singular pronoun is still in force in such languages as German, French and Spanish. But the usage of *du* in Swedish is widening, as Swedish moves in the direction of informality and less formal forms. Older speakers of Swedish may be surprised to hear shopkeepers and other strangers address them in the *du* form; yet precisely this has begun to happen in modern Swedish, especially among the younger generation. Foreigners learning Swedish should use *ni* 'you' when addressing strangers or casual acquaintances.

The third person singular has four possible subject pronouns: *han* [han] 'he', *hon* [hun] 'she', *den* [dɛn] 'it' (non-neuter, or "common gender") and *det* [dɛt] 'it' (neuter). The pronoun *det* is frequently pronounced [dɛ], as though it were spelled without a *t*. Often, especially among older speakers of Swedish, the third person singular construction is used to refer to "you" (singular, formal) by means of noun phrases. For example: *Vill herr Lundgren tala med mig?* is used to mean 'Do *you* want to speak with me, (Mr. Lundgren)?'; *Ska Fru Moberg läsa på svenska?* 'Will *you* read in Swedish, (Mrs. Moberg)?'; or *jag såg doktorn igår*, 'I saw *you* yesterday, (doctor).' [The preceding three examples could, under other circumstances, be translated as follows: 'Does Mr. Lundgren want to speak with me?'; 'Will Mrs. Moberg read in Swedish?'; and 'I saw the doctor yesterday.' This would be a normal third person construction, used in speaking to a person other than the person named in the sentence.]

The first person plural subject pronoun is *vi* [vi] 'we'.

The second person plural (and singular, formal) subject pronoun *I* is archaic. It is found in highly formal or poetic style, and in biblical language. It can no longer be employed in spoken Swedish. In its place, a new pronoun *ni* [ni] has emerged. Its origin is quite interesting. The verb ending corresponding to the now archaic pronoun *I* was *-en*: *I älsken, I älskaden, I skolen älska, I skullen älska, I haven älskat, I haden älskat, I skolen hava älskat, I skullen hava älskat.* In a question, the subject and verb are inverted, yielding such phrases in the case of the pronoun *I* as *älsken I, haven I älskat,* etc. In time, these forms came to be felt as *älske ni and *have ni älskat (* denotes a hypothetical stage), especially since at the same time the special plural endings were falling into disuse. Thus the now archaic *haven I?* has undergone a succession of changes (perhaps via **have ni?* to **hava ni?*, conforming with the first and third person plural ending *-a*, to **ha ni?* and finally to *har ni?*, conforming with the singular ending. The pronoun *ni* can and should be used by students of Swedish both for the plural of 'you' and also for the singular 'you' when addressing a stranger or an acquaintance. [Between close friends, and more and more within the same age group (among students or fellow workers, for example,) one can safely use *du* in the singular.]

It is interesting to note that many Swedish speakers tend to avoid the use of *ni* as far as possible. For these speakers, in certain circumstances there is no second person plural subject pronoun which may be comfortably used, and their chosen alternative is to use a noun phrase as a circumlocution. The linguistic pressure is a reflection of the desire to conform to the mores of one's social peers. Examples of the resulting circumlocutions are provided under the third person singular and the third person plural.

The third person plural subject pronoun is *de. De* is usually pronounced [dɔm], as though it were written *dom (which actually does occur in very informal style such as in comic strips); in some areas (especially in Southern Sweden), *de* is pronounced [di] (in the many dialects where the pronunciation [di] is used, [dɔm] is considered a curious feature of Stockholm Swedish); in a small number of dialects, *de* is pronounced as [dɛm] and even [de] (rarely), but these pronunciations will not conform with Stockholm —and therefore standard* —Swedish.

---

*   Standard Swedish is generally considered to be the Swedish spoken by educated speakers in the general area between Stockholm and Söderhamn.

Again, it must be noted that speakers wishing to avoid *ni* in situations referring to "you" in the plural will use a noun phrase and the third person plural instead; e.g. *Skulle Fru Wedström och Fru Lundberg vilja ha en kopp kaffe med oss?* 'Would *you* (i.e., Mrs. Wedström and Mrs. Lundberg) like to have a cup of coffee with us?' This practice is sometimes applied to the point where the language becomes rather unnatural; for example: *Har professorskan Ström och doktorinnan Bergroth varit i Göteborg?* 'Have *you* been in Göteborg, (Mrs. Ström [whose husband is a professor—or who is herself a professor]** and Mrs. Bergroth [whose husband is a doctor—or who is herself a doctor])?' Of course the verb ending no longer defines any grammatical person, nor does it distinguish between singular and plural for that matter, but the use of *professorskan Ström och doktorinnan Bergroth* clearly marks this as a third person plural construction.

Verb endings corresponding to the archaic second person plural subject pronoun *I* 'you'

The beginning student will not encounter the pronoun *I* in the course of his study, but for those wishing to become familiar with the endings used in conjunction with *I*, a sample set of endings is provided below. The formal plural and now archaic pronoun *I* 'you' is restricted to biblical usage and earlier literature. It is no longer found even in the most conservative and traditional current writings. The endings, by class, are as follows:

Class I: I bak*en*, I bakad*en*, I skol*en* baka, I skull*en* baka, I hav*en* bakat, I had*en* bakat, I skol*en* hava bakat, I skull*en* hava bakat.

Class II: I ställ*en*/köp*en*, I ställd*en*/köpt*en*, I skol*en* ställa/köpa, I skull*en* ställa/köpa, I hav*en* ställt/köpt, I had*en* ställt/köpt, I skol*en* hava ställt/köpt, I skull*en* hava ställt/köpt.

** More recently, in standard Swedish, *professorska* has come to refer only to the professor's wife, and *professor* is now used in reference to both male and female professors; similarly, *doktorinna* means the 'doctor's wife' in standard Swedish.

Class III: I bon/syn, I bodden/sydden, I skolen bo/sy, I skullen bo/sy, I haven bott/sytt, I haden bott/sytt, I skolen hava bott/sytt, I skullen hava bott/sytt.

Class IV: I skriven/ären, I skreven/voren, I skolen skriva/vara, I skullen skriva/vara, I haven skrivit/varit, I haden skrivit/varit, I skolen hava skrivit/varit, I skullen hava skrivit/varit.

The passive forms, while so highly elevated in style as to be almost theoretical, are as follows: I älskens, I älskadens; I ställens/täckens, I ställdens/täcktens; I trons, I troddens; I gripens, I grepens; etc.

PLURAL VERB FORMS AND ENDINGS

The special plural verb endings are no longer used in spoken Swedish, and, except for highly formal or biblical writings, rarely in written Swedish either. For those wishing to have a summary of these plural endings, however, the following guide is provided. The plural endings used in conjunction with the now archaic pronoun *I* will be found under that heading. The plural forms cited here correspond to the subject pronouns *vi*, *ni* and *de*.

PRESENT TENSE. The formal literary plural ending is the same as the infinitive: vi baka, vi ställa, vi köpa, vi tro, vi skriva. Exception: *vara*: vi *äro*.

PAST TENSE. Only the Class IV verbs have special plural forms. The strong verbs have the past plural ending -*o*. The past tense plural stem is sometimes the same as the past tense singular stem (jag *skrev*, vi *skrevo*) and sometimes the same as the supine stem (jag *fann*, vi *funno*); sometimes it is simply irregular: jag *gav*, vi *gåvo*; jag *var*, vi *voro*; jag *gick*, vi *gingo*; jag *fick*, vi *fingo*. See STRONG VERB CLASSES. The past plural forms are of importance to those who wish to learn the subjunctive forms (q.v.) since the *subjunctive* is derived from the *past plural* stem! Most students will find it more convenient to learn the relatively few subjunctive forms in common use simply as vocabulary items; see SUBJUNCTIVE.

FUTURE TENSE. Since the future is formed with *skola*, which is both the infinitive and the present plural form, the future plural forms are: vi *skola* baka/ställa/köpa/tro/skriva/vara, ni *skola* baka/ställa/köpa/tro/skriva/vara, de *skola* baka/ställa/köpa/tro/skriva/vara, etc.

CONDITIONAL. There is no special plural form for the conditional; it is the same as the singular: skulle jag baka (om jag skulle baka), skulle vi baka (om vi skulle baka), etc.

PRESENT PERFECT TENSE. The present perfect tense is formed with the present tense of *ha[va]* as an auxiliary verb plus the supine. The plural of *ha[va]* is identical with the infinitive. Thus: vi ha [hava] bakat/ställt/köpt/trott/skrivit/varit; etc.

PAST PERFECT TENSE. There are no special plural forms in the past perfect tense.

FUTURE PERFECT TENSE. *Skola* is used in the plural as an auxiliary verb in place of *ska(ll)*. Thus: vi *skola* ha[va] bakat/ställt/köpt/trott/skrivit/varit; etc.

CONDITIONAL PERFECT. There is no special plural form for the conditional perfect; it is the same as the singular: skulle jag ha bakat (om jag skulle ha bakat), skulle vi ha bakat (om vi skulle ha bakat), etc.

THE SUBJUNCTIVE
Survey

The subjunctive mood as well as the special subjunctive endings have almost disappeared from modern Swedish. (See NOTE at the end of this section.) For this reason, it was decided not to include the subjunctive forms in the section entitled "201 SWEDISH VERBS fully conjugated in all tenses." It is not necessary to learn the subjunctive forms, with few exceptions, and these exceptions can be learned as vocabulary items. For example, the subjunctive of *vara* is *vore*, and is still in common usage. English, like Swedish, has also all but discarded the subjunctive and, like Swedish, retains it only in a few set phrases. The vestigial uses of the subjunctive in Swedish and English are very nearly identical, so this poses no problem for the English-speaking student of Swedish.

The subjunctive will be found in older literature, and in very formal Swedish such as biblical and legal writings. For those who wish to learn the former subjunctive forms and uses, a brief but comprehensive guide is provided here.

The subjunctive is marked by the ending *-e*. The present tense of the subjunctive is formed by changing the infinitive ending *-a* to *-e* (Classes I, II and IV). Class III verbs, however, have the same form in the present subjunctive as in the infinitive; should the speaker wish to phrase his sentence clearly in the subjunctive, he would have to resort to periphrastic phrases such as *jag må* (or *måtte*) *tro*, etc.

The following table gives examples of the PRESENT SUBJUNCTIVE:

Class I: tal*e*, älsk*e*, önsk*e*
Class IIa: glömm*e*, ställ*e*, vänd*e**
Class IIb: köp*e*, läst*e**, tyck*e*
Class III: bo, sy, tro
Class IV: bryt*e*, finn*e*, skriv*e*; hav*e*, bliv*e*, var*e*

The PAST SUBJUNCTIVE of Class I, Class II and Class III verbs is identical with the past indicative, and it is the same for both singular and plural:

Class I: bak*ade*, kall*ade*, tal*ade*
Class IIa: glöm*de*, ställ*de*, vän*de**
Class IIb: köp*te*, läst*e**, tyck*te*
Class III: bo*dde*, sy*dde*, tro*dde*

NOTE: The forms of the present subjunctive are the same for the singular and the plural.

* N.B.:   In these cases, present and past subjunctive forms are identical!

The past subjunctive of strong Class IV verbs is derived from the special past indicative plural forms. [See STRONG VERB TYPES; see also PLURAL VERB FORMS AND ENDINGS.] The past subjunctive is formed by changing the *-o* of the PAST PLURAL indicative form to *-e*. [NOTE: Therefore, it would be necessary to first learn the special past plural forms before one could learn the past subjunctive!] The past subjunctive form so derived is used for both singular and plural: e.g.: *bryta* (past: *bröt, past plural: bröto*): past subjunctive: *jag bröte, vi bröte*; *finna* (past: *fann*, past plural: *funno*): past subjunctive: *jag funne, vi funne*; *skriva* (past: *skrev*, past plural: *skrevo*): past subjunctive: *jag skreve, vi skreve*; *vara* (past: *var*, past plural: *voro*): past subjunctive: *jag vore, vi vore*; etc.

Use of the Subjunctive

It is almost never necessary to use the subjunctive in Swedish. Its use is almost totally restricted to set phrases such as:

Leve konungen! 'Long *live* the king!'
Leve drottningen! 'Long *live* the queen!'

Note that these English sentences also employ the subjunctive form *live* (as opposed to the indicative *lives*: the king live*s*, the queen live*s*.) The following are further examples:

Gud vare med dig! 'God *be* with you!'
Gud välsigne dig! 'God *bless* you!'

Again, the English translations also show the subjunctive forms; the indicative forms would be: God *is* with you; God bless*es* you.

The above examples illustrate the vestigial uses of the present subjunctive. The past subjunctive is for all practical purposes limited to contrary-to-fact situations:

Jag önskar jag vore i India land! 'I wish I *were* in India land!'

[NOTE: While the subjunctive is fast disappearing from standard Swedish, it is often retained in certain dialects. Also, *finge, ginge, låge, såge, vore* and a few others persist even in current standard Swedish.]

Om jag finge, skulle jag resa till landet. 'If I _were_ allowed to, I would travel to the country.'

Han önskar, att hon bleve kär i honom. 'He wishes that she _would fall in love with him_.'

Om inte pengar funnes, skulle vi inte kunna köpa någonting. 'If there _were_ no money, we couldn't buy anything.'

Note that English, like Swedish, uses the subjunctive in these cases. In current spoken Swedish, however, one is more apt to hear *var* instead of *vore, fick* instead of *finge, blev* instead of *bleve* and *fanns* instead of *funnes.* One will still occasionally hear *vore* in spoken Swedish; for example: *Det vore roligt att resa till Sverige.* 'It _would be_ nice to travel to Sweden.' Swedish is not as restrictive as English in this case; *var* would be an acceptable substitute for *vore* in current spoken Swedish, whereas *was* is not usually acceptable in English subjunctive situations. To cite another example illustrating that Swedish is a bit more permissive, Swedish allows the past tense *var* in the phrase *om jag var konung*, where one was formerly obliged to use the past subjunctive *vore (om jag vore konung)* 'if I _were_ king.' English still requires the past subjunctive in this instance in standard cultivated speech. To be sure, one will hear many speakers say such sentences as *If I _was_ king!* but educated speakers would find this unacceptable. In short, English has not yet progressed as far as Swedish with regard to the replacement of the subjunctive by the corresponding indicative forms. In the course of this century, both languages have continued to move towards this replacement, but it appears that Swedish will arrive at the point of total replacement (i.e., disappearance of the subjunctive) before English.

SHORTENED VERB FORMS

Swedish has a number of verb forms which are shortened from older forms. In some cases, the shortened form is now the preferred form; for example: *bli[va]* indicates that *bli* is by and large the only form in current use, *bliva* having virtually disappeared from the spoken language and in the process of disappearing from the written language. In other cases, the shortened form coexists with the longer form, although the shortened form is almost always the preferred spoken form; for example: *ska(ll)* indicates that *ska* is preferred in the spoken language and common in the written language; *skall* is rare in the spoken language and less common than *ska* in popular written Swedish. A list of such forms follows:

longer form		*shortened form*
bedja	>	be
bedjer	>	ber
bliva	>	bli
bliver	>	blir
draga	>	dra
drager	>	drar
giva	>	ge
giver	>	ger
hava*	>	ha
kläda	>	klä
kläder	>	klär
lade	>	la
sade	>	sa
skall	>	ska
taga	>	ta
tager	>	tar

II   The Structure of the Swedish Verb

THE INFINITIVE

Class I :   *-a*   (att) bak*a*, (att) kall*a*, (att) tal*a*
Class IIa :   *-a*   (att) glömm*a*, (att) ställ*a*, (att) vänd*a*
Class IIb :   *-a*   (att) köp*a*, (att) läs*a*, (att) tyck*a*

---

* *haver* has totally disappeared from modern Swedish, having been replaced by *har*.
  [Note the prayer which begins: *"Gud som haver barnen kär ..."* 'God, who loves children ...].

Class III: — (att) bo, (att) sy, (att) tro
Class IV: -a (att) bryta, (att) finna, (att) skriva, (att) vara

The infinitive ⸗ generally preceded by *att* in Swedish. When it is used to express intention, it is preceded by *för att* 'in order to ..., so that ..., so as to ...'; for example: *han reste till Sverige för att lära sig svenska* 'he travelled to Sweden in order to learn Swedish.' The infinitive is used without *att* after the modal verbs (q.v.), and after certain verbs of thinking, needing, wishing, hearing and seeing (among others.) Some verbs take an infinitive either preceded by *att* or without *att* (e.g.: *börja* 'to begin'). *Det börjar snöa* and *det börjar att snöa* 'it's beginning to snow' are interchangeable. A comprehensive grammar will be useful in determining when the use of *att* is precluded or optional; otherwise, as noted above, it is most likely that *att* precedes the infinitive.

THE IMPERATIVE

The imperative is provided in the upper right hand corner of the page in the case of the 201 verbs fully conjugated in all tenses.

Class I:	-a	baka!	kalla!	tala!	
Class IIa:	—	glöm!	ställ!	vänd!	
Class IIb:	—	köp!	läs!	tyck!	
Class III:	*	bo!	sy!	tro!	
Class IV:	—	bryt!	finn!	skriv!	var!

*Class III imperatives are identical with the infinitive forms.

In archaic and highly formal Swedish (biblical language, for example) there are two additional imperative forms: a first person plural imperative which ends in -*om*, and a second person plural imperative ending which ends in -*en*; both are added to the present tense stem.

Examples of the first person plural imperative are:

Låtom oss bedja! ('Let us pray!')

Sjungom studentens lyckliga dag,
('Let's sing about the student's happy day,
 Låtom oss fröjdas i ungdomens vår!
 Let's rejoice in the springtime of youth!')
Tackom och lovom Herran! ('Thank and praise the Lord!')
Tänkom oss till exempel ... ('Let's consider for example ...')

Examples of the second person plural imperative are:

Låten barnen komma till mig! ('Let the children come to me!')
Förmenen dem det icke! ('Don't deny them it!')
Viken, tidens flyktiga minnen! ('Give way, time's fleeting memories!')

So, for example, the verb *växa* would have these imperative forms: väx! [växom!] [växen!].

Växom! is now replaced by *låt oss växa!* and *växen!* is replaced by *väx!* For all practical purposes, only one imperative form survives.

An older and apparently even less frequent second person plural imperative ending in -*er* (*låter*, etc.) is now virtually extinct. It was used by Gustaf Fröding in his *Nya Dikter* [Bonniers], 1894, page 163 *(så låter ...).*

PRINCIPAL PARTS

The principal parts of the Swedish verb are the *infinitive, past* (singular), *supine,* and *past participle* (common gender, singular). Occasionally other reference sources will give a fifth principal part, the *present* tense, between the infinitive and the past. Still less common is a sixth principal part, the *past (plural)* form, which is provided immediately following the past (singular). In this book, only four principal parts are given. The present tense can be determined by the *verb class* (which is provided after the infinitive) and the past plural form is now rarely used. Those who

wish to find past plural forms are urged to refer to the section on
PLURAL VERB FORMS AND ENDINGS and the section on
STRONG VERB TYPES.

PARTICIPLES

Swedish, like English, has two participles, the _present participle_ and
the _past participle_. The _past participle_ in Swedish is used only after _bli_
[bliva] and _vara_ (to form the passive voice) and as an adjective.
It cannot be used to form the "perfect" tenses as in English. [See
the section entitled "The English Past Participle" in part II, sec-
tion 4 for more details, and for the rules for the formation of the
past participle for each of the Swedish verb classes.] It should be
remembered, though, that there are three forms of the past parti-
ciple in Swedish: a non-neuter (or common gender) singular, a
neuter singular, and a plural form. The following table illustrates
the use of these three forms:

> jag är _kallad_
> du är _kallad_
> han är _kallad_
> hon är _kallad_
> den är _kallad_
> det är _kallat_
> vi är _kallade_
> ni är _kallad/kallade_
> de är _kallade_

The Swedish _present participle_ can also be used as an adjective, in
which case it is indeclinable:

> _en skrattande fru_ 'a laughing woman'
> _ett brinnande hus_ 'a burning house'
> _den skinande solen_ 'the shining sun'
> _det leende ansiktet_ 'the smiling face'
> _de skrattande fruarna_ 'the laughing women'

The present participle can also be used as a Class V (fifth declension) noun: *en resande* 'a traveler'; *en studerande* 'a student'; *en gående* 'a pedestrian.'

It should be noted that Swedish, unlike English, has no progressive (continuing) tenses composed of the verb 'to be' plus the present participle. There is therefore no similar Swedish construction corresponding to *he is reading, she is writing,* etc. (Swedish uses the simple present tense in such cases.) The Swedish present participle cannot be used in such progressive, or continuing, constructions; it can only be employed as an adjective or as a noun, as explained above, or (less frequently) as an adverb.

The present participle is formed as follows: Class I, II and IV* verbs have the ending *-ande* attached to the stem; Class III verbs have *-ende*. For example:

Class I: bak*ande,* kall*ande,* tal*ande*
Class IIa: glömm*ande,* ställ*ande,* vänd*ande*
Class IIb: köp*ande,* läs*ande,* tyck*ande*
Class III: bo*ende,* sy*ende,* tro*ende*
Class IV: bryt*ande,* finn*ande,* skriv*ande,* var*ande*

* NOTE: A few monosyllabic Class IV verbs add *-ende* to form the present participle: *gå: gående; le: leende; slå: slående.*

The English "Past Participle"

The English grammatical term "past participle" corresponds to *two* Swedish forms, the Swedish "past participle" and the Swedish "supine". Seldom are the past participle and supine forms identical in Swedish; this happens regularly only in conjugation Class IIb, although the *neuter* form of the past participle is identical to the supine also in Classes I, IIa and III. In Class IV, the supine and the past participle almost never have identical forms. In this book, the terms "supine" and "past participle" are used in the *Swedish* sense.

The *supine* is used to form the so-called "perfect" tenses (present perfect, past perfect, future perfect, conditional perfect). It has but one form: *jag har bakat, han har bakat, hon har bakat, vi har bakat, de har bakat; jag hade bakat; jag ska(ll) ha[va] bakat; jag skulle ha[va] bakat;* etc. The supine of Class I verbs ends in -*at*; of Class II verbs in -*t*; of Class III verbs in -*tt*; and of strong Class IV verbs (as well as some irregular verbs) in -*it*.

The *past participle* has potentially three different forms: a non-neuter (or common gender) singular form, a neuter singular form, and a plural form. The following chart gives an overview of the past participle forms:

Verb Class	non-n. (common gender) sing.	neuter sing.	plural
Class I:	bak*ad*	bak*at*	bak*ade*
Class IIa:	ställ*d*	ställ*t*	ställ*da*
Class IIb:	köp*t*	köp*t*	köp*ta*
Class III:	tro*dd*	tro*tt*	tro*dda*
Class IV:	drag*en*	drag*et*	drag*na*

The past participle functions, in effect, as an adjective and is declined in the same manner as other adjectives in Swedish. The *past participle* is used in Swedish as follows:

1. After the auxiliary verb *vara* (denoting a permanent condition); for example: *jag är kallad; hon är älskad; de var älskade.*

2. After the auxiliary verb *bli [bliva]* (denoting a transitory action); for example: *jag blir kallad; hon blir älskad; de blev älskade.*

3. As an adjective; for example: *den skrivna boken; boken var skriven på tyska; böckerna var skrivna på tyska; ett talat språk; talade språk.*

TENSES

In Swedish as in English, there are only two "simple" tenses, the *present* and the *past*. All of the other "tenses" are formed by means of auxiliary verbs. We can speak of a *future* tense in English and in Swedish; in English it is formed using *shall* (or *will*) and in Swedish

it is formed by using *ska(ll)*. The *conditional* can be regarded as a
tense (it is a kind of "past of the future", what "would" happen
if something else were to take place. In English we form the
conditional with *should* (or *would*) and in Swedish the conditional
is formed with *skulle*.

Both languages have a series of "perfect" (or "completed")
tenses, and both languages use the verb *have* (Swedish *ha[va]*) to
form the perfect tenses. There is a perfect tense corresponding to
each of the four tenses mentioned thus far.

There is a *present perfect* tense formed with the present of English
have (Swedish *ha[va]*) and the past participle (Swedish supine):
I have spoken, jag har talat. The *past perfect* tense, sometimes called
the pluperfect, is composed of the past tense of *have (ha[va])* and
the past participle (supine): I had spoken, jag hade talat. The
future perfect tense is formed with the future of *have (ha[va])* plus
the past participle (supine): I shall have spoken, jag ska(ll) ha[va]
talat. The *conditional perfect* is similarly composed of the conditional
of *have (ha[va])* and the past participle (supine): I would (should)
have spoken, jag skulle ha[va] talat.

The simple conditional *(jag skulle tala)* is often referred to in
Swedish as the Conditional I, and the conditional perfect *(jag
skulle ha[va] talat)* is often called Conditional II. The terms "con-
ditional" and "conditional perfect" are used in this book rather
than "Conditional I" and "Conditional II", since the tense
system is then presented as totally symmetrical both in English
and in Swedish; the tense structure appears then as follows:

present	present perfect
past	past perfect
future	future perfect
conditional	conditional perfect

Theoretically, each of these eight "indicative" tenses has a cor-
responding "subjunctive" tense, which would then double the
number of tenses. But, as mentioned earlier, the subjunctive is

very nearly extinct in both languages as a function of verb inflection, and both languages prefer circumlocutions using periphrastic phrases. Both English and Swedish have vestigial present and past subjunctive tenses (see THE SUBJUNCTIVE) but the use of the subjunctive is so limited that the special subjunctive forms can best be learned as separate vocabulary items where they exist at all; in English, most subjunctive forms are identical with the corresponding indicative forms anyway. In Swedish, the subjunctive forms are more distinct than in English. The Swedish subjunctive forms are rarely used, so the beginning student may feel safe in not paying too much attention to them.

All of the tenses mentioned thus far have been _active_ tenses; theoretically, a _passive_ counterpart exists for every active tense, indicative and subjunctive. (See THE PASSIVE VOICE). In the following pairs, the first phrase is active and the second is passive: _I call, I am called; I called, I was called; I shall (will) call, I shall (will) be called;_ etc. Since the passive construction in Swedish can be formed by the simple addition of an -_s_ (or a substitution of -_s_ for -_r_) to the active form, it was not considered necessary to provide complete passive conjugations for each of the 201 "fully-conjugated" verbs. Instead, a complete passive conjugation will be provided as a model under the heading THE PASSIVE VOICE.

This, then, is a summary of the tenses in English and Swedish; only the indicative tenses are included:

ACTIVE	ENGLISH	SWEDISH
Present	I call	jag kallar
Past	I called	jag kallade
Future	I shall (will) call	jag ska(ll) kalla
Conditional	I should (would) call	jag skulle kalla
Present perfect	I have called	jag har kallat
Past perfect	I had called	jag hade kallat
Future perfect	I shall (will) have called	jag ska(ll) ha[va] kallat
Conditional perfect	I should (would) have called	jag skulle ha[va] kallat

Present	I am called	jag kallas
Past	I was called	jag kallades
Future	I shall (will) be called	jag ska(ll) kallas
Conditional	I should (would) be called	jag skulle kallas
Present Perfect	I have been called	jag har kallats
Past Perfect	I had been called	jag hade kallats
Future Perfect	I shall (will) have been called	jag ska(ll) ha[va] kallats
Conditional Perfect	I should (would) have been called	jag skulle ha[va] kallats

The following summary of the Swedish tense formation should prove helpful to the student.

The *present* tense is formed as follows:

Class I: -ar   jag bak*ar*, jag kall*ar*, jag tal*ar*

Class IIa: -er   jag glömm*er*, jag ställ*er*, jag vänd*er*

Class IIb: -er   jag köp*er*, jag läs*er*, jag tyck*er*

Class III: -r   jag bo*r*, jag sy*r*, jag tro*r*

Class IV: -er   jag bryt*er*, jag finn*er*, jag skriv*er*

For exceptions, see the sections pertaining to each CONJUGA-TION CLASS and the REMARKS following each class. The plural forms of the present tense, now restricted to formal literary style and no longer current in spoken Swedish, are the same as the infinitive (exception: *vara*: vi *äro*): *vi baka, vi kalla, vi tala, vi glömma, vi ställa, vi vända, vi köpa, vi släppa, vi tycka, vi bo, vi sy, vi tro, vi bryta, vi finna, vi skriva;* etc.

The *past* tense is formed as follows:

Class I: -ade   jag bak*ade*, jag kall*ade*, jag tal*ade*

Class IIa: -de   jag glöm*de*, jag ställ*de*, jag vän*de*

Class IIb: -te   jag köp*te*, jag läs*te*, jag tyck*te*

Class III: -dde   jag bo*dde*, jag sy*dde*, jag tro*dde*

Class IV: see STRONG VERB TYPES; CONJUGATION CLASS IV.

The past tense plural forms of Classes I, II and III are the same as the corresponding singular forms, in formal literary style as well as in the colloquial spoken language: vi bak*ade*, vi ställ*de*, vi köp*te*, vi bo*dde*. In Class IV, the plural forms end in -*o*: vi bröt*o*, vi funn*o*, vi skrev*o*. It should be emphasized that these special plural forms are not used in the spoken language, even in traditional settings or in formal situations. See STRONG VERB TYPES.

The *future* tense is formed with *ska* or *skall* (the former is more common in the spoken language and the latter possibly still more common in the written language) plus the infinitive: *jag ska(ll) baka, jag ska(ll) ställa, jag ska(ll) köpa, jag ska(ll) tro, jag ska(ll) skriva*. The formal plural form corresponding to *ska(ll)* is *skola*: *vi skola baka*, etc. This form no longer occurs in standard spoken Swedish. The future can also be formed colloquially with a form of *komma* plus *att*: *jag kommer att baka*, etc. See below for special mention of forms with *komma att*.

The *conditional* is formed with *skulle* plus the infinitive: *jag skulle baka, jag skulle ställa, jag skulle köpa, jag skulle tro, ja skulle skriva*, etc. There is no special plural form in the conditional. The conditional is also known as the "future in the past" and "Conditional I" in other reference works.

The four "perfect" tenses are formed with the auxiliary verb *have* in English and *ha [hava]* in Swedish. See the remarks on the English "Past Participle" in the section concerning participles.

The *present perfect* tense is formed with the present tense of *ha[va]* and the Swedish supine: *jag har bakat, jag har ställt, jag har köpt, jag har trott, jag har skrivit*, etc. The very formal literary plural would be: *vi ha* (or *hava*) *bakat*, etc.

The *past perfect* tense is formed with the past tense of *ha[va]* and the Swedish supine: *jag hade bakat, jag hade ställt, jag hade köpt, jag hade trott, jag hade skrivit*, etc. There is no special plural form.

The *future perfect* tense is formed with the future of *ha[va]* plus the Swedish supine: *jag ska(ll) ha[va] bakat, jag ska(ll) ha[va] ställt, jag ska(ll) ha[va] köpt, jag ska(ll) ha[va] trott, jag ska(ll) ha[va] skrivit*, etc. It is more common to form the future perfect with *komma att* (see below). The formal literary plural would be: *vi skola ha[va] bakat*, etc.

The <u>*conditional perfect*</u> is formed with the conditional of *ha[va]* plus the Swedish supine: *jag skulle ha[va] bakat, jag skulle ha[va] ställt, jag skulle ha[va] köpt, jag skulle ha[va] trott, jag skulle ha[va] skrivit*, etc. There are no special plural forms of the conditional perfect. The conditional perfect is sometimes referred to as the "Conditional II."

FUTURE WITH *Kommer att*

In modern colloquial Swedish there is a tendency to substitute *kommer att* for *ska(ll)*, both for the singular and the plural, to indicate simple futurity. (The formal literary plural **vi komma att baka* would be inconsistent with the otherwise colloquial, or informal, usage.) Thus *jag ska(ll) baka* can be rendered *jag kommer att baka* with no change in meaning.* Similarly, in the future perfect, one can substitute *jag kommer att ha [hava] bakat* for *jag ska(ll) ha [hava] bakat* with no change in meaning. In the spoken language, especially informally, *jag kommer att baka* is gaining currency at the expense of *jag ska(ll) baka* (although in the written language, the *ska(ll)* form clearly predominates). In any case, the student should be familiar with both constructions. For the simple future, the student can always employ *jag ska(ll) baka*; for the future perfect, it is recommended that the student use *jag kommer att ha bakat*. For this reason, in the case of the future perfect tense, both constructions have been included in the section entitled "201 Swedish Verbs fully conjugated in all the tenses." It is possible that *jag kommer att baka* will someday become the standard future

---

* In precise cultivated Swedish, there is a distinction. *Jag ska(ll) baka* has an implication of intention, will, promise or threat; *jag kommer att baka* indicates simple futurity with no such implication. However, this distinction is becoming blurred even in cultivated Swedish, and in current everyday Swedish it is no longer felt.

form, replacing *jag ska(ll) baka,* which would reflect the present "cultivated" usage (see footnote below); but for the present, the forms with *ska(ll)* predominate.

MODAL AND OTHER AUXILIARY VERBS

A modal verb expresses a "mode" or a "mood" (such as necessity, obligation, permission, probability, possibility or desire) and is used with a complementary infinitive, without *att* 'to'. The following table summarizes the forms of modal and other auxiliary verbs in Swedish:

INFINITIVE	PRESENT	PAST	SUPINE
bli [bliva]	blir [bliver]	blev	blivit
böra	bör	borde	bort
få	får	fick	fått
ha [hava]	har	hade	haft
kunna	kan	kunde	kunnat
låta	låter	lät	låtit
–	lär	–	–
–	må	måtte	–
–	*månne	–	–
**måsta	måste	måste	måst
orka	orkar	orkade	orkat
skola	ska (skall)	skulle	skolat
slippa	slipper	slapp	sluppit
–	–	torde	–
vara	är	var	varit
vilja	vill	ville	velat

BLI [BLIVA]. *Bli[va]* is used to form the passive (denoting a transitory state): *Boken blev köpt av en lärare. Bli[va]* can also be used without an accompanying infinitive to indicate a future happening: *Det blir sent, innan han kommer tillbaka.*

* primarily in Finland-Swedish (see note at end of this section); in standard Swedish *månne* (= *månntro*) is an adverb.

** the infinitive *måsta* is restricted to a few dialects and to Finland-Swedish (see note at end of this section).

BÖRA. *Böra* has the English meaning 'ought to': *Du bör skriva till henne* 'you ought to write to her'; *jag borde ha skrivit till min far* 'I ought to have written to my father.' In the first example, *bör* refers to an obligation in the present (hence the present tense form *bör*); in the second example, *borde* refers to an obligation in the past (hence the past tense form *borde*.)

FÅ. *Få*, while also a transitive verb meaning 'to get, to receive', can be used in another sense as an auxiliary: *Jag får göra det nu.* 'I *may* do it now.' *Han får inte göra det nu.* 'He is not allowed to do it now.' *De fick inte göra det då.* 'They were not allowed to do it then.' *Få* is sometimes used to mean 'must, have to', usually rendered in Swedish by *måste* (q.v.). *Få höra, få se, få veta* are fixed expressions meaning, respectively, 'hear, learn about', 'see, discover, learn', and 'hear, find out about, learn.' These expressions are often interchangeable. Finally, *få* has the meaning 'to make' in non-modal expressions such as: *Han får mig att göra det.* 'He makes me do it.'

HA [HAVA]. Aside from its usual meaning 'to have, possess', *ha[va]*, as we have seen, is used in conjunction with the Swedish supine to form the "perfect" tenses (present perfect, past perfect, future perfect, conditional perfect): *vi har varit, vi hade varit, vi ska(ll) ha varit, vi skulle ha varit.* In the written language, the auxiliary verb *ha [hava]* is occasionally omitted in dependent (subordinate) clauses in the perfect tenses. Here are examples from *Anna Clara och hennes bröder,* by Hasse Z.:

"Han hade kommit på visit utan att någon * bett honom om det."
"Tror man att barnen någonsin skulle * ställt till något sådant."
"Läraren lägger ned benet, som * blivit trött, och säger: ..."
"Men då Anna-Clara * gått och * lagt sig på kvällen, ..."

* indicates the omission of the auxiliary verb *ha[va]* (either *har* or *hade*).

KUNNA. *Kunna* is a cognate of 'can' in English, and has the same meaning, 'to be able to': *Jag kan tala svenska.* 'I can speak Swedish.' *Han kunde inte göra det.* 'He could not do that.'

LÅTA. *Låta* and 'let' are cognates, and have the same meaning: *Låt mig göra det.* *Låta* also has the meaning *have* in the special construction 'to *have* someone do something, to make someone do something': *Han låter oss göra det.* 'He makes us do it; he has us do it.' *Jag måste låta måla dörren.* 'I must have the door painted.'

LÄR. *Lär* occurs only in the present tense and means 'is said to, is reputed to': *Han lär tala många språk.* 'He is said to speak many languages.' To express this idea in the past, another expression must be used (e.g.: ... *sades vara* '... was said to be'; *man sa(de)*, *att* ... 'they said that ...; it was said that ...'.)

MÅ. *Må* can be translated by 'may' in the sense of 'hope' or 'let': *må han leva* 'may he live, let him live, it is hoped that he live', etc. The past, *måtte*, means 'might': *måtte han leva* 'might he live, he was allowed to live, it was hoped that he (might) live.'

MÅNNE. In standard Swedish, *månne* is an adverb, and is the same as *månntro*. *Månne han kommer? (Månntro han kommer?)* 'I wonder if he'll come, do you think that he'll come?', etc. In Finland-Swedish, it may act as a modal auxiliary: *Var månne han vara?* 'I wonder where he is, where do you think he is?', but even in Finland-Swedish it is more commonly used adverbially with an inflected (finite) verb form.

MÅSTE. The infinitive *måsta* occurs only in some northern dialects and in Finland-Swedish *(finlandssvenska)*. In standard Swedish there is no infinitive of this verb, just as there is no infinitive of the English equivalent cognate *must*. In Swedish, *vara tvungen* is used as an infinitive where *måsta* does not occur; in English, the infinitive is expressed by the phrase 'to have to.' The form *måste* is both present and past; *jag måste göra det nu; jag måste göra det igår.*

It can also refer to the future: *jag måste göra det i morgon*. It can be used in the perfect tenses: *Han hade måst göra det innan han kunde gå.* 'He had had to do it before he could go.'

ORKA. The verb *orka* means 'to manage (to)', 'to get by', 'to make it': *jag orkar göra det* 'I (can) manage to do it.'; *jag orkar inte göra det* 'I can't manage to do it.'

SKOLA. *Skola* is a cognate of *shall* and, like the English word *shall*, is used to form the future: *jag ska(ll) göra det senare* 'I shall (will) do it later.'

SLIPPA. The verb *slippa* means 'to be excused (from doing something)', 'not to have to (do something)': *jag slipper göra det* 'I don't have to do it'; *han slapp skriva brevet* 'he didn't have to write the letter.'

TORDE. The word *torde* occurs only in the past form in standard Swedish and has the meaning 'is probably, was probably, must have been, would have been', etc. *Det torde ha varit på tisdag* 'That was probably on Tuesday; that must have been on Tuesday.' It expresses supposition or likelihood. The present tense *tör* (and even an infinitive form *töra*) occur in some dialects: *Det tör vara sant.* 'It is likely to be true.' *Torde* can also have the passive meaning 'should be, ought to be' as in *anmälningar torde sändas* 'The reports should be sent.'

VARA. As we have seen, *vara* means 'to be.' It can also be used to denote a passive condition: *Huset var målat.* 'The house was painted.' The use of *vara* to form the passive indicates a permanent condition or the result of a completed action.

VILJA. Although *vilja* and English *will* are cognates, the meanings of the two words are not identical. *Vilja* can best be translated by the phrase 'to want (to)': *jag vill göra det* 'I want to do it'; *han ville tala svenska* 'he wanted to speak Swedish.' The expression *skulle vilja* is very common, meaning 'should like to, would like to' and is the most common way of politely requesting something: *jag skulle vilja göra det* 'I would like to do it'; *jag skulle vilja ha den här boken* 'I would like to have this book.'

NOTE: Finland-Swedish is the Swedish spoken in Finland. In spite of Finland's political independence from Sweden, Swedish remains an official language in Finland along with Finnish. In Finland, Swedish is spoken by about 7 % of the population (primarily in urban areas along Finland's coastline), but Swedish exerts an important cultural influence in Finland beyond what this small percentage might otherwise indicate. The Finnish language is not an Indo-European language nor is it closely related to any national language. (Its nearest relatives are Estonian and Hungarian, to which Finnish is only distantly related.) Swedish, on the other hand, being a Germanic tongue and very closely akin to Norwegian and Danish, serves as a cultural link between Finland and Northern and Western Europe.

THE REFLEXIVE VERB

In Swedish, certain verbs are *reflexive* verbs, in that the action by the subject is performed upon himself. In English, we use a reflexive pronoun ending in *-self (-selves)* to indicate that the action is reflexive:

I shave *myself*;	I behave *myself*
you shave *yourself*;	you behave *yourself*
he shaves *himself*;	he behaves *himself*; she behaves *herself*; it behaves *itself*
we shave *ourselves*;	we behave *ourselves*
you shave *yourselves*;	you behave *yourselves*
they shave *themselves*;	they behave *themselves*

The verb *förlova sig* 'to become engaged, to get engaged' is reflexive in Swedish (as indicated by the reflexive pronoun *sig* following the infinitive), although its English equivalent is not reflexive. Many common reflexive verbs in Swedish have English equivalents which are not reflexive.

The following full conjugation of *förlova sig* will serve as an example of a reflexive conjugation:

PRESENT: jag förlovar mig, du förlovar dig, han (hon) förlovar sig, vi förlovar [förlova] oss, ni förlovar [förlova] er, de förlovar [förlova] sig.

PAST: jag förlovade mig, du fölovade dig, han (hon) förlovade sig, vi förlovade oss, ni förlovade er, de förlovade sig.

FUTURE: jag ska(ll) [kommer att] förlova mig, du ska(ll) [kommer att] förlova dig, han (hon) ska(ll) [kommer att] förlova sig, vi ska(ll) [skola] [kommer att] förlova oss, ni ska(ll) [skola] [kommer att] förlova er, de ska(ll) [skola] [kommer att] förlova sig.

CONDITIONAL: jag skulle förlova mig, du skulle förlova dig, han (hon) skulle förlova sig, vi skulle förlova oss, ni skulle förlova er, de skulle förlova sig.

PRESENT PERFECT: jag har förlovat mig, du har förlovat dig, han (hon) har förlovat sig, vi har [ha] [hava] förlovat oss, ni har [ha] [hava] förlovat er, de har [ha] [hava] förlovat sig.

PAST PERFECT: jag hade förlovat mig, du hade förlovat dig, han (hon) hade förlovat sig, vi hade förlovat oss, ni hade förlovat er, de hade förlovat sig.

FUTURE PERFECT: jag ska(ll) [kommer att] ha [hava] förlovat mig, du ska(ll) [kommer att] ha [hava] förlovat dig, han (hon) ska(ll) [kommer att] ha [hava] förlovat sig, vi ska(ll) [skola] [kommer att] ha [hava] förlovat oss, ni ska(ll) [skola] [kommer att] ha [hava] förlovat er, de ska(ll) [skola] [kommer att] ha [hava] förlovat sig.

CONDITIONAL PERFECT: jag skulle ha [hava] förlovat mig, du skulle ha [hava] förlovat dig, han (hon) skulle ha [hava] förlovat sig, vi skulle ha [hava] förlovat oss, ni skulle ha [hava] förlovat er, de skulle ha [hava] förlovat sig.

The REFLEXIVE PRONOUNS are, in summary: *mig, dig, sig, oss, er*, sig;* they constitute the last component of the reflexive verb or reflexive verb phrase. In current Swedish, *mig, dig* and *sig* are pronounced as though they were spelled *mej, dej* and *sej.* Indeed, the spellings *mej, dej* and *sej* do occur colloquially (as in comic strips.) Note further that *sej (= sig)* and *säj (= säg)* are homonyms.

---

* *er* is a shortened form of *eder*, which is now rarely used but was formerly the standard form.

The passive voice indicates that the action of the verb is being performed upon the subject: I am called, he was beaten, they will be seen, etc.

The passive voice can be formed in two ways in modern Swedish:

1. The so-called "-s passive". The passive indicator -s can be added to the active voice forms of the verb; if the active voice ends in -r, the r is dropped and s substituted; if the active voice ends in -er, the r can be dropped and s substituted or, alternatively, the -er can be dropped and s substituted. For example:

	ACTIVE	PASSIVE
Class I:	(han) bakar	(den) bakas
	(han) bakade	(den) bakades
	(han) ska(ll) [kommer att] baka	(den) ska(ll) [kommer att] bakas
	(han) skulle baka	(den) skulle bakas
	(han) har bakat	(den) har bakats
	(han) hade bakat	(den) hade bakats
	(han) ska(ll) [kommer att] ha [hava] bakat	(den) ska(ll) [kommer att] ha [hava] bakats
	(han) skulle ha [hava] bakat	(den) skulle ha [hava] bakats

Other forms of the passive derived from the active are as follows:

	ACTIVE	PASSIVE
Class II:	ställer	ställes, ställs
	ställde	ställdes
	köper	köpes, köps
	köpte	köptes
	ställt	ställts
	köpt	köpts

	ACTIVE	PASSIVE
Class III:	tro	tros* (* theoretical, but infrequently used)
	sy	sys
	trodde	troddes
	sydde	syddes
	trott	trotts
	sytt	sytts

	ACTIVE	PASSIVE
Class IV:	skriver	skrives, skrivs
	skrev	skrevs
	skrivit	skrivits

2. The passive voice can be formed using the auxiliary verbs *bli* *[bliva]* (indicating a change of condition) and *vara* (indicating a permanent condition) along with the *past participle* of the main verb; for example:

> *Boken blev skriven.*
> *De är omtyckta av alla.*

Of the two ways to form the passive in Swedish, then, only the first requires a special set of endings. The "*s*-passive" and the "compound passive" (with *bli[va]* or *vara*) are usually interchangeable. The compound passive is somewhat more common in spoken Swedish and the "*s*-passive" is somewhat more common in written Swedish.

The "*s*-passive" can also be used to express a *reciprocal* action: *de sågs igår* 'they saw each other yesterday'; *vi ska träffas i morgon på torget* 'we shall meet (each other) tomorrow at the market.'

It is also possible to express a reciprocal action by means of the active voice plus the word *varandra* 'each other.'

The following passive conjugation will serve as a model: *kalla:
(att) kalla* 'to call'; *(att) kallas* 'to be called':

Present	jag kallas	vi kallas
	du kallas	ni kallas
	han kallas	de kallas
Past	jag kallades	vi kallades
	du kallades	ni kallades
	han kallades	de kallades
Future	jag ska(ll) kallas	vi ska(ll) [skola] kallas
	du ska(ll) kallas	ni ska(ll) [skola] kallas
	han ska(ll) kallas	de ska(ll) [skola] kallas
Conditional	jag skulle kallas	vi skulle kallas
	du skulle kallas	ni skulle kallas
	han skulle kallas	de skulle kallas
Present Perfect	jag har kallats	vi har [ha] [hava] kallats
	du har kallats	ni har [ha] [hava] kallats
	han har kallats	de har [ha] [hava] kallats
Past Perfect	jag hade kallats	vi hade kallats
	du hade kallats	ni hade kallats
	han hade kallats	de hade kallats
Future Perfect	jag ska(ll) [kommer att] ha [hava] kallats	vi ska(ll) [skola] [kommer att] ha [hava] kallats
	du ska(ll) [kommer att] ha [hava] kallats	ni ska(ll) [skola] [kommer att] ha [hava] kallats
	han ska(ll) [kommer att] ha [hava] kallats	de ska(ll) [skola] [kommer att] ha [hava] kallats
Conditional Perfect	jag skulle ha [hava] kallats	vi skulle ha [hava] kallats
	du skulle ha [hava] kallats	ni skulle ha [hava] kallats
	han skulle ha [hava] kallats	de skulle ha [hava] kallats

DEPONENT VERBS

Certain verbs are <u>*active*</u> in meaning but <u>*passive*</u> in form; these verbs
are called "deponent" verbs. The full conjugation of *hoppas* 'to
hope', a typical deponent verb, can be found on page 62.

The following are among the most common deponent verbs in Swedish:

andas	(I)	'breathe'
avundas	(I)	'envy'
brottas	(I)	'wrestle'
brås	(III)	'take after, resemble'
envisas	(I)	'be obstinate'
fattas	(I)	'be missing, lack'
finnas	(IV)	'be, exist'
fröjdas	(I)	'rejoice (at), delight (in)'
förgås	(IV)	'perish, die'
hoppas	(I)	'hope'
hållas	(IV)	'keep on, have one's way'
hämnas	(I)	'take revenge, avenge'
kräkas	(IIb)	'vomit'
lyckas	(I)	'succeed'
låtsas	(I)	'pretend, make believe'
minnas	(IIa)	'remember, recall'
misslyckas	(I)	'fail'
mötas	(IIb)	'meet'
saknas	(I)	'be missing'
skiljas	(IIa or IV)	'part, divorce'
skämmas	(IIa)	'be ashamed'
slåss	(IV)	'fight'
svettas	(I)	'perspire, sweat'
synas	(IIb)	'seem'
sämjas	(IIa)	'agree'
trivas	(IIa)	'feel at home, get along'
träffas	(I)	'be at home, meet'
tyckas [det tycks 'it seems']	(IIb)	'seem'
töras	(IV or IIa)	'dare'
umgås	(IV)	'associate (with); frequent'
vistas	(I)	'stay, reside, sojourn'
vämjas	(IIa)	'feel ill, be nauseous, be disgusted'
väsnas	(I)	'be noisy, make noise'

THE COMPOUND VERB

A compound verb is a verb to which a *prefix*, a *noun*, an *adjective*, an *adverb* or a *preposition* has been attached. Some compound verbs are "inseparable"; the prefix always remains attached to these verbs. Other compound verbs are "separable"; this means that the prefix occurs as a separate word after the base verb in the sentence.

Inseparable verbs. Verbs formed with any of the following prefixes are *inseparable*: *an-*, *be-*, *bi-*, *er-*, *för-*, *här-*, *miss-*, *sam-*, *um-*, *und-*, *van-* and *å-*. [NOTE: a few words beginning with the prefix *an-* are separable; for example: *anlägga*, 'to build, erect, construct.'] With the exception of *be-* and *för-*, which are unstressed, these prefixes give to the verb the so-called "Tone II", with the principal stress occurring on the prefix itself. Verbs prefixed with a noun or an adjective as the first element are also inseparable; for example: *godkänna* 'to approve'; *rådfråga*, *rådgöra* 'to consult.'

Separable verbs. As a rule, there are no verbs which occur only with the prefix separated; generally, separable verbs may occur *either* with the prefix attached *or* with the prefix as a separate word following the base verb. In this category, there are two sub-groups: I. Verbs which occur as separable and as inseparable verbs with no change in meaning; for example: *känna igen* or *igenkänna* both mean 'to recognize.' Similarly, both *stryka under* and *understryka* mean 'to underline,' and both *följa med* and *medfölja* mean 'to accompany.' It should be noted that the separated forms are preferred in informal speech and predominate in the spoken language. II. Verbs which occur both as separable and as inseparable verbs but with different meanings; for example: *bryta av* 'to break off (literally speaking)' as opposed to *avbryta* 'to break off (figuratively speaking), to interrupt'; *gå under* means 'to go under, to sink,' whereas *undergå* has the figurative meaning 'to undergo,' as in English. In such cases where there are verb pairs with different meanings, one inseparable and one separable, it is usually the case that the inseparable verb has the figurative meaning and the separable verb has a literal significance. [Note: Students of German will recall that this occurs in that language as well in prefixes such as *über-* and *durch-*]. In Swedish, compound verbs formed with an adverb or a preposition have both a separable and an inseparable form, but there are exceptions to this guideline.

Some common *inseparable* verbs in Swedish are: *ansvara* 'be responsible (for)', *anklaga* 'accuse', *anhålla* 'take into custody, apprehend, arrest', *betala* 'pay (for)', *bestämma* 'determine', *bifoga* 'attach, annex', *bidra[ga]* 'contribute', *erbjuda* 'offer', *ersätta* 'compensate (for), make up (for)', *förklara* 'explain', *förlåta* 'forgive, excuse', *härleda* 'derive (from), deduce', *härstamma* 'be descended (from), originate', *missakta* 'look down (upon), despise', *misstänka* 'suspect, guess, be suspicious', *samarbeta* 'cooperate, work together', *samtala* 'converse, talk about, discuss', *umbära* 'go without, do without', *umgås* 'frequent, associate (with)', *undfly* 'avoid, keep away from', *undvika* 'avoid', *vansköta* 'mismanage, neglect', *vantolka* '(willfully) misconstrue, misinterpret', *ålägga* 'enjoin, impose', *åtala* 'prosecute, indict.'

Swedish, like English, has much less rigidity with regard to the use of prefixed verbs than does German, which has a very rigid set of rules regarding their usage. This lack of rigidity can best be perceived when one considers that, in English, "he shut the water off" and "he shut off the water" mean the same thing. Such is never the case in German, but often the case in Swedish. There is no difference in meaning, for example, between *han ville följa med* and *han ville medfölja,* or between *pojken stryker under meningen i boken* and *pojken understryker meningen i boken**. But there are occasions in English and in Swedish where there is, indeed, a distinction. For example: "the boy *went under* the water" has a literal meaning, whereas "the boy *underwent* an operation" is figurative. Similarly, in Swedish: *skeppet gick under* 'the ship went under' is literal, whereas *pojken undergick en operation* 'the boy underwent an operation' is figurative.

The topic of inseparable versus separable verbs is largely a matter of stylistics, and a much more detailed treatment of this subject can be found in any thorough grammar or style guide (for

---

* Some speakers of Swedish use the phrases *pojken stryker under meningen i boken* and *pojken understryker meningen i boken* interchangeably in the sense 'the boy underlines the sentence in the book'. Others assign this meaning exclusively to the former sentence (separated verb) and two meanings to the latter sentence (prefixed [unseparated] verb), namely 'the boy *underlines* the sentence in the book' and 'the boy *emphasizes* the sentence in the book.' A third group of speakers makes a consistent distinction, *stryker under* meaning 'underline' and *understryker* meaning 'emphasize.' The Swedish verb *betona* means 'emphasize, stress.'

example, in Erik Wellander's *Riktig Svenska*, Stockholm, 1963, pp. 304-307).

VERB DOUBLETS

In the Germanic languages (including therefore Swedish, English and German) there are often two verbs derived from the same source. One verb has a transitive meaning (i.e., takes a direct object) and the other has an intransitive meaning (i.e., it cannot take a direct object). It is often (but not always) the case in all three languages that the intransitive verb is a *strong* verb (with a vowel change in the past tense stem) and the transitive verb is a *weak* verb (with no vowel change in the past stem). In English, an example would be *fall*, which is intransitive and strong *(fall, fell, fallen)* and *fell* (as in "to *fell* a tree") which is transitive and weak *(fell, felled, felled)*.

The following is a list of common doublets in Swedish with their English counterparts:

TRANSITIVE		INTRANSITIVE	
bleka	'bleach (something)'	blekna	'turn pale'
bränna	'burn (something)'	brinna	'burn up'
dränka	'drown (someone or something)'	drunkna	'drown, be drowned'
döda	'kill'	dö	'die'
fälla	'fell'	falla	'fall'
fördröja	'detain, delay (someone or something)'	dröja	'be late'
förmörka	'darken, obscure'	mörkna	'get dark, grow dark'
hetsa	'inflame, heat up'	hetta	'get hot, be hot'
kyla	'chill, cool'	kallna	'get cold, grow cold'
lysa	'light up, give light (to)'	ljusna	'get light, grow light'
lägga	'put, place'	ligga	'lie, be situated'
röka	'smoke (something)'	ryka	'reek, steam, fume'
sluta (I)	'conclude (something)'	sluta (IV)	'come to an end, close'
släcka	'extinguish, put out'	slockna	'go out, become extinct'
spräcka	'burst, crack, split (something)'	spricka	'break, burst (open)'
ställa	'place, put'	stå	'stand, be, exist'

sänka	'sink (something)'	sjunka	'sink, go down, go under'
sätta	'set'	sitta	'sit'
söva	'put to sleep, lull'	{ somna	'fall asleep, go off to sleep'
		{ sova	'sleep, fall asleep'
trötta	'tire (someone)'	tröttna	'get tired, become tired'
tysta	'silence (someone)'	tystna	'grow silent, stop speaking'
väcka	'awaken, wake (someone) up'	{ vaka	'keep watch, keep vigil'
		{ vakna	'wake up, awaken'
{ vattna	'water, irrigate'	väta	'get wet'
{ väta	'moisten, make wet'		

The "inchoative" (or "inceptive") form, the form indicating the initiation of an action or state, is often formed by adding -n- in Swedish; the inchoative form is intransitive. In the above list, the verbs *blekna, drunkna, mörkna, kallna, ljusna, slockna, tröttna, tystna* and *vakna* are typical inchoative verbs. In English, the suffix -en indicates that a verb is inchoative: "to redden, awaken, sweeten, frighten, lighten, darken, etc."

III   Conjugation Classes in Swedish

INTRODUCTION

There are four conjugation classes in Swedish. They can be classified according to the form of the *supine*:

Class I: -at   *baka:* bak*at*
Class II: -t   *köpa:* köp*t*
Class III: -tt   *tro:* tro*tt*
Class IV: -it   *skriva:* skriv*it*

They may also be classified according to the formation of the *past* tense:

Class I: -ade   *baka:* bak*ade*
Class IIa: -de   *ställa:* ställ*de*
Class IIb: -te   *köpa:* köp*te*
Class III: -dde   *tro:* tro*dde*
Class IV: internal vowel change (in stem) *skriva:* skr*e*v

CONJUGATION CLASS I
(First Conjugation)

The present tense ending is -*ar*: *jag bakar, vi bakar*. (The formal literary plural ending -*a* is the same as the infinitive ending: *vi baka*.)

The past tense ending is -*ade*: *jag bakade, vi bakade*. (There is no special plural ending.)

The future and the conditional are formed using the infinitive, which ends in -*a*: *jag ska(ll) baka; jag skulle baka*.

The perfect tenses (present perfect, past perfect, future perfect, conditional perfect) are formed using the supine, which ends in -*at*: *jag har bakat; jag hade bakat; jag ska(ll) ha bakat; jag skulle ha bakat*.

The present participle ends in -*ande*: *bakande*.

The past participle ends in -*ad* (neuter: -*at*, plural: -*ade*): *bakad/bakat/bakade*.

The imperative ends in -*a*: *baka!*

Remarks on Conjugation Class I:

1. More Swedish verbs belong to Class I than to any other class.

2. Verbs of foreign origin (almost always from French) ending in -*era* belong to Class I: garant*era*, gratul*era*, konserv*era*, mark*era*, present*era*, telefon*era*, etc. The accent is on the ending *éra*, and this *e* is a tense, close vowel, reflecting its French origin.

3. Most new Swedish verbs fall into Class I.

The following verbs are sometimes considered as irregular Class I verbs, since their supine ends in -*at*; in this book they are regarded simply as irregular verbs, and placed in Class IV:

heta*	(supine: hetat)
kunna	(supine: kunnat)
leva*	(supine: levat)
veta	(supine: vetat)
vilja	(supine: velat)

---

* *heta* and *leva* are sometimes called irregular Class II verbs, because of the form of the past tense: *hette* (IIb), *levde* (IIa). Clearly, these verbs can best be regarded as simply irregular.

(Second Conjugation)

The present tense ending is -er: *jag ställer, vi ställer; jag köper, vi köper*. (The formal literary plural ending -a is the same as the infinitive ending: *vi ställa, vi köpa*.)

The past tense ending is -de for Class IIa verbs and -te for Class IIb verbs: *jag ställde, vi ställde; jag köpte, vi köpte*.

The future and the conditional are formed using the infinitive, which ends in -a: *jag ska(ll) ställa, jag ska(ll) köpa; jag skulle ställa; jag skulle köpa*.

The perfect tenses (present perfect, past perfect, future perfect, conditional perfect) are formed using the supine, which ends in -t: *jag har ställt, jag hade ställt, jag ska(ll) ha ställt, jag skulle ha ställt; jag har köpt, jag hade köpt, jag ska(ll) ha köpt, jag skulle ha köpt*.

The present participle ends in -ande: *ställande, köpande*.

The past participle ends in -d (neuter: -t, plural: -da) in Class IIa verbs. It ends in -t (neuter: -t, plural: -ta) in Class IIb verbs. Examples: *ställd (ställt, ställda); köpt (köpt, köpta)*.

The imperative consists of the stem alone (infinitive minus -a): *ställ! köp!*

Remarks on Conjugation Class II:

1. The first type (IIa) includes verbs whose stem (root) ends in a voiced consonant (i.e., any consonant except -k, -p, -s, -t): vänd|a, glömm|a.

2. The second type (IIb) includes verbs whose stem (root) ends in a voiceless consonant (-k, -p, -s, -t): sök|a, köp|a, läs|a, smält|a. There are a few exceptions (verbs whose stem [root] ends in a voiced consonant and yet belong to Class IIb or which have Class IIb conjugation patterns as alternate forms): bryna, förläna, låna, mana, mena, röna, skona, syna, tjäna, tåla. Virtually all of these exceptions are verbs whose stem (root) ends in -n.

3. When the stem (root) ends in -nd (Class IIa), the -d is dropped before the past tense ending -d, the supine ending -t, and the past participle ending -d/-t/-da:

e.g.: *vända*: past: vän*de*; supine: vän*t*; past participle: vän*d*/
vän*t*/vän*da*.

4. When a verb stem ends in a -*d* preceded by a vowel (Class
IIa), the *d* is changed to a -*t*- before the supine ending; e.g.:
betyda: supine: *betytt*; *föda*: supine: *fött*.

5. When the stem (root) ends in -*mm* or -*nn* (Class IIa), this
double consonant is reduced to a single consonant in the past
tense, supine and past participle:

e.g.: *glömma*: past: glöm*de*; supine: glöm*t*; past participle:
glöm*d*/glöm*t*/glöm*da*; *känna*: past: kän*de*; supine: kän*t*; past
participle: kän*d*/kän*t*/kän*da*.

6. When the stem (root) ends in -*mm* (Class IIa), the imperative
ends in -*m*. E.g.: *glömma*: glöm!; *drömma*: dröm! [Note that -*nn*
is *not*, however, reduced to -*n* in the imperative: *känna*: kän*n*!;
bränna: brän*n*!]

7. When the stem (root) ends in -*r* (Class IIa), the present tense
ending -*er* is lacking: *höra*: jag hör; *lära*: jag lär.

8. When the stem (root) ends in -*t* (Class IIb) preceded by a
long vowel, this *t* is doubled in the past tense, supine and past
participle (and the vowel thus becomes short): *möta*: past: möt*te*;
supine: möt*t*; past participle: möt*t*/möt*t*/möt*ta*; *mäta*: past: mät*te*;
supine: mät*t*; past participle: mät*t*/mät*t*/mät*ta*.

9. With few exceptions, all of the verbs of the second conjuga-
tion class have a soft (or "front") vowel (e, i, y, ä, ö) as the stem
(root) vowel. Some exceptions are: befalla, blåsa, gnaga, låsa,
skava, åka.

The following verbs are sometimes considered as irregular
Class II verbs due to their -*de* (or -*te*) past ending. However, since
all of these verbs also have a change in the stem vowel*, they are

---

* except *skilja* and *stödja* which, in any case, lose the -*j* of the infinitive stem in the past, supine and past
participle forms.

considered as Class IV verbs in this book. The verbs are given in the infinitive and past forms:

bringa:	bragte
böra:	borde
dölja:	dolde
glädja:	gladde
göra:	gjorde
lägga:	lade (now often *la*)
skilja:	skilde
smörja:	smorde
spörja:	sporde
städja:	stadde
stödja:	stödde
säga:	sade (now often *sa*)
sälja:	sålde
sätta:	satte
töras:	tordes
välja:	valde
vänja:	vande

The verbs *heta* and *leva* are sometimes considered irregular Class II verbs; see the Remarks following Class I verbs for further details.

CONJUGATION CLASS III
(Third Conjugation)

The present tense ending is -*r*: *jag tror, vi tror.* (The formal literary plural ending is the same as the infinitive: *vi tro.*)

The past tense ending is -*dde*: *jag trodde, vi trodde.*

The future and conditional are formed using the infinitive, which in Conjugation Class III is almost always a monosyllabic word and which ends in a vowel other than -*a*: *jag ska(ll) tro,*

I

jag skulle tro. [Exceptions are prefixed verbs based on monosyllabic verbs, such as: *bero, förebrå, förmå, försmå, varsko, åtrå*.]

The perfect tenses (present perfect, past perfect, future perfect, conditional perfect) are formed using the supine, which ends in *-tt*: *jag har trott, jag hade trott, jag ska(ll) ha trott, jag skulle ha trott*.

The present participle ends in *-ende*: *troende, flyende, syende*. This form is indeclinable; the plural is the same.

The past participle ends in *-dd* (neuter: *-tt*, plural: *-dda*): *trodd/trott/trodda*.

The imperative is identical with the infinitive: *tro! sy! fly!*

Remarks on Conjugation Class III.

1. Few verbs belong to the third conjugation class.

2. All verbs in this class are monosyllabic (i.e., one-syllable words) or are composed of a prefix and a monosyllabic word.

3. The infinitive ends in a vowel, but not in the usual *-a* found in the other three conjugation classes.

4. There is an alternate (formal literary) plural form in the present tense, but it is different from other present tense plural forms in that it lacks the ending *-a*. [In all verb conjugation classes, including most irregular verbs, the "special" plural present tense form is identical with the infinitive.]

The following verbs are sometimes considered as irregular Class III verbs due to the fact that the infinitive is a monosyllabic word ending in a vowel other than *-a*. However, since they all undergo a vowel change in the past tense, they are all classified as Class IV verbs in this book. These verbs are: *be* [< *bedja*], *dö, få, gå, le, se, slå* and *stå*.

CONJUGATION CLASS IV
(Fourth Conjugation)

The present tense ending of all strong verbs — those with a change in the vowel of the stem (root) — is *-er*: *jag finner, vi finner;*

jag skriver, vi skriver. (The formal literary plural ending *-a* is the same as the infinitive ending: *vi finna, vi skriva*).

The past tense ending of all strong verbs is lacking, but the stem (root) undergoes a vowel change: *finna: jag fann; skriva: jag skrev*. [See *Remarks* (below) regarding the formation of the formal literary past plural forms.]

The future and the conditional are formed using the infinitive, which usually ends in *-a*: *jag ska(ll) finna, jag skulle finna; jag ska(ll) skriva, jag skulle skriva*.

The perfect tenses (present perfect, past perfect, future perfect, conditional perfect) are formed using the supine which, for the strong verbs, ends in *-it*: *jag har funnit, jag hade funnit, jag ska(ll) ha funnit, jag skulle ha funnit; jag har skrivit, jag hade skrivit, jag ska(ll) ha skrivit, jag skulle ha skrivit*.

The present participle ends in *-ande*: *brinnande, skrivande*. Some monosyllabic Class IV verbs form their present participle with *-ende*.

The past participle of virtually all of the strong verbs ends in *-en*: *funnen, skriven*. The neuter form ends in *-et*: *funnet, skrivet*. The plural form ends in *-na*: *funna, skrivna*. [Since Swedish does not permit triple consonants, the *-nn* of the stem *finn* must be reduced to *-n* before the plural past participle *-na*; thus *funn* plus *-na* is *funna*.]

The imperative consists of the stem alone (infinitive minus *-a*): *finn! skriv!* [Note: *-mm* is reduced to *-m* in the imperative: *kom!*].

Remarks on Conjugation Class IV:

1. All strong verbs (those with a vowel change in the stem—or root— from the infinitive to the past tense form) belong to Class IV. Many strong verbs have an additional vowel change from the past tense to the supine/past participle stem: *finna, fann, funnit*.

2. It is customary to include all other irregular verbs in Class IV. Some reference works include only the strong verbs in Class IV, adding an additional class for "Irregular Verbs." In this book, both strong and irregular verbs will be included in Class IV. [See section on STRONG VERB TYPES and note 7 below.]

3. When a strong verb stem ends in *-r*, the present tense ending *-er* is lacking; e.g.: *bära*: jag bär; *fara*: jag far; *göra*: jag gör; *skära*: jag skär.

4. Strong verbs have a formal (or literary) past plural form ending in *-o*. The stem vowel for such special past plural forms sometimes corresponds to the past singular vowel and sometimes to the supine vowel. This depends on the type, or class, of strong verb, which is explained below. [See also section on PLURAL VERB FORMS AND ENDINGS].

5. There are some exceptions to the rule that strong verbs have past participles ending in *-en*. For example, the verb *sprida* has the form *spridd* as its past participle, thus showing a tendency towards becoming a Class IIa verb. The supine form *spritt* exhibits this same tendency. Similarly, the verb *ligga* has a past participle *-legad*, [*förlegad*, for example], (and supine *legat*), which shows a tendency towards movement into Class I, perhaps ultimately leading to a new infinitive **lega* which would be a back-formation from *legat*. Verbs do, occasionally, wander from one verb conjugation class into another. This process takes decades, and during the transition period, both forms (or forms from both conjugation classes) may exist side-by-side. This can be seen in the index, where a number of verbs are classified as belonging to two or more verb conjugation classes.

6. The verb *bringa* is a Class IV verb (past: *bragte*; supine: *bragt*; no corresponding past participle form). Prefixed verbs based on *bringa* (for example, *anbringa*) tend to follow Class I more often than Class IV (past: *anbringade*; supine *anbringat*; past participle: *anbringad/anbringat/anbringade*.)

7. Irregular verbs have largely unpredictable forms and should simply be memorized.

Strong Verb Types

Strong verbs can be classified according to the type of vowel change which characterizes the verb. The three forms whose vowels determine this classification are the INFINITIVE, the PAST singular, and the SUPINE. The past participle has the same stem vowel as the supine. For example, the verb *skriva* follows the *i-e-i* pattern: skriva – skrev – skrivit.

STRONG VERB TYPE I: *ĭ-ă-ŭ* pattern.

Example: fĭnna, fann, funnit.

The formal literary past plural form has the same vowel as the *supine*: e.g., vi funno. (The modern spoken and written form is *vi fann.*)

Other verbs in this class: binda, brinna, dricka, rinna, springa, vinna.

STRONG VERB TYPE II: *ī-ē-ī* pattern.

Example: skriva, skrev, skrivit.

The formal literary past plural form has the same vowel as the *past singular*: e.g., vi skrevo. (The modern spoken and written form is *vi skrev.*)

Other verbs in this class: bita, bli [bliva], gripa, lida, rida, sprida. [See note on *sprida* in *Remarks on Conjugation Class IV*].

STRONG VERB TYPE III: *y (or ju)-ö-(j)u* pattern.

Examples: flyta, flöt, flutit
bjuda, bjöd, bjudit

The formal literary past plural form has the same vowel as the *past singular*: vi flöto, vi bjödo. (The modern spoken and written forms are *vi flöt* and *vi bjöd.*)

Other verbs in this class: flyga, frysa, krypa, sjunga, sjunka, skjuta.

STRONG VERB TYPE IV: miscellaneous vowel patterns.

Sub-class a: *(j)ä-a-u*. Example: bära, bar, burit. The formal literary past plural form has the same vowel as the *supine*: vi buro. Other verbs of this type: stjäla, skära.

Sub-class b: *a-o-a*. Example: fara, for, farit. The formal literary

past plural form has the same vowel as the *past singular*: vi foro.
Other verbs of this type: dra (draga), ta (taga). [Note: present
participles: *dragande, tagande*, which are indeclinable.] Imperatives:
dra! [drag!] ta! [tag!]

Sub-class c: other vowel patterns:
falla*, föll [föllo], fallit
ge [giva]**, gav [gåvo], givit (gett)
gråta, grät [gräto], gråtit
hålla, höll [höllo], hållit
komma, kom [kommo], kommit
slå***, slog [slogo], slagit
svära (svärja), svor [svuro], svurit
vara, var [voro], varit
äta, åt [åto], ätit

A Short Cut to Swedish Strong Verbs

GIVEN: A passive recognition of strong verbs (i.e., the student
need only recognize whether or not a given verb is
strong). If the verb is recognized as a *strong* verb, the
following rules apply:

RULE 1:   If the vowel of the infinitive stem is -*a*-, the verb follows
the pattern *a-o-a* if the vowel precedes a *single* consonant,
and the pattern *a-ö-a* if the vowel precedes a *double*
consonant.

Example: fara-for-farit
falla-föll-fallit

RULE 2:   If the vowel of the infinitive stem is -*i*-, the verb follows

---

*   Note that *befalla* is a weak verb (Class IIa).
**   present tense: *ger (giver)*; present participle: *givande*; past participle: *given/givet/givna*; imperative:
ge! [giv!]
*** present tense: *slår*.

the pattern *i-e-i* if the vowel precedes a <u>single</u> consonant, and the pattern *i-a-u* if the vowel precedes a <u>double</u> consonant. See note below.

Example: skriva-skrev-skrivit
finna-fann-funnit

RULE 3: If the vowel of the infinitive stem is *-o-*, the verb follows the pattern *o-o-o*.

Example: komma-kom-kommit

RULE 4: If the vowel of the infinitive stem is *-u-*, the verb follows the pattern *u-ö-u*.

Example: njuta-njöt-njutit.

RULE 5: If the vowel of the infinitive stem is *-y-*, the verb follows the pattern *y-ö-u* if the vowel precedes a <u>single</u> consonant, and the pattern *y-ö-y* if the vowel precedes a <u>double</u> consonant.

Example: smyga-smög-smugit
nysa-nös-nyst (supine has the double consonant)

RULE 6: If the vowel of the infinitive stem is a modified symbol (*å, ä* or *ö*), the verb must be memorized. The following chart may provide a somewhat systematic approach:

å-i-å: få-fick-fått
gå-gick-gått
å-o-a: slå-slog-slagit
slåss-slogs-slagits
å-o-å: stå-stod-stått

å-ä-å :	gråta-grät-gråtit
	låta-lät-låtit
å-ö-å :	hålla-höll-hållit
ä-a-a :	glädja-gladde-glatt
	lägga-la(de)-lagt
	säga-sa(de)-sagt
	sätta-satte-satt
	välja-valde-valt
	vänja-vande-vant
ä-a-u :	bära-bar-burit
	skära-skar-skurit
	stjäla-stal-stulit
	svälta-svalt-svultit
ä-o-u :	svär(j)a-svor-svurit
ä-å-å :	sälja-sålde-sålt
ä-å-ä :	äta-åt-ätit
ö-o-o :	böra-borde-bort
	dölja-dolde-dolt
	göra-gjorde-gjort
	töras-tordes-torts
ö-o-ö :	dö-dog-dött
ö-ö-ö :	stödja-stödde-stött

RULE 7: Some strong verbs are very irregular and should be memorized:

be(dja)-bad-bett
ge (giva)-gav-givit (gett)
heta-hette-hetat
le-log-lett
leva-levde-levat (levt)
ligga-låg-legat
se-såg-sett
veta-visste-vetat

Rule	Vowel Pattern	Example

RULE 1:

$$a \diamondsuit \begin{matrix} o \\ \ddot{o} \end{matrix} a$$

fara – for – farit
falla – föll – fallit

RULE 2:

$$i \leftarrow \begin{matrix} u \\ a \\ e \rightarrow i \\ \mathring{a} \\ e \end{matrix}$$

finna – fann – funnit
giva – gav – givit
skriva – skrev – skrivit
ligga – låg – legat

RULE 3: o — o — o   sova – sov – sovit

RULE 4: u — ö — u   njuta – njöt – njutit

RULE 5:

$$y - \ddot{o} \begin{matrix} u \\ y \end{matrix}$$

smyga – smög – smugit
nysa – nös – nyst

RULE 6:

$$\mathring{a} \diamondsuit \begin{matrix} o - a \\ i \\ \ddot{a} \\ \ddot{o} \end{matrix} \mathring{a}$$

slå – slog – slagit
få – fick – fått

låta – lät – låtit
hålla – höll – hållit

$$\ddot{a} \leftarrow \begin{matrix} a \frown a \\ o \rightarrow u \\ \mathring{a} \frown \mathring{a} \\ \ddot{a} \end{matrix}$$

glädja – gladde – glatt
bära – bar – burit
svär(j)a – svor – svurit
sälja – sålde – sålt
äta – åt – ätit

$$\ddot{o} \leftarrow \begin{matrix} o \frown o \\ \ddot{o} — \ddot{o} \end{matrix}$$

göra – gjorde – gjort
dö – dog – dött
stödja – stödde – stött

1. Read the list of strong verbs aloud three to five times slowly and carefully. This list contains the most common strong verbs, those which you may expect to encounter in elementary and intermediate level studies. You do *not* have to memorize this list, but you should be able to say whether or not a verb is included on the list.

2. Read the preceding section, "A Short Cut to Swedish Strong Verbs." Again, you do not have to memorize its contents, but you should be sure that you have read it carefully and understand it.

3. MEMORIZE THIS CHART AND APPLY IT WHEN YOU RECOGNIZE A STRONG VERB:

	if infinitive stem vowel is:	preceding single consonant, the vowel pattern is:	preceding double consonant, the vowel pattern is:
(Rule 1.)	-a-	a-o-a	a-ö-a
(Rule 2.)	-i-	i-e-i	i-a-u
(Rule 3.)	-o-	o-o-o	o-o-o
(Rule 4.)	-u-	u-ö-u	u-ö-u
(Rule 5.)	-y-	y-ö-u	y-ö-y
(Rule 6.)	-å-, -ä-, -ö-	see preceding section for forms	

List of Common Swedish Strong Verbs

Verbs which have stems in -a-, -i-, -o-, -u-, and -y- and which can be learned using the above chart:

binda	gala	pipa	snyta
bita	gjuta	rida	sova
bjuda	glida	rinna	spinna
bli(va)	gnida	riva	spricka
brinna	gripa	ryta	sprida
brista	hinna	sitta	springa
bryta	hugga	sjuda	sticka
dra(ga)	kliva	sjunga	stiga
dricka	klyva	sjunka	strida
driva	knyta	skina	stryka
duga	komma	skjuta**	supa
falla	krypa	skrida	svida
fara	lida	skrika	svika
finna	ljuda	skriva	ta(ga)
finnas	ljuga	skryta	tiga
flyga	lyda*	slippa	tjuta
flyta	niga	slita	vina
frysa	njuta	sluta	vinna
försvinna	nysa*	smyga	vrida

---

*   double consonant in supine: *lytt, nyst.*
** lacks -*j*- in past: *sköt.*

INDICATIVE

(att) arbeta (I)

to work

Present	jag arbetar	vi arbetar [arbeta]
	du arbetar	ni arbetar [arbeta]
	han arbetar	de arbetar [arbeta]
Past	jag arbetade	vi arbetade
	du arbetade	ni arbetade
	han arbetade	de arbetade
Future	jag ska(ll) arbeta	vi ska(ll) [skola] arbeta
	du ska(ll) arbeta	ni ska(ll) [skola] arbeta
	han ska(ll) arbeta	de ska(ll) [skola] arbeta
Conditional	jag skulle arbeta	vi skulle arbeta
	du skulle arbeta	ni skulle arbeta
	han skulle arbeta	de skulle arbeta
Present Perfect	jag har arbetat	vi har [ha] [hava] arbetat
	du har arbetat	ni har [ha] [hava] arbetat
	han har arbetat	de har [ha] [hava] arbetat
Past Perfect	jag hade arbetat	vi hade arbetat
	du hade arbetat	ni hade arbetat
	han hade arbetat	de hade arbetat
Future Perfect	jag kommer att [ska(ll)] ha [hava] arbetat	vi kommer att [ska(ll)] [skola] ha [hava] arbetat
	du kommer att [ska(ll)] ha [hava] arbetat	ni kommer att [ska(ll)] [skola] ha [hava] arbetat
	han kommer att [ska(ll)] ha [hava] arbetat	de kommer att [ska(ll)] [skola] ha [hava] arbetat
Conditional Perfect	jag skulle ha [hava] arbetat	vi skulle ha [hava] arbetat
	du skulle ha [hava] arbetat	ni skulle ha [hava] arbetat
	han skulle ha [hava] arbetat	de skulle ha [hava] arbetat

INDICATIVE

(att) baka (I)
to bake

Present	jag bakar	vi bakar [baka]
	du bakar	ni bakar [baka]
	han bakar	de bakar [baka]
Past	jag bakade	vi bakade
	du bakade	ni bakade
	han bakade	de bakade
Future	jag ska(ll) baka	vi ska(ll) [skola] baka
	du ska(ll) baka	ni ska(ll) [skola] baka
	han ska(ll) baka	de ska(ll) [skola] baka
Conditional	jag skulle baka	vi skulle baka
	du skulle baka	ni skulle baka
	han skulle baka	de skulle baka
Present Perfect	jag har bakat	vi har [ha] [hava] bakat
	du har bakat	ni har [ha] [hava] bakat
	han har bakat	de har [ha] [hava] bakat
Past Perfect	jag hade bakat	vi hade bakat
	du hade bakat	ni hade bakat
	han hade bakat	de hade bakat
Future Perfect	jag kommer att [ska(ll)] ha [hava] bakat	vi kommer att [ska(ll)] [skola] ha [hava] bakat
	du kommer att [ska(ll)] ha [hava] bakat	ni kommer att [ska(ll)] [skola] ha [hava] bakat
	han kommer att [ska(ll)] ha [hava] bakat	de kommer att [ska(ll)] [skola] ha [hava] bakat
Conditional Perfect	jag skulle ha [hava] bakat	vi skulle ha [hava] bakat
	du skulle ha [hava] bakat	ni skulle ha [hava] bakat
	han skulle ha [hava] bakat	de skulle ha [hava] bakat

INDICATIVE

(att) be [bedja] (IV)

to ask,

pray

Present	jag ber [beder]	vi ber [beder] [bedja]
	du ber [beder]	ni ber [beder] [bedja]
	han ber [beder]	de ber [beder] [bedja]
Past	jag bad	vi bad [bådo]
	du bad	ni bad [bådo]
	han bad	de bad [bådo]
Future	jag ska(ll) be [bedja]	vi ska(ll) [skola] be [bedja]
	du ska(ll) be [bedja]	ni ska(ll) [skola] be [bedja]
	han ska(ll) be [bedja]	de ska(ll) [skola] be [bedja]
Conditional	jag skulle be [bedja]	vi skulle be [bedja]
	du skulle be [bedja]	ni skulle be [bedja]
	han skulle be [bedja]	de skulle be [bedja]
Present Perfect	jag har bett	vi har [ha] [hava] bett
	du har bett	ni har [ha] [hava] bett
	han har bett	de har [ha] [hava] bett
Past Perfect	jag hade bett	vi hade bett
	du hade bett	ni hade bett
	han hade bett	de hade bett
Future Perfect	jag kommer att [ska(ll)] ha [hava] bett	vi kommer att [ska(ll)] [skola] ha [hava] bett
	du kommer att [ska(ll)] ha [hava] bett	ni kommer att [ska(ll)] [skola] ha [hava] bett
	han kommer att [ska(ll)] ha [hava] bett	de kommer att [ska(ll)] [skola] ha [hava] bett
Conditional Perfect	jag skulle ha [hava] bett	vi skulle ha [hava] bett
	du skulle ha [hava] bett	ni skulle ha [hava] bett
	han skulle ha [hava] bett	de skulle ha [hava] bett

3

INDICATIVE

(att) behöva (IIa)

to need

Present	jag behöver	vi behöver [behöva]
	du behöver	ni behöver [behöva]
	han behöver	de behöver [behöva]

Past	jag behövde	vi behövde
	du behövde	ni behövde
	han behövde	de behövde

Future	jag ska(ll) behöva	vi ska(ll) [skola] behöva
	du ska(ll) behöva	ni ska(ll) [skola] behöva
	han ska(ll) behöva	de ska(ll) [skola] behöva

Conditional	jag skulle behöva	vi skulle behöva
	du skulle behöva	ni skulle behöva
	han skulle behöva	de skulle behöva

Present	jag har behövt	vi har [ha] [hava] behövt
Perfect	du har behövt	ni har [ha] [hava] behövt
	han har behövt	de har [ha] [hava] behövt

Past Perfect	jag hade behövt	vi hade behövt
	du hade behövt	ni hade behövt
	han hade behövt	de hade behövt

Future	jag kommer att [ska(ll)]	vi kommer att [ska(ll)] [skola]
Perfect	ha [hava] behövt	ha [hava] behövt
	du kommer att [ska(ll)]	ni kommer att [ska(ll)] [skola]
	ha [hava] behövt	ha [hava] behövt
	han kommer att [ska(ll)]	de kommer att [ska(ll)] [skola]
	ha [hava] behövt	ha [hava] behövt

Conditional	jag skulle ha [hava] behövt	vi skulle ha [hava] behövt
Perfect	du skulle ha [hava] behövt	ni skulle ha [hava] behövt
	han skulle ha [hava] behövt	de skulle ha [hava] behövt

---

* theoretically possible, but infrequent.

INDICATIVE   *(att) besöka (IIb)*

Present	jag besöker	vi besöker [besöka]	*to visit,*
	du besöker	ni besöker [besöka]	
	han besöker	de besöker [besöka]	*see*

Past jag besökte   vi besökte
      du besökte   ni besökte
      han besökte   de besökte

Future jag ska(ll) besöka   vi ska(ll) [skola] besöka
        du ska(ll) besöka   ni ska(ll) [skola] besöka
        han ska(ll) besöka   de ska(ll) [skola] besöka

Conditional jag skulle besöka   vi skulle besöka
             du skulle besöka   ni skulle besöka
             han skulle besöka   de skulle besöka

Present jag har besökt   vi har [ha] [hava] besökt
Perfect du har besökt   ni har [ha] [hava] besökt
          han har besökt   de har [ha] [hava] besökt

Past Perfect jag hade besökt   vi hade besökt
              du hade besökt   ni hade besökt
              han hade besökt   de hade besökt

Future jag kommer att [ska(ll)]   vi kommer att [ska(ll)] [skola]
Perfect   ha [hava] besökt   ha [hava] besökt
          du kommer att [ska(ll)]   ni kommer att [ska(ll)] [skola]
             ha [hava] besökt   ha [hava] besökt
          han kommer att [ska(ll)]   de kommer att [ska(ll)] [skola]
             ha [hava] besökt   ha [hava] besökt

Conditional jag skulle ha [hava] besökt   vi skulle ha [hava] besökt
Perfect   du skulle ha [hava] besökt   ni skulle ha [hava] besökt
             han skulle ha [hava] besökt de skulle ha [hava] besökt

INDICATIVE

(att) betyda (IIa)

to mean,

Present	jag betyder	vi betyder [betyda]
	du betyder	ni betyder [betyda]
	han betyder	de betyder [betyda]

be

important

Past	jag betydde*	vi betydde*
	du betydde*	ni betydde*
	han betydde*	de betydde*

Future	jag ska(ll) betyda	vi ska(ll) [skola] betyda
	du ska(ll) betyda	ni ska(ll) [skola] betyda
	han ska(ll) betyda	de aka(ll) [skola] betyda

Conditional	jag skulle betyda	vi skulle betyda
	du skulle betyda	ni skulle betyda
	han skulle betyda	de skulle betyda

Present *Perfect*	jat har betytt	vi har [ha] [hava] betytt
	du har betytt	ni har [ha] [hava] betytt
	han har betytt	de har [ha] [hava] betytt

Past Perfect	jag hade betytt	vi hade betytt
	du hade betytt	ni hade betytt
	han hade betytt	de hade betytt

Future *Perfect*	jag kommer att [ska(ll)] ha [hava] betytt	vi kommer att [ska(ll)] [skola] ha [hava] betytt
	du kommer att [ska(ll)] ha [hava] betytt	ni kommer att [ska(ll)] [skola] ha [hava] betytt
	han kommer att [ska(ll)] ha [hava] betytt	de kommer at [ska(ll)] [skola] ha [hava] betytt

Conditional *Perfect*	jag skulle ha [hava] betytt	vi skulle ha [hava] betytt
	du skulle ha [hava] betytt	ni skulle ha [hava] betytt
	han skulle ha [hava] betytt	de skulle ha [hava] betytt

---

*   strong form *betöd* occurs dialectally; see Wellander, *Riktig svenska*, p. 274 (fjärde tryckningen).
** theoretically possible, but highly improbable.

INDICATIVE   *(att) binda (IV)*

Present   jag binder   vi binder [binda]   *to bind, tie*
              du binder   ni binder [binda]
              han binder   de binder [binda]

Past   jag band   vi band [bundo]
              du band   ni band [bundo]
              han band   de band [bundo]

Future   jag ska(ll) binda   vi ska(ll) [skola] binda
              du ska(ll) binda   ni ska(ll) [skola] binda
              han ska(ll) binda   de ska(ll) [skola] binda

Conditional jag skulle binda   vi skulle binda
              du skulle binda   ni skulle binda
              han skulle binda   de skulle binda

Present   jag har bundit   vi har [ha] [hava] bundit
Perfect   du har bundit   ni har [ha] [hava] bundit
              han har bundit   de har [ha] [hava] bundit

Past Perfect jag hade bundit   vi hade bundit
              du hade bundit   ni hade bundit
              han hade bundit   de hade bundit

Future   jag kommer att [ska(ll)]   vi kommer att [ska(ll)] [skola]
Perfect   ha [hava] bundit   [hava] bundit
              du kommer att [ska(ll)]   ni kommer att [ska(ll)] [skola]
                  ha [hava] bundit   ha [hava] bundit
              han kommer att [ska(ll)]   de kommer att [ska(ll)] [skola]
                  ha [hava] bundit   ha [hava] bundit

Conditional jag skulle ha [hava] bundit   vi skulle ha [hava] bundit
Perfect   du skulle ha [hava] bundit   ni skulle ha [hava] bundit
              han skulle ha [hava] bundit   de skulle ha [hava] bundit

INDICATIVE

(att) bita (IV)
to bite

Present jag biter
du biter
han biter

vi biter [bita]
ni biter [bita]
de biter [bita]

Past jag bet
du bet
han bet

vi bet [beto]
ni bet [beto]
de bet [beto]

Future jag ska(ll) bita
du ska(ll) bita
han ska(ll) bita

vi ska(ll) [skola] bita
ni ska(ll) [skola] bita
de ska(ll) [skola] bita

Conditional jag skulle bita
du skulle bita
han skulle bita

vi skulle bita
ni skulle bita
de skulle bita

Present jag har bitit
Perfect du har bitit
han har bitit

vi har [ha] [hava] bitit
ni har [ha] [hava] bitit
de har [ha] [hava] bitit

Past Perfect jag hade bitit
du hade bitit
han hade bitit

vi hade bitit
ni hade bitit
de hade bitit

Future jag kommer att [ska(ll)]
Perfect ha [hava] bitit
du kommer att [ska(ll)]
ha [hava] bitit
han kommer att [ska(ll)]
ha [hava] bitit

vi kommer att [ska(ll)] [skola]
ha [hava] bitit
ni kommer att [ska(ll)] [skola]
ha [hava] bitit
de kommer att [ska(ll)] [skola]
ha [hava] bitit

Conditional jag skulle ha [hava] bitit
Perfect du skulle ha [hava] bitit
han skulle ha [hava] bitit

vi skulle ha [hava] bitit
ni skulle ha [hava] bitit
de skulle ha [hava] bitit

	INDICATIVE		*(att) bjuda (IⱯ)*
Present	jag bjuder	vi bjuder [bjuda]	*to offer,*
	du bjuder	ni bjuder [bjuda]	*invite*
	han bjuder	de bjuder [bjuda]	
Past	jag bjöd	vi bjöd [bjödo]	
	du bjöd	ni bjöd [bjödo]	
	han bjöd	de bjöd [bjödo]	
Future	jag ska(ll) bjuda	vi ska(ll) [skola] bjuda	
	du ska(ll) bjuda	ni ska(ll) [skola] bjuda	
	han ska(ll) bjuda	de ska(ll) [skola] bjuda	
Conditional	jag skulle bjuda	vi skulle bjuda	
	du skulle bjuda	ni skulle bjuda	
	han skulle bjuda	de skulle bjuda	
Present	jag har bjudit	vi har [ha] [hava] bjudit	
Perfect	du har bjudit	ni har [ha] [hava] bjudit	
	han har bjudit	de har [ha] [hava] bjudit	
Past Perfect	jag hade bjudit	vi hade bjudit	
	du hade bjudit	ni hade bjudit	
	han hade bjudit	de hade bjudit	
Future	jag kommer att [ska(ll)]	vi kommer att [ska(ll)] [skola]	
Perfect	ha [hava] bjudit	ha [hava] bjudit	
	du kommer att [ska(ll)]	ni kommer att [ska(ll)] [skola]	
	ha [hava] bjudit	ha [hava] bjudit	
	han kommer att [ska(ll)]	de kommer att [ska(ll)] [skola]	
	ha [hava] bjudit	ha [hava] bjudit	
Conditional	jag skulle ha [hava] bjudit	vi skulle ha [hava] bjudit	
Perfect	du skulle ha [hava] bjudit	ni skulle ha [hava] bjudit	
	han skulle ha [hava] bjudit	de skulle ha [hava] bjudit	

9

INDICATIVE

(att) bli [bliva] (IV)

to become

Present	jag blir [bliver]	vi blir [bli] [bliva]
	du blir [bliver]	ni blir [bli] [bliva]
	han blir [bliver]	de blir [bli] [bliva]
Past	jag blev	vi blev [blevo]
	du blev	ni blev [blevo]
	han blev	de blev [blevo]
Future	jag ska(ll) bli [bliva]	vi ska(ll) [skola] bli [bliva]
	du ska(ll) bli [bliva]	ni ska(ll) [skola] bli [bliva]
	han ska(ll) bli [bliva]	de ska(ll) [skola] bli [bliva]
Conditional	jag skulle bli [bliva]	vi skulle bli [bliva]
	du skulle bli [bliva]	ni skulle bli [bliva]
	han skulle bli [bliva]	de skulle bli [bliva]
Present Perfect	jag har blivit	vi har [ha] [hava] blivit
	du har blivit	ni har [ha] [hava] blivit
	han har blivit	de har [ha] [hava] blivit
Past Perfect	jag hade blivit	vi hade blivit
	du hade blivit	ni hade blivit
	han hade blivit	de hade blivit
Future Perfect	jag kommar att [ska(ll)] ha [hava] blivit	vi kommer att [ska(ll)] [skola] ha [hava] blivit
	du kommer att [ska(ll)] ha [hava] blivit	ni kommer att [ska(ll)] [skola] ha [hava] blivit
	han kommer att [ska(ll)] ha [hava] blivit	de kommer att [ska(ll)] [skola] ha [hava] blivit
Conditional Perfect	jag skulle ha [hava] blivit	vi skulle ha [hava] blivit
	du skulle ha [hava] blivit	ni skulle ha [hava] blivit
	han skulle ha [hava] blivit	de skulle ha [hava] blivit

INDICATIVE

(att) blåsa (IIb)

to blow

Present	jag blåser	vi blåser [blåsa]
	du blåser	ni blåser [blåsa]
	han blåser	de blåser [blåsa]

Past	jag blåste	vi blåste
	du blåste	ni blåste
	han blåste	de blåste

Future	jag ska(ll) blåsa	vi ska(ll) [skola] blåsa
	du ska(ll) blåsa	ni ska(ll) [skola] blåsa
	han ska(ll) blåsa	de ska(ll) [skola] blåsa

Conditional	jag skulle blåsa	vi skulle blåsa
	du skulle blåsa	ni skulle blåsa
	han skulle blåsa	de skulle blåsa

Present	jag har blåst	vi har [ha] [hava] blåst
Perfect	du har blåst	ni har [ha] [hava] blåst
	han har blåst	de har [ha] [hava] blåst

Past Perfect	jag hade blåst	vi hade blåst
	du hade blåst	ni hade blåst
	han hade blåst	de hade blåst

Future	jag kommer att [ska(ll)]	vi kommer att [ska(ll)] [skola]
Perfect	ha [hava] blåst	ha [hava] blåst
	du kommer att [ska(ll)]	ni kommer att [ska(ll)] [skola]
	ha [hava] blåst	ha [hava] blåst
	han kommer att [ska(ll)]	de kommer att [ska(ll)] [skola]
	ha [hava] blåst	ha [hava] blåst

Conditional	jag skulle ha [hava] blåst	vi skulle ha [hava] blåst
Perfect	du skulle ha [hava] blåst	ni skulle ha [hava] blåst
	han skulle ha [hava] blåst	de skulle ha [hava] blåst

INDICATIVE

(att) bo (III)
to live,
reside,
dwell

Present	jag bor	vi bor [bo]
	du bor	ni bor [bo]
	han bor	de bor [bo]
Past	jag bodde	vi bodde
	du bodde	ni bodde
	han bodde	de bodde
Future	jag ska(ll) bo	vi ska(ll) [skola] bo
	du ska(ll) bo	ni ska(ll) [skola] bo
	han ska(ll) bo	de ska(ll) [skola] bo
Conditional	jag skulle bo	vi skulle bo
	du skulle bo	ni skulle bo
	han skulle bo	de skulle bo
Present Perfect	jag har bott	vi har [ha] [hava] bott
	du har bott	ni har [ha] [hava] bott
	han har bott	de har [ha] [hava] bott
Past Perfect	jag hade bott	vi hade bott
	du hade bott	ni hade bott
	han hade bott	de hade bott
Future Perfect	jag kommer att [ska(ll)] ha [hava] bott	vi kommer att [ska(ll)] [skola] ha [hava] bott
	du kommer att [ska(ll)] ha [hava] bott	ni kommer att [ska(ll)] [skola] ha [hava] bott
	han kommer att [ska(ll)] ha [hava] bott	de kommer att [ska(ll)] [skola] ha [hava] bott
Conditional Perfect	jag skulle ha [hava] bott	vi skulle ha [hava] bott
	du skulle ha [hava] bott	ni skulle ha [hava] bott
	han skulle ha [hava] bott	de skulle ha [hava] bott

INDICATIVE

(att) brinna (IV)
to burn

Present	jag brinner	vi brinner [brinna]
	du brinner	ni brinner [brinna]
	han brinner	de brinner [brinna]
Past	jag brann	vi brann [brunno]
	du brann	ni brann [brunno]
	han brann	de brann [brunno]
Future	jag ska(ll) brinna	vi ska(ll) [skola] brinna
	du ska(ll) brinna	ni ska(ll) [skola] brinna
	han ska(ll) brinna	de ska(ll) [skola] brinna
Conditional	jag skulle brinna	vi skulle brinna
	du skulle brinna	ni skulle brinna
	han skulle brinna	de skulle brinna
Present Perfect	jag har brunnit	vi har [ha] [hava] brunnit
	du har brunnit	ni har [ha] [hava] brunnit
	han har brunnit	de har [ha] [hava] brunnit
Past Perfect	jag hade brunnit	vi hade brunnit
	du hade brunnit	ni hade brunnit
	han hade brunnit	de hade brunnit
Future Perfect	jag kommer att [ska(ll)] ha [hava] brunnit	vi kommer att [ska(ll)] [skola] ha [hava] brunnit
	du kommer att [ska(ll)] ha [hava] brunnit	ni kommer att [ska(ll)] [skola] ha [hava] brunnit
	han kommer att [ska(ll)] ha [hava] brunnit	de kommer att [ska(ll)] [skola] ha [hava] brunnit
Conditional Perfect	jag skulle ha [hava] brunnit	vi skulle ha [hava] brunnit
	du skulle ha [hava] brunnit	ni skulle ha [hava] brunnit
	han skulle ha [hava] brunnit	de skulle ha [hava] brunnit

INDICATIVE

(att) brista (IV)
to burst

Present	jag brister	vi brister [brista]
	du brister	ni brister [brista]
	han brister	de brister [brista]
Past	jag brast	vi brast [brusto]
	du brast	ni brast [brusto]
	han brast	de brast [brusto]
Future	jag ska(ll) brista	vi ska(ll) [skola] brista
	du ska(ll) brista	ni ska(ll) [skola] brista
	han ska(ll) brista	de ska(ll) [skola] brista
Conditional	jag skulle brista	vi skulle brista
	du skulle brista	ni skulle brista
	han skulle brista	de skulle brista
Present Perfect	jag har brustit	vi har [ha] [hava] brustit
	du har brustit	ni har [ha] [hava] brustit
	han har brustit	de har [ha] [hava] brustit
Past Perfect	jag hade brustit	vi hade brustit
	du hade brustit	ni hade brustit
	han hade brustit	de hade brustit
Future Perfect	jag kommer att [ska(ll)] ha [hava] brustit	vi kommer att [ska(ll)] [skola] ha [hava] brustit
	du kommer att [ska(ll)] ha [hava] brustit	ni kommer att [ska(ll)] [skola] ha [hava] brustit
	han kommer att [ska(ll)] ha [hava] brustit	de kommer att [ska(ll)] [skola] ha [hava] brustit
Conditional Perfect	jag skulle ha [hava] brustit	vi skulle ha [hava] brustit
	du skulle ha [hava] brustit	ni skulle ha [hava] brustit
	han skulle ha [hava] brustit	de skulle ha [hava] brustit

---

* theoretically possible, but infrequent.

INDICATIVE

(att) bryta (IV)

to break

Present	jag bryter	vi bryter [bryta]
	du bryter	ni bryter [bryta]
	han bryter	de bryter [bryta]

Past	jag bröt	vi bröt [bröto]
	du bröt	ni bröt [bröto]
	han bröt	de bröt [bröto]

Future	jag ska(ll) bryta	vi ska(ll) [skola] bryta
	du ska(ll) bryta	ni ska(ll) [skola] bryta
	han ska(ll) bryta	de ska(ll) [skola] bryta

Conditional	jag skulle bryta	vi skulle bryta
	du skulle bryta	ni skulle bryta
	han skulle bryta	de skulle bryta

Present	jag har brutit	vi har [ha] [hava] brutit
Perfect	du har brutit	ni har [ha] [hava] brutit
	han har brutit	de har [ha] [hava] brutit

Past Perfect	jag hade brutit	vi hade brutit
	du hade brutit	ni hade brutit
	han hade brutit	de hade brutit

Future	jag kommer att [ska(ll)]	vi kommer att [ska(ll)] [skola]
Perfect	ha [hava] brutit	ha [hava] brutit
	du kommer att [ska(ll)]	ni kommer att [ska(ll)] [skola]
	ha [hava] brutit	ha [hava] brutit
	han kommer att [ska(ll)]	de kommer att [ska(ll)] [skola]
	ha [hava] brutit	ha [hava] brutit

Conditional	jag skulle ha [hava] brutit	vi skulle ha [hava] brutit
Perfect	du skulle ha [hava] brutit	ni skulle ha [hava] brutit
	han skulle ha [hava] brutit	de skulle ha [hava] brutit

INDICATIVE

(att) bygga (IIa)
to build

Present	jag bygger	vi bygger [bygga]
	du bygger	ni bygger [bygga]
	han bygger	de bygger [bygga]
Past	jag byggde	vi byggde
	du byggde	ni byggde
	han byggde	de byggde
Future	jag ska(ll) bygga	vi ska(ll) [skola] bygga
	du ska(ll) bygga	ni ska(ll) [skola] bygga
	han ska(ll) bygga	de ska(ll) [skola] bygga
Conditional	jag skulle bygga	vi skulle bygga
	du skulle bygga	ni skulle bygga
	han skulle bygga	de skulle bygga
Present Perfect	jag har byggt	vi har [ha] [hava] byggt
	du har byggt	ni har [ha] [hava] byggt
	han har byggt	de har [ha] [hava] byggt
Past Perfect	jag hade byggt	vi hade byggt
	du hade byggt	ni hade byggt
	han hade byggt	de hade byggt
Future Perfect	jag kommer att [ska(ll)] ha [hava] byggt	vi kommer att [ska(ll)] [skola] ha [hava] byggt
	du kommer att [ska(ll)] ha [hava] byggt	ni kommer att [ska(ll)] [skola] ha [hava] byggt
	han kommer att [ska(ll)] ha [hava] byggt	de kommer att [ska(ll)] [skola] ha [hava] byggt
Conditional Perfect	jag skulle ha [hava] byggt	vi skulle ha [hava] byggt
	du skulle ha [hava] byggt	ni skulle ha [hava] byggt
	han skulle ha [hava] byggt	de skulle ha [hava] byggt

(att) bära (IV)

				to bear,
Present	jag bär	vi bär [bära]		*carry,*
	du bär	ni bär [bära]		
	han bär	de bär [bära]		*wear*

Past jag bar · vi bar [buro]
du bar · ni bar [buro]
han bar · de bar [buro]

Future jag ska(ll) bära · vi ska(ll) [skola] bära
du ska(ll) bära · ni ska(ll) [skola] bära
han ska(ll) bära · de ska(ll) [skola] bära

Conditional jag skulle bära · vi skulle bära
du skulle bära · ni skulle bära
han skulle bära · de skulle bära

Present jag har burit · vi har [ha] [hava] burit
Perfect du har burit · ni har [ha] [hava] burit
han har burit · de har [ha] [hava] burit

Past Perfect jag hade burit · vi hade burit
du hade burit · ni hade burit
han hade burit · de hade burit

Future jag kommer att [ska(ll)] · vi kommer att [ska(ll)] [skola]
Perfect ha [hava] burit · ha [hava] burit
du kommer att [ska(ll)] · ni kommer att [ska(ll)] [skola]
ha [hava] burit · ha [hava] burit
han kommer att [ska(ll)] · de kommer att [ska(ll)] [skola]
ha [hava] burit · ha [hava] burit

Conditional jag skulle ha [hava] burit · vi skulle ha [hava] burit
Perfect du skulle ha [hava] burit · ni skulle ha [hava] burit
han skulle ha [hava] burit · de skulle ha [hava] burit

INDICATIVE

(att) böra (IV or IIa)
to ought to

Present	jag bör	vi bör [böra]
	du bör	ni bör [böra]
	han bör	de bör [böra]
Past	jag borde	vi borde
	du borde	ni borde
	han borde	de borde
Future	jag ska(ll) böra	vi ska(ll) [skola] böra
	du ska(ll) böra	ni ska(ll) [skola] böra
	han ska(ll) böra	de ska(ll) [skola] böra
Conditional	jag skulle böra	vi skulle böra
	du skulle böra	ni skulle böra
	han skulle böra	de skulle böra
Present Perfect	jag har bort	vi har [ha] [hava] bort
	du har bort	ni har [ha] [hava] bort
	han har bort	de har [ha] [hava] bort
Past Perfect	jag hade bort	vi hade bort
	du hade bort	ni hade bort
	han hade bort	de hade bort
Future Perfect	jag kommer att [ska(ll)] ha [hava] bort	vi kommer att [ska(ll)] [skola] ha [hava] bort
	du kommer att [ska(ll)] ha [hava] bort	ni kommer att [ska(ll)] [skola] ha [hava] bort
	han kommer att [ska(ll)] ha [hava] bort	de kommer att [ska(ll)] [skola] ha [hava] bort
Conditional Perfect	jag skulle ha [hava] bort	vi skulle ha [hava] bort
	du skulle ha [hava] bort	ni skulle ha [hava] bort
	han skulle ha [hava] bort	de skulle ha [hava] bort

INDICATIVE   *(att) börja (I)*

Present	jag börjar	vi börjar [börja]	*to begin*
	du börjar	ni börjar [börja]	
	han börjar	de börjar [börja]	

Past	jag började	vi började
	du började	ni började
	han började	de började

Future	jag ska(ll) börja	vi ska(ll) [skola] börja
	du ska(ll) börja	ni ska(ll) [skola] börja
	han ska(ll) börja	de ska(ll) [skola] börja

Conditional	jag skulle börja	vi skulle börja
	du skulle börja	ni skulle börja
	han skulle börja	de skulle börja

Present	jag har börjat	vi har [ha] [hava] börjat
Perfect	du har börjat	ni har [ha] [hava] börjat
	han har börjat	de har [ha] [hava] börjat

Past Perfect	jag hade börjat	vi hade börjat
	du hade börjat	ni hade börjat
	han hade börjat	de hade börjat

Future	jag kommer att [ska(ll)]	vi kommer att [ska(ll)] [skola]
Perfect	ha [hava] börjat	ha [hava] börjat
	du kommer att [ska(ll)]	ni kommer att [ska(ll)] [skola]
	ha [hava] börjat	ha [hava] börjat
	han kommer att [ska(ll)]	de kommer att [ska(ll)] [skola]
	ha [hava] börjat	ha [hava] börjat

Conditional	jag skulle ha [hava] börjat	vi skulle ha [hava] börjat
Perfect	du skulle ha [hava] börjat	ni skulle ha [hava] börjat
	han skulle ha [hava] börjat	de skulle ha [hava] börjat

INDICATIVE

(att) dra [draga]* (IV)

to *draw,*
pull

Present	jag drar [drager]	vi drar [drager] [draga]
	du drar [drager]	ni drar [drager] [draga]
	han drar [drager]	de drar [drager] [draga]

Past	jag drog	vi drog [drogo]
	du drog	ni drog [drogo]
	han drog	de drog [drogo]

Future	jag ska(ll) dra [draga]	vi ska(ll) [skola] dra [draga]
	du ska(ll) dra [draga]	ni ska(ll) [skola] dra [draga]
	han ska(ll) dra [draga]	de ska(ll) [skola] dra [draga]

Conditional	jag skulle dra [draga]	vi skulle dra [draga]
	du skulle dra [draga]	ni skulle dra [draga]
	han skulle dra [draga]	de skulle dra [draga]

Present	jag har dragit	vi har [ha] [hava] dragit
Perfect	du har dragit	ni har [ha] [hava] dragit
	han har dragit	de har [ha] [hava] dragit

Past Perfect	jag hade dragit	vi hade dragit
	du hade dragit	ni hade dragit
	han hade dragit	de hade dragit

Future	jag kommer att [ska(ll)]	vi kommer att [ska(ll)] [skola]
Perfect	ha [hava] dragit	ha [hava] dragit
	du kommer att [ska(ll)]	ni kommer att [ska(ll)] [skola]
	ha [hava] dragit	ha [hava] dragit
	han kommer att [ska(ll)]	de kommer att [ska(ll)] [skola]
	ha [hava] dragit	ha [hava] dragit

Conditional	jag skulle ha [hava] dragit	vi skulle ha [hava] dragit
Perfect	du skulle ha [hava] dragit	ni skulle ha [hava] dragit
	han skulle ha [hava] dragit	de skulle ha [hava] dragit

---

* *dra* is more modern and now more common than *draga*. Similarly, *andra* is more modern than *andraga*; *bedra* is more modern than *bedraga*; etc.

INDICATIVE		*(att) dricka (IV)*

to drink

Present	jag dricker	vi dricker [dricka]
	du dricker	ni dricker [dricka]
	han dricker	de dricker [dricka]
Past	jag drack	vi drack [drucko]
	du drack	ni drack [drucko]
	han drack	de drack [drucko]
Future	jag ska(ll) dricka	vi ska(ll) [skola] dricka
	du ska(ll) dricka	ni ska(ll) [skola] dricka
	han ska(ll) dricka	de ska(ll) [skola] dricka
Conditional	jag skulle dricka	vi skulle dricka
	du skulle dricka	ni skulle dricka
	han skulle dricka	de skulle dricka
Present Perfect	jag har druckit	vi har [ha] [hava] druckit
	du har druckit	ni har [ha] [hava] druckit
	han har druckit	de har [ha] [hava] druckit
Past Perfect	jag hade druckit	vi hade druckit
	du hade druckit	ni hade druckit
	han hade druckit	de hade druckit
Future Perfect	jag kommer att [ska(ll)] ha [hava] druckit	vi kommer att [ska(ll)] [skola] ha [hava] druckit
	du kommer att [ska(ll)] ha [hava] druckit	ni kommer att [ska(ll)] [skola] ha [hava] druckit
	han kommer att [ska(ll)] ha [hava] druckit	de kommer att [ska(ll)] [skola] ha [hava] druckit
Conditional Perfect	jag skulle ha [hava] druckit	vi skulle ha [hava] druckit
	du skulle ha [hava] druckit	ni skulle ha [hava] druckit
	han skulle ha [hava] druckit	de skulle ha [hava] druckit

INDICATIVE   *(att) driva (IV)*
                                                      to drive

Present	jag driver	vi driver [driva]
	du driver	ni driver [driva]
	han driver	de driver [driva]
Past	jag drev	vi drev [drevo]
	du drev	ni drev [drevo]
	han drev	de drev [drevo]
Future	jag ska(ll) driva	vi ska(ll) [skola] driva
	du ska(ll) driva	ni ska(ll) [skola] driva
	han ska(ll) driva	de ska(ll) [skola] driva
Conditional	jag skulle driva	vi skulle driva
	du skulle driva	ni skulle driva
	han skulle driva	de skulle driva
Present Perfect	jag har drivit	vi har [ha] [hava] drivit
	du har drivit	ni har [ha] [hava] drivit
	han har drivit	de har [ha] [hava] drivit
Past Perfect	jag hade drivit	vi hade drivit
	du hade drivit	ni hade drivit
	han hade drivit	de hade drivit
Future Perfect	jag kommer att [ska(ll)] ha [hava] drivit	vi kommer att [ska(ll)] [skola] ha [hava] drivit
	du kommer att [ska(ll)] ha [hava] drivit	ni kommer att [ska(ll)] [skola] ha [hava] drivit
	han kommer att [ska(ll)] ha [hava] drivit	de kommer att [ska(ll)] [skola] ha [hava] drivit
Conditional Perfect	jag skulle ha [hava] drivit	vi skulle ha [hava] drivit
	du skulle ha [hava] drivit	ni skulle ha [hava] drivit
	han skulle ha [hava] drivit	de skulle ha [hava] drivit

INDICATIVE   *(att) drömma (IIa)*

Present   jag drömmer   vi drömmer [drömma]   *to dream*
            du drömmer   ni drömmer [drömma]
            han drömmer   de drömmer [drömma]

Past   jag drömde   vi drömde
            du drömde   ni drömde
            han drömde   de drömde

Future   jag ska(ll) drömma   vi ska(ll) [skola] drömma
            du ska(ll) drömma   ni ska(ll) [skola] drömma
            han ska(ll) drömma   de ska(ll) [skola] drömma

Conditional jag skulle drömma   vi skulle drömma
            du skulle drömma   ni skulle drömma
            han skulle drömma   de skulle drömma

Present   jag har drömt   vi har [ha] [hava] drömt
Perfect   du har drömt   ni har [ha] [hava] drömt
            han har drömt   de har [ha] [hava] drömt

Past Perfect jag hade drömt   vi hade drömt
            du hade drömt   ni hade drömt
            han hade drömt   de hade drömt

Future   jag kommer att [ska(ll)]   vi kommer att [ska(ll)] [skola]
Perfect   ha [hava] drömt   ha [hava] drömt
            du kommer att [ska(ll)]   ni kommer att [ska(ll)] [skola]
               ha [hava] drömt   ha [hava] drömt
            han kommer att [ska(ll)]   de kommer att [ska(ll)] [skola]
               ha [hava] drömt   ha [hava] drömt

Conditional jag skulle ha [hava] drömt   vi skulle ha [hava] drömt
Perfect   du skulle ha [hava] drömt   ni skulle ha [hava] drömt
            han skulle ha [hava] drömt   de skulle ha [hava] drömt

23

ESTH

INDICATIVE *(att) duga (IIa or IV)*

Present jag duger / du duger / han duger — vi duger [duga] / ni duger [duga] / de duger [duga]   *to serve,* *be fit, do*

Past jag dugde (dög) / du dugde (dög) / han dugde (dög) — vi dugde (dög) [dögo] / ni dugde (dög) [dögo] / de dugde (dög) [dögo]

Future jag ska(ll) duga / du ska(ll) duga / han ska(ll) duga — vi ska(ll) [skola] duga / ni ska(ll) [skola] duga / de ska(ll) [skola] duga

Conditional jag skulle duga / du skulle duga / han skulle duga — vi skulle duga / ni skulle duga / de skulle duga

Present Perfect jag har dugt / du har dugt / han har dugt — vi har [ha] [hava] dugt / ni har [ha] [hava] dugt / de har [ha] [hava] dugt

Past Perfect jag hade dugt / du hade dugt / han hade dugt — vi hade dugt / ni hade dugt / de hade dugt

Future Perfect jag kommer att [ska(ll)] ha [hava] dugt / du kommer att [ska(ll)] ha [hava] dugt / han kommer att [ska(ll)] ha [hava] dugt — vi kommer att [ska(ll)] [skola] ha [hava] dugt / ni kommer att [ska(ll)] [skola] ha [hava] dugt / de kommer att [ska(ll)] [skola] ha [hava] dugt

Conditional Perfect jag skulle ha [hava] dugt / du skulle ha [hava] dugt / han skulle ha [hava] dugt — vi skulle ha [hava] dugt / ni skulle ha [hava] dugt / de skulle ha [hava] dugt

---

* although *dugt* is given as the standard form by reference sources, many of my Swedish informants preferred and used the form *dugit* in the supine.

24

INDICATIVE   *(att) dö (IV)*

Present	jag dör	vi dör [dö]
	du dör	ni dör [dö]
	han dör	de dör [dö]

to die

Past	jag dog	vi dog [dogo]
	du dog	ni dog [dogo]
	han dog	de dog [dogo]

Future	jag ska(ll) dö	vi ska(ll) [skola] dö
	du ska(ll) dö	ni ska(ll) [skola] dö
	han ska(ll) dö	de ska(ll) [skola] dö

Conditional	jag skulle dö	vi skulle dö
	du skulle dö	ni skulle dö
	han skulle dö	de skulle dö

Present	jag har dött	vi har [ha] [hava] dött
Perfect	du har dött	ni har [ha] [hava] dött
	han har dött	de har [ha] [hava] dött

Past Perfect	jag hade dött	vi hade dött
	du hade dött	ni hade dött
	han hade dött	de hade dött

Future	jag kommer att [ska(ll)]	vi kommer att [ska(ll)] [skola]
Perfect	ha [hava] dött	ha [hava] dött
	du kommer att [ska(ll)]	ni kommer att [ska(ll)] [skola]
	ha [hava] dött	ha [hava] dött
	han kommer att [ska(ll)]	de kommer att [ska(ll)] [skola]
	ha [hava] dött	ha [hava] dött

Conditional	jag skulle ha [hava] dött	vi skulle ha [hava] dött
Perfect	du skulle ha [hava] dött	ni skulle ha [hava] dött
	han skulle ha [hava] dött	de skulle ha [hava] dött

INDICATIVE

(att) dölja (IV or IIa)

Present jag döljer
du döljer
han döljer

vi döljer [dölja]   *to conceal*
ni döljer [dölja]
de döljer [dölja]

Past jag dolde
du dolde
han dolde

vi dolde
ni dolde
de dolde

Future jag ska(ll) dölja
du ska(ll) dölja
han ska(ll) dölja

vi ska(ll) [skola] dölja
ni ska(ll) [skola] dölja
de ska(ll) [skola] dölja

Conditional jag skulle dölja
du skulle dölja
han skulle dölja

vi skulle dölja
ni skulle dölja
de skulle dölja

Present jag har dolt
Perfect du har dolt
han har dolt

vi har [ha] [hava] dolt
ni har [ha] [hava] dolt
de har [ha] [hava] dolt

Past Perfect jag hade dolt
du hade dolt
han hade dolt

vi hade dolt
ni hade dolt
de hade dolt

Future jag kommer att [ska(ll)]
Perfect   ha [hava] dolt
du kommer att [ska(ll)]
ha [hava] dolt
han kommer att [ska(ll)]
ha [hava] dolt

vi kommer att [ska(ll)] [skola]
ha [hava] dolt
ni kommer att [ska(ll)] [skola]
ha [hava] dolt
de kommer att [ska(ll)] [skola]
ha [hava] dolt

Conditional jag skulle ha [hava] dolt
Perfect du skulle ha [hava] dolt
han skulle ha [hava] dolt

vi skulle ha [hava] dolt
ni skulle ha [hava] dolt
de skulle ha [hava] dolt

INDICATIVE   *(att) falla (IV)*

Present	jag faller	vi faller [falla]
	du faller	ni faller [falla]
	han faller	de faller [falla]

to fall

Past	jag föll	vi föll [föllo]
	du föll	ni föll [föllo]
	han föll	de föll [föllo]

Future	jag ska(ll) falla	vi ska(ll) [skola] falla
	du ska(ll) falla	ni ska(ll) [skola] falla
	han ska(ll) falla	de ska(ll) [skola] falla

Conditional	jag skulle falla	vi skulle falla
	du skulle falla	ni skulle falla
	han skulle falla	de skulle falla

Present	jag har fallit	vi har [ha] [hava] fallit
Perfect	du har fallit	ni har [ha] [hava] fallit
	han har fallit	de har [ha] [hava] fallit

Past Perfect	jag hade fallit	vi hade fallit
	du hade fallit	ni hade fallit
	han hade fallit	de hade fallit

Future	jag kommer att [ska(ll)]	vi kommer att [ska(ll)] [skola]
Perfect	ha [hava] fallit	ha [hava] fallit
	du kommer att [ska(ll)]	ni kommer att [ska(ll)] [skola]
	ha [hava] fallit	ha [hava] fallit
	han kommer att [ska(ll)]	de kommer att [ska(ll)] [skola]
	ha [hava] fallit	ha [hava] fallit

Conditional	jag skulle ha [hava] fallit	vi skulle ha [hava] fallit
Perfect	du skulle ha [hava] fallit	ni skulle ha [hava] fallit
	han skulle ha [hava] fallit	de skulle ha [hava] fallit

INDICATIVE

(att) fara (IV)
to go,
travel

Present	jag far	vi far [fara]
	du far	ni far [fara]
	han far	de far [fara]

Past	jag for	vi for [foro]
	du for	ni for [foro]
	han for	de for [foro]

Future	jag ska(ll) fara	vi ska(ll) [skola] fara
	du ska(ll) fara	ni ska(ll) [skola] fara
	han ska(ll) fara	de ska(ll) [skola] fara

Conditional	jag skulle fara	vi skulle fara
	du skulle fara	ni skulle fara
	han skulle fara	de skulle fara

Present *Perfect*	jag har farit	vi har [ha] [hava] farit
	du har farit	ni har [ha] [hava] farit
	han har farit	de har [ha] [hava] farit

Past Perfect	jag hade farit	vi hade farit
	du hade farit	ni hade farit
	han hade farit	de hade farit

Future *Perfect*	jag kommer att [ska(ll)] ha [hava] farit	vi kommer att [ska(ll)] [skola] ha [hava] farit
	du kommer att [ska(ll)] ha [hava] farit	ni kommer att [ska(ll)] [skola] ha [hava] farit
	han kommer att [ska(ll)] ha [hava] farit	de kommer att [ska(ll)] [skola] ha [hava] farit

Conditional *Perfect*	jag skulle ha [hava] farit	vi skulle ha [hava] farit
	du skulle ha [hava] farit	ni skulle ha [hava] farit
	han skulle ha [hava] farit	de skulle ha [hava] farit

INDICATIVE

(att) finna (IV)
to find

Present	jag finner	vi finner [finna]
	du finner	ni finner [finna]
	han finner	de finner [finna]

Past	jag fann	vi fann [funno]
	du fann	ni fann [funno]
	han fann	de fann [funno]

Future	jag ska(ll) finna	vi ska(ll) [skola] finna
	du ska(ll) finna	ni ska(ll) [skola] finna
	han ska(ll) finna	de ska(ll) [skola] finna

Conditional	jag skulle finna	vi skulle finna
	du skulle finna	ni skulle finna
	han skulle finna	de skulle finna

Present Perfect	jag har funnit	vi har [ha] [hava] funnit
	du har funnit	ni har [ha] [hava] funnit
	han har funnit	de har [ha] [hava] funnit

Past Perfect	jag hade funnit	vi hade funnit
	du hade funnit	ni hade funnit
	han hade funnit	de hade funnit

Future Perfect	jag kommer att [ska(ll)] ha [hava] funnit	vi kommer att [ska(ll)] [skola] ha [hava] funnit
	du kommer att [ska(ll)] ha [hava] funnit	ni kommer att [ska(ll)] [skola] ha [hava] funnit
	han kommer att [ska(ll)] ha [hava] funnit	de kommer att [ska(ll)] [skola] ha [hava] funnit

Conditional Perfect	jag skulle ha [hava] funnit	vi skulle ha [hava] funnit
	du skulle ha [hava] funnit	ni skulle ha [hava] funnit
	han skulle ha [hava] funnit	de skulle ha [hava] funnit

INDICATIVE

(att) finnas (IV)
to exist, be

Present	jag finns	vi finns [finnas]
	du finns	ni finns [finnas]
	han finns	de finns [finnas]
Past	jag fanns	vi fanns [funnos]
	du fanns	ni fanns [funnos]
	han fanns	de fanns [funnos]
Future	jag ska(ll) finnas	vi ska(ll) [skola] finnas
	du ska(ll) finnas	ni ska(ll) [skola] finnas
	han ska(ll) finnas	de ska(ll) [skola] finnas
Conditional	jag skulle finnas	vi skulle finnas
	du skulle finnas	ni skulle finnas
	han skulle finnas	de skulle finnas
Present Perfect	jag har funnits	vi har [ha] [hava] funnits
	du har funnits	ni har [ha] [hava] funnits
	han har funnits	de har [ha] [hava] funnits
Past Perfect	jag hade funnits	vi hade funnits
	du hade funnits	ni hade funnits
	han hade funnits	de hade funnits
Future Perfect	jag kommer att [ska(ll)] ha [hava] funnits	vi kommer att [ska(ll)] [skola] ha [hava] funnits
	du kommer att [ska(ll)] ha [hava] funnits	ni kommer att [ska(ll)] [skola] ha [hava] funnits
	han kommer att [ska(ll)] ha [hava] funnits	de kommer att [ska(ll)] [skola] ha [hava] funnits
Conditional Perfect	jag skulle ha [hava] funnits	vi skulle ha [hava] funnits
	du skulle ha [hava] funnits	ni skulle ha [hava] funnits
	han skulle ha [hava] funnits	de skulle ha [hava] funnits

* theoretically possible, but rare.

INDICATIVE

(att) fly (III)
to flee

Present	jag flyr	vi flyr [fly]
	du flyr	ni flyr [fly]
	han flyr	de flyr [fly]

Past	jag flydde	vi flydde
	du flydde	ni flydde
	han flydde	de flydde

Future	jag ska(ll) fly	vi ska(ll) [skola] fly
	du ska(ll) fly	ni ska(ll) [skola] fly
	han ska(ll) fly	de ska(ll) [skola] fly

Conditional	jag skulle fly	vi skulle fly
	du skulle fly	ni skulle fly
	han skulle fly	de skulle fly

Present Perfect	jag har flytt	vi har [ha] [hava] flytt
	du har flytt	ni har [ha] [hava] flytt
	han har flytt	de har [ha] [hava] flytt

Past Perfect	jag hade flytt	vi hade flytt
	du hade flytt	ni hade flytt
	han hade flytt	de hade flytt

Future Perfect	jag kommer att [ska(ll)] ha [hava] flytt	vi kommer att [ska(ll)] [skola] ha [hava] flytt
	du kommer att [ska(ll)] ha [hava] flytt	ni kommer att [ska(ll)] [skola] ha [hava] flytt
	han kommer att [ska(ll)] ha [hava] flytt	de kommer att [ska(ll)] [skola] ha [hava] flytt

Conditional Perfect	jag skulle ha [hava] flytt	vi skulle ha [hava] flytt
	du skulle ha [hava] flytt	ni skulle ha [hava] flytt
	han skulle ha [hava] flytt	de skulle ha [hava] flytt

PRINC. PARTS: *flyga, flög, flugit, -flugen* IMPERATIVE: *flyg!* **flyga**

INDICATIVE

(att) flyga (IV)
to fly

Present	jag flyger	vi flyger [flyga]
	du flyger	ni flyger [flyga]
	han flyger	de flyger [flyga]
Past	jag flög	vi flög [flögo]
	du flög	ni flög [flögo]
	han flög	de flög [flögo]
Future	jag ska(ll) flyga	vi ska(ll) [skola] flyga
	du ska(ll) flyga	ni ska(ll) [skola] flyga
	han ska(ll) flyga	de ska(ll) [skola] flyga
Conditional	jag skulle flyga	vi skulle flyga
	du skulle flyga	ni skulle flyga
	han skulle flyga	de skulle flyga
Present Perfect	jag har flugit	vi har [ha] [hava] flugit
	du har flugit	ni har [ha] [hava] flugit
	han har flugit	de har [ha] [hava] flugit
Past Perfect	jag hade flugit	vi hade flugit
	du hade flugit	ni hade flugit
	han hade flugit	de hade flugit
Future Perfect	jag kommer att [ska(ll)] ha [hava] flugit	vi kommer att [ska(ll)] [skola] ha [hava] flugit
	du kommer att [ska(ll)] ha [hava] flugit	ni kommer att [ska(ll)] [skola] ha [hava] flugit
	han kommer att [ska(ll)] ha [hava] flugit	de kommer att [ska(ll)] [skola] ha [hava] flugit
Conditional Perfect	jag skulle ha [hava] flugit	vi skulle ha [hava] flugit
	du skulle ha [hava] flugit	ni skulle ha [hava] flugit
	han skulle ha [hava] flugit	de skulle ha [hava] flugit

INDICATIVE (att) *flyta* (IV)

to float

Present	jag flyter	vi flyter [flyta]
	du flyter	ni flyter [flyta]
	han flyter	de flyter [flyta]
Past	jag flöt	vi flöt [flöto]
	du flöt	ni flöt [flöto]
	han flöt	de flöt [flöto]
Future	jag ska(ll) flyta	vi ska(ll) [skola] flyta
	du ska(ll) flyta	ni ska(ll) [skola] flyta
	han ska(ll) flyta	de ska(ll) [skola] flyta
Conditional	jag skulle flyta	vi skulle flyta
	du skulle flyta	ni skulle flyta
	han skulle flyta	de skulle flyta
Present Perfect	jag har flutit	vi har [ha] [hava] flutit
	du har flutit	ni har [ha] [hava] flutit
	han har flutit	de har [ha] [hava] flutit
Past Perfect	jag hade flutit	vi hade flutit
	du hade flutit	ni hade flutit
	han hade flutit	de hade flutit
Future Perfect	jag kommer att [ska(ll)] ha [hava] flutit	vi kommer att [ska(ll)] [skola] ha [hava] flutit
	du kommer att [ska(ll)] ha [hava] flutit	ni kommer att [ska(ll)] [skola] ha [hava] flutit
	han kommer att [ska(ll)] ha [hava] flutit	de kommer att [ska(ll)] [skola] ha [hava] flutit
Conditional Perfect	jag skulle ha [hava] flutit	vi skulle ha [hava] flutit
	du skulle ha [hava] flutit	ni skulle ha [hava] flutit
	han skulle ha [hava] flutit	de skulle ha [hava] flutit

INDICATIVE

(att) flytta (I)
to move

Present	jag flyttar	vi flyttar [flytta]
	du flyttar	ni flyttar [flytta]
	han flyttar	de flyttar [flytta]
Past	jag flyttade	vi flyttade
	du flyttade	ni flyttade
	han flyttade	de flyttade
Future	jag ska(ll) flytta	vi ska(ll) [skola] flytta
	du ska(ll) flytta	ni ska(ll) [skola] flytta
	han ska(ll) flytta	de ska(ll) [skola] flytta
Conditional	jag skulle flytta	vi skulle flytta
	du skulle flytta	ni skulle flytta
	han skulle flytta	de skulle flytta
Present Perfect	jag har flyttat	vi har [ha] [hava] flyttat
	du har flyttat	ni har [ha] [hava] flyttat
	han har flyttat	de har [ha] [hava] flyttat
Past Perfect	jag hade flyttat	vi hade flyttat
	du hade flyttat	ni hade flyttat
	han hade flyttat	de hade flyttat
Future Perfect	jag kommer att [ska(ll)] ha [hava] flyttat	vi kommer att [ska(ll)] [skola] ha [hava] flyttat
	du kommer att [ska(ll)] ha [hava] flyttat	ni kommer att [ska(ll)] [skola] ha [hava] flyttat
	han kommer att [ska(ll)] ha [hava] flyttat	de kommer att [ska(ll)] [skola] ha [hava] flyttat
Conditional Perfect	jag skulle ha [hava] flyttat	vi skulle ha [hava] flyttat
	du skulle ha [hava] flyttat	ni skulle ha [hava] flyttat
	han skulle ha [hava] flyttat	de skulle ha [hava] flyttat

INDICATIVE

(att) fordra (I)
to demand,
require

Present	jag fordrar	vi fordrar [fordra]
	du fordrar	ni fordrar [fordra]
	han fordrar	de fordrar [fordra]

Past	jag fordrade	vi fordrade
	du fordrade	ni fordrade
	han fordrade	de fordrade

Future	jag ska(ll) fordra	vi ska(ll) [skola] fordra
	du ska(ll) fordra	ni ska(ll) [skola] fordra
	han ska(ll) fordra	de ska(ll) [skola] fordra

Conditional	jag skulle fordra	vi skulle fordra
	du skulle fordra	ni skulle fordra
	han skulle fordra	de skulle fordra

Present	jag har fordrat	vi har [ha] [hava] fordrat
Perfect	du har fordrat	ni har [ha] [hava] fordrat
	han har fordrat	de har [ha] [hava] fordrat

Past Perfect	jag hade fordrat	vi hade fordrat
	du hade fordrat	ni hade fordrat
	han hade fordrat	de hade fordrat

Future	jag kommer att [ska(ll)]	vi kommer att [ska(ll)] [skola]
Perfect	ha [hava] fordrat	ha [hava] fordrat
	du kommer att [ska(ll)]	ni kommer att [ska(ll)] [skola]
	ha [hava] fordrat	ha [hava] fordrat
	han kommer att [ska(ll)]	de kommer att [ska(ll)] [skola]
	ha [hava] fordrat	ha [hava] fordrat

Conditional	jag skulle ha [hava] fordrat	vi skulle ha [hava] fordrat
Perfect	du skulle ha [hava] fordrat	ni skulle ha [hava] fordrat
	han skulle ha [hava] fordrat	de skulle ha [hava] fordrat

INDICATIVE

(att) frysa (IV)
to freeze

Present jag fryser
du fryser
han fryser

vi fryser [frysa]
ni fryser [frysa]
de fryser [frysa]

Past jag frös
du frös
han frös

vi frös [fröso]
ni frös [fröso]
de frös [fröso]

Future jag ska(ll) frysa
du ska(ll) frysa
han ska(ll) frysa

vi ska(ll) [skola] frysa
ni ska(ll) [skola] frysa
de ska(ll) [skola] frysa

Conditional jag skulle frysa
du skulle frysa
han skulle frysa

vi skulle frysa
ni skulle frysa
de skulle frysa

Present Perfect jag har frusit
du har frusit
han har frusit

vi har [ha] [hava] frusit
ni har [ha] [hava] frusit
de har [ha] [hava] frusit

Past Perfect jag hade frusit
du hade frusit
han hade frusit

vi hade frusit
ni hade frusit
de hade frusit

Future Perfect jag kommer att [ska(ll)] ha [hava] frusit
du kommer att [ska(ll)] ha [hava] frusit
han kommer att [ska(ll)] ha [hava] frusit

vi kommer att [ska(ll)] [skola] ha [hava] frusit
ni kommer att [ska(ll)] [skola] ha [hava] frusit
de kommer att [ska(ll)] [skola] ha [hava] frusit

Conditional Perfect jag skulle ha [hava] frusit
du skulle ha [hava] frusit
han skulle ha [hava] frusit

vi skulle ha [hava] frusit
ni skulle ha [hava] frusit
de skulle ha [hava] frusit

INDICATIVE

(att) fråga (I)

to ask

Present	jag frågar	vi frågar [fråga]
	du frågar	ni frågar [fråga]
	han frågar	de frågar [fråga]

Past	jag frågade	vi frågade
	du frågade	ni frågade
	han frågade	de frågade

Future	jag ska(ll) fråga	vi ska(ll) [skola] fråga
	du ska(ll) fråga	ni ska(ll) [skola] fråga
	han ska(ll) fråga	de ska(ll) [skola] fråga

Conditional	jag skulle fråga	vi skulle fråga
	du skulle fråga	ni skulle fråga
	han skulle fråga	de skulle fråga

Present	jag har frågat	vi har [ha] [hava] frågat
Perfect	du har frågat	ni har [ha] [hava] frågat
	han har frågat	de har [ha] [hava] frågat

Past Perfect	jag hade frågat	vi hade frågat
	du hade frågat	ni hade frågat
	han hade frågat	de hade frågat

Future	jag kommer att [ska(ll)]	vi kommer att [ska(ll)] [skola]
Perfect	ha [hava] frågat	ha [hava] frågat
	du kommer att [ska(ll)]	ni kommer att [ska(ll)] [skola]
	ha [hava] frågat	ha [hava] frågat
	han kommer att [ska(ll)]	de kommer att [ska(ll)] [skola]
	ha [hava] frågat	ha [hava] frågat

Conditional	jag skulle ha [hava] frågat	vi skulle ha [hava] frågat
Perfect	du skulle ha [hava] frågat	ni skulle ha [hava] frågat
	han skulle ha [hava] frågat	de skulle ha [hava] frågat

37

INDICATIVE   *(att) få (IV)*

Present	jag får	vi får [få]	*to get,*
	du får	ni får [få]	*receive;*
	han får	de får [få]	
			may
Past	jag fick	vi fick [fingo]	
	du fick	ni fick [fingo]	
	han fick	de fick [fingo]	

Future	jag ska(ll) få	vi ska(ll) [skola] få
	du ska(ll) få	ni ska(ll) [skola] få
	han ska(ll) få	de ska(ll) [skola] få
Conditional	jag skulle få	vi skulle få
	du skulle få	ni skulle få
	han skulle få	de skulle få
Present	jag har fått	vi har [ha] [hava] fått
Perfect	du har fått	ni har [ha] [hava] fått
	han har fått	de har [ha] [hava] fått
Past Perfect	jag hade fått	vi hade fått
	du hade fått	ni hade fått
	han hade fått	de hade fått
Future	jag kommer att [ska(ll)]	vi kommer att [ska(ll)] [skola]
Perfect	ha [hava] fått	ha [hava] fått
	du kommer att [ska(ll)]	ni kommer att [ska(ll)] [skola]
	ha [hava] fått	ha [hava] fått
	han kommer att [ska(ll)]	de kommer att [ska(ll)] [skola]
	ha [hava] fått	ha [hava] fått
Conditional	jag skulle ha [hava] fått	vi skulle ha [hava] fått
Perfect	du skulle ha [hava] fått	ni skulle ha [hava] fått
	han skulle ha [hava] fått	de skulle ha [hava] fått

INDICATIVE

(att) föda (IIa)
to bear,
give birth to

Present	jag föder	vi föder [föda]
	du föder	ni föder [föda]
	han† föder	de föder [föda]

Past	jag födde	vi födde
	du födde	ni födde
	han† födde	de födde

Future	jag ska(ll) föda	vi ska(ll) [skola] föda
	du ska(ll) föda	ni ska(ll) [skola] föda
	han† ska(ll) föda	de ska(ll) [skola] föda

Conditional	jag skulle föda	vi skulle föda
	du skulle föda	ni skulle föda
	han† skulle föda	de skulle föda

Present	jag har fött	vi har [ha] [hava] fött
Perfect	du har fött	ni har [ha] [hava] fött
	han† har fött	de har [ha] [hava] fött

Past Perfect	jag hade, fött	vi hade fött
	du hade fött	ni hade fött
	han† hade fött	de hade fött

Future	jag kommer att [ska(ll)]	vi kommer att [ska(ll)] [skola]
Perfect	ha [hava] fött	ha [hava] fött
	du kommer att [ska(ll)]	ni kommer att [ska(ll)] [skola]
	ha [hava] fött	ha [hava] fött
	han† kommer att [ska(ll)]	de kommer att [ska(ll)] [skola]
	ha [hava] fött	ha [hava] fött

Conditional	jag skulle ha [hava] fött	vi skulle ha [hava] fött
Perfect	du skulle ha [hava] fött	ni skulle ha [hava] fött
	han† skulle ha [hava] fött	de skulle ha [hava] fött

---

* theoretically possible, but highly improbable.

† throughout this book, *han* 'he' has been used as the third person singular pronoun. Obviously, *hon* 'she' would occur far more frequently in the case of this particular verb. The verb can be used with *han* figuratively ('he *gave birth* to a new invention', and so forth), and we have therefore retained *han* here. *Hon, den* and *det* would serve equally well as third person singular subject pronouns of course.

39

INDICATIVE

(att) följa (IIa)
to follow,
accompany

Present	jag följer	vi följer [följa]
	du följer	ni följer [följa]
	han följer	de följer [följa]
Past	jag följde	vi följde
	du följde	ni följde
	han följde	de följde
Future	jag ska(ll) följa	vi ska(ll) [skola] följa
	du ska(ll) följa	ni ska(ll) [skola] följa
	han ska(ll) följa	de ska(ll) [skola] följa
Conditional	jag skulle följa	vi skulle följa
	du skulle följa	ni skulle följa
	han skulle följa	de skulle följa
Present Perfect	jag har följt	vi har [ha] [hava] följt
	du har följt	ni har [ha] [hava] följt
	han har följt	de har [ha] [hava] följt
Past Perfect	jag hade följt	vi hade följt
	du hade följt	ni hade följt
	han hade följt	de hade följt

Future Perfect

jag kommer att [ska(ll)] ha [hava] följt
du kommer att [ska(ll)] ha [hava] följt
han kommer att [ska(ll)] .ha [hava] följt

vi kommer att [ska(ll)] [skola] ha [hava] följt
ni kommer att [ska(ll)] [skola] ha [hava] följt
de kommer att [ska(ll)] [skola] ha [hava] följt

Conditional Perfect

jag skulle ha [hava] följt
du skulle ha [hava] följt
han skulle ha [hava] följt

vi skulle ha [hava] följt
ni skulle ha [hava] följt
de skulle ha [hava] följt

INDICATIVE

(att) föra (IIa)

Present	jag för	vi för [föra]
	du för	ni för [föra]
	han för	de för [föra]

to lead,
take

Past	jag förde	vi förde
	du förde	ni förde
	han förde	de förde

Future	jag ska(ll) föra	vi ska(ll) [skola] föra
	du ska(ll) föra	ni ska(ll) [skola] föra
	han ska(ll) föra	de ska(ll) [skola] föra

Conditional	jag skulle föra	vi skulle föra
	du skulle föra	ni skulle föra
	han skulle föra	de skulle föra

Present	jag har fört	vi har [ha] [hava] fört
Perfect	du har fört	ni har [ha] [hava] fört
	han har fört	de har [ha] [hava] fört

Past Perfect	jag hade fört	vi hade fört
	du hade fört	ni hade fört
	han hade fört	de hade fört

Future	jag kommer att [ska(ll)]	vi kommer att [ska(ll)] [skola]
Perfect	ha [hava] fört	ha [hava] fört
	du kommer att [ska(ll)]	ni kommer att [ska(ll)] [skola]
	ha [hava] fört	ha [hava] fört
	han kommer att [ska(ll)]	de kommer att [ska(ll)] [skola]
	ha [hava] fört	ha [hava] fört

Conditional	jag skulle ha [hava] fört	vi skulle ha [hava] fört
Perfect	du skulle ha [hava] fört	ni skulle ha [hava] fört
	han skulle ha [hava] fört	de skulle ha [hava] fört

INDICATIVE

(att) förklara (I)

Present	jag förklarar	vi förklarar [förklara] *to explain*
	du förklarar	ni förklarar [förklara]
	han förklarar	de förklarar [förklara]
Past	jag förklarade	vi förklarade
	du förklarade	ni förklarade
	han förklarade	de förklarade
Future	jag ska(ll) förklara	vi ska(ll) [skola] förklara
	du ska(ll) förklara	ni ska(ll) [skola] förklara
	han ska(ll) förklara	de ska(ll) [skola] förklara
Conditional	jag skulle förklara	vi skulle förklara
	du skulle förklara	ni skulle förklara
	han skulle förklara	de skulle förklara
Present Perfect	jag har förklarat	vi har [ha] [hava] förklarat
	du har förklarat	ni har [ha] [hava] förklarat
	han har förklarat	de har [ha] [hava] förklarat
Past Perfect	jag hade förklarat	vi hade förklarat
	du hade förklarat	ni hade förklarat
	han hade förklarat	de hade förklarat
Future Perfect	jag kommer att [ska(ll)] ha [hava] förklarat	vi kommer att [ska(ll)] [skola] ha [hava] förklarat
	du kommer att [ska(ll)] ha [hava] förklarat	ni kommer att [ska(ll)] [skola] ha [hava] förklarat
	han kommer att [ska(ll)] ha [hava] förklarat	de kommer att [ska(ll)] [skola] ha [hava] förklarat
Conditional Perfect	jag skulle ha [hava] förklarat	vi skulle ha [hava] förklarat
	du skulle ha [hava] förklarat	ni skulle ha [hava] förklarat
	han skulle ha [hava] förklarat	de skulle ha [hava] förklarat

INDICATIVE

(att) förstöra (IIa)

Present	jag förstör	vi förstör [förstöra]	to destroy
	du förstör	ni förstör [förstöra]
	han förstör	de förstör [förstöra]

Present   jag förstör   vi förstör [förstöra]   *to destroy*
du förstör   ni förstör [förstöra]
han förstör   de förstör [förstöra]

Past   jag förstörde   vi förstörde
du förstörde   ni förstörde
han förstörde   de förstörde

Future   jag ska(ll) förstöra   vi ska(ll) [skola] förstöra
du ska(ll) förstöra   ni ska(ll) [skola] förstöra
han ska(ll) förstöra   de ska(ll) [skola] förstöra

Conditional   jag skulle förstöra   vi skulle förstöra
du skulle förstöra   ni skulle förstöra
han skulle förstöra   de skulle förstöra

Present   jag har förstört   vi har [ha] [hava] förstört
Perfect   du har förstört   ni har [ha] [hava] förstört
han har förstört   de har [ha] [hava] förstört

Past Perfect   jag hade förstört   vi hade förstört
du hade förstört   ni hade förstört
han hade förstört   de hade förstört

Future   jag kommer att [ska(ll)]   vi kommer att [ska(ll)] [skola]
Perfect   ha [hava] förstört   ha [hava] förstört
du kommer att [ska(ll)]   ni kommer att [ska(ll)] [skola]
     ha [hava] förstört   ha [hava] förstört
han kommer att [ska(ll)]   de kommer att [ska(ll)] [skola]
     ha [hava] förstört   ha [hava] förstört

Conditional   jag skulle ha [hava] förstört   vi skulle ha [hava] förstört
Perfect   du skulle ha [hava] förstört   ni skulle ha [hava] förstört
han skulle ha [hava] förstört   de skulle ha [hava] förstört

43

INDICATIVE		*(att) försvinna (IV)*

Present	jag försvinner	vi försvinner [försvinna] *to disappear*
	du försvinner	ni försvinner [försvinna]
	han försvinner	de försvinner [försvinna]

Past	jag försvann	vi försvann [försvunno]
	du försvann	ni försvann [försvunno]
	han försvann	de försvann [försvunno]

Future	jag ska(ll) försvinna	vi ska(ll) [skola] försvinna
	du ska(ll) försvinna	ni ska(ll) [skola] försvinna
	han ska(ll) försvinna	de ska(ll) [skola] försvinna

Conditional	jag skulle försvinna	vi skulle försvinna
	du skulle försvinna	ni skulle försvinna
	han skulle försvinna	de skulle försvinna

Present	jag har försvunnit	vi har [ha] [hava] försvunnit
Perfect	du har försvunnit	ni har [ha] [hava] försvunnit
	han har försvunnit	de har [ha] [hava] försvunnit

Past Perfect	jag hade försvunnit	vi hade försvunnit
	du hade försvunnit	ni hade försvunnit
	han hade försvunnit	de hade försvunnit

Future	jag kommer att [ska(ll)]	vi kommer att [ska(ll)] [skola]
Perfect	ha [hava] försvunnit	ha [hava] försvunnit
	du kommer att [ska(ll)]	ni kommer att [ska(ll)] [skola]
	ha [hava] försvunnit	ha [hava] försvunnit
	han kommer att [ska(ll)]	de kommer att [ska(ll)] [skola]
	ha [hava] försvunnit	ha [hava] försvunnit

Conditional	jag skulle ha [hava] försvunnit	vi skulle ha [hava] försvunnit
Perfect	du skulle ha [hava] försvunnit	ni skulle ha [hava] försvunnit
	han skulle ha [hava] försvunnit	de skulle ha [hava] försvunnit

INDICATIVE

(att) gala* *(IV or IIa)*

to crow,

yell,

cuckoo

Present	jag gal	vi gal [gala]
	du gal	ni gal [gala]
	han gal	de gal [gala]
Past	jag gol (galde)	vi gol (galde) [golo]
	du gol (galde)	ni gol (galde) [golo]
	han gol (galde)	de gol (galde) [golo]
Future	jag ska(ll) gala	vi ska(ll) [skola] gala
	du ska(ll) gala	ni ska(ll) [skola] gala
	han ska(ll) gala	de ska(ll) [skola] gala
Conditional	jag skulle gala	vi skulle gala
	du skulle gala	ni skulle gala
	han skulle gala	de skulle gala
Present Perfect	jag har galit (galt)	vi har [ha] [hava] galit (galt)
	du har galit (galt)	ni har [ha] [hava] galit (galt)
	han har galit (galt)	de har [ha] [hava] galit (galt)
Past Perfect	jag hade galit (galt)	vi hade galit (galt)
	du hade galit (galt)	ni hade galit (galt)
	han hade galit (galt)	de hade galit (galt)
Future Perfect	jag kommer att [ska(ll)] ha [hava] galit (galt)	vi kommer att [ska(ll)] [skola] ha [hava] galit (galt)
	du kommer att [ska(ll)] ha [hava] galit (galt)	ni kommer att [ska(ll)] [skola] ha [hava] galit (galt)
	han kommer att [ska(ll)] ha [hava] galit (galt)	de kommer att [ska(ll)] [skola] ha [hava] galit (galt)
Conditional Perfect	jag skulle ha [hava] galit (galt)	vi skulle ha [hava] galit (galt)
	du skulle ha [hava] galit (galt)	ni skulle ha [hava] galit (galt)
	han skulle ha [hava] galit (galt)	de skulle ha [hava] galit (galt)

---

* *galt* appears more common in Southern Sweden, *galit* in the North.
** for all practical purposes, this verb is restricted to the third person, since the subject would generally be an animal or animals. All other forms are almost purely theoretical, although they might be used poetically or figuratively.

INDICATIVE

(att) ge [giva]* (IV)

to give

Present	jag ger [giver]	vi ger [giver] [giva]
	du ger [giver]	ni ger [giver] [giva]
	han ger [giver]	de ger [giver] [giva]
Past	jag gav	vi gav [gåvo]
	du gav	ni gav [gåvo]
	han gav	de gav [gåvo]
Future	jag ska(ll) ge [giva]	vi ska(ll) [skola] ge [giva]
	du ska(ll) ge [giva]	ni ska(ll) [skola] ge [giva]
	han ska(ll) ge [giva]	de ska(ll) [skola] ge [giva]
Conditional	jag skulle ge [giva]	vi skulle ge [giva]
	du skulle ge [giva]	ni skulle ge [giva]
	han skulle ge [giva]	de skulle ge [giva]
Present Perfect	jag har givit (gett)	vi har [ha] [hava] givit (gett)
	du har givit (gett)	ni har [ha] [hava] givit (gett)
	han har givit (gett)	de har [ha] [hava] givit (gett)
Past Perfect	jag hade givit (gett)	vi hade givit (gett)
	du hade givit (gett)	ni hade givit (gett)
	han hade givit (gett)	de hade givit (gett)
Future Perfect	jag kommer att [ska(ll)] ha [hava] givit (gett)	vi kommer att [ska(ll)] [skola] ha [hava] givit (gett)
	du kommer att [ska(ll)] ha [hava] givit (gett)	ni kommer att [ska(ll)] [skola] ha [hava] givit (gett)
	han kommer att [ska(ll)] ha [hava] givit (gett)	de kommer att [ska(ll)] [skola] ha [hava] givit (gett)
Conditional Perfect	jag skulle ha [hava] givit (gett)	vi skulle ha [hava] givit (gett)
	du skulle ha [hava] givit (gett)	ni skulle ha [hava] givit (gett)
	han skulle ha [hava] givit (gett)	de skulle ha [hava] givit (gett)

---

*   *ge* is more modern and more common than *giva*; similarly *ange* has largely replaced *angiva*; *avge* has largely replaced *avgiva*; *bege sig* is now more common than *begiva sig*; etc.

** the supine *givit* is probably still more common than *gett* in the written language, despite the preference for *ge* (as opposed to *giva*) in the infinitive and the preference for *ger* (as opposed to *giver*) in the present tense. In the spoken language, *gett* is more usual than *givit*.

INDICATIVE

(att) gjuta (IV)

to cast,

pour

Present	jag gjuter	vi gjuter [gjuta]
	du gjuter	ni gjuter [gjuta]
	han gjuter	de gjuter [gjuta]

Past	jag göt	vi göt [göto]
	du göt	ni göt [göto]
	han göt	de göt [göto]

Future	jag ska(ll) gjuta	vi ska(ll) [skola] gjuta
	du ska(ll) gjuta	ni ska(ll) [skola] gjuta
	han ska(ll) gjuta	de ska(ll) [skola] gjuta

Conditional	jag skulle gjuta	vi skulle gjuta
	du skulle gjuta	ni skulle gjuta
	han skulle gjuta	de skulle gjuta

Present	jag har gjutit	vi har [ha] [hava] gjutit
Perfect	du har gjutit	ni har [ha] [hava] gjutit
	han har gjutit	de har [ha] [hava] gjutit

Past Perfect	jag hade gjutit	vi hade gjutit
	du hade gjutit	ni hade gjutit
	han hade gjutit	de hade gjutit

Future	jag kommer att [ska(ll)]	vi kommer att [ska(ll)] [skola]
Perfect	ha [hava] gjutit	ha [hava] gjutit
	du kommer att [ska(ll)]	ni kommer att [ska(ll)] [skola]
	ha [hava] gjutit	ha [hava] gjutit
	han kommer att [ska(ll)]	de kommer att [ska(ll)] [skola]
	ha [hava] gjutit	ha [hava] gjutit

Conditional	jag skulle ha [hava] gjutit	vi skulle ha [hava] gjutit
Perfect	du skulle ha [hava] gjutit	ni skulle ha [hava] gjutit
	han skulle ha [hava] gjutit	de skulle ha [hava] gjutit

INDICATIVE

(att) glida (IV)
to glide

Present	jag glider	vi glider [glida]
	du glider	ni glider [glida]
	han glider	de glider [glida]
Past	jag gled	vi gled [gledo]
	du gled	ni gled [gledo]
	han gled	de gled [gledo]
Future	jag ska(ll) glida	vi ska(ll) [skola] glida
	du ska(ll) glida	ni ska(ll) [skola] glida
	han ska(ll) glida	de ska(ll) [skola] glida
Conditional	jag skulle glida	vi skulle glida
	du skulle glida	ni skulle glida
	han skulle glida	de skulle glida
Present Perfect	jag har glidit	vi har [ha] [hava] glidit
	du har glidit	ni har [ha] [hava] glidit
	han har glidit	de har [ha] [hava] glidit
Past Perfect	jag hade glidit	vi hade glidit
	du hade glidit	ni hade glidit
	han hade glidit	de hade glidit
Future Perfect	jag kommer att [ska(ll)] ha [hava] glidit	vi kommer att [ska(ll)] [skola] ha [hava] glidit
	du kommer att [ska(ll)] ha [hava] glidit	ni kommer att [ska(ll)] [skola] ha [hava] glidit
	han kommer att [ska(ll)] ha [hava] glidit	de kommer att [ska(ll)] [skola] ha [hava] glidit
Conditional Perfect	jag skulle ha [hava] glidit	vi skulle ha [hava] glidit
	du skulle ha [hava] glidit	ni skulle ha [hava] glidit
	han skulle ha [hava] glidit	de skulle ha [hava] glidit

INDICATIVE

*(att) glädja** *(IV or IIa)*

Present	jag gläder	vi gläder [glädja*]	*to gladden,*
	du gläder	ni gläder [glädja*]	
	han gläder	de gläder [glädja*]	*make*
Past	jag gladde	vi gladde	*happy,*
	du gladde	ni gladde	*please*
	han gladde	de gladde	

Future   jag ska(ll) glädja*
du ska(ll) glädja*
han ska(ll) glädja*

vi ska(ll) [skola] glädja*
ni ska(ll) [skola] glädja*
de ska(ll) [skola] glädja*

Conditional   jag skulle glädja*
du skulle glädja*
han skulle glädja*

vi skulle glädja*
ni skulle glädja*
de skulle glädja*

Present   jag har glatt
Perfect   du har glatt
han har glatt

vi har [ha] [hava] glatt
ni har [ha] [hava] glatt
de har [ha] [hava] glatt

Past Perfect   jag hade glatt
du hade glatt
han hade glatt

vi hade glatt
ni hade glatt
de hade glatt

Future   jag kommer att [ska(ll)]
Perfect   ha [hava] glatt
du kommer att [ska(ll)]
          ha [hava] glatt
han kommer att [ska(ll)]
          ha [hava] glatt

vi kommer att [ska(ll)] [skola]
          ha [hava] glatt
ni kommer att [ska(ll)] [skola]
          ha [hava] glatt
de kommer att [ska(ll)] [skola]
          ha [hava] glatt

Conditional   jag skulle ha [hava] glatt
Perfect   du skulle ha [hava] glatt
han skulle ha [hava] glatt

vi skulle ha [hava] glatt
ni skulle ha [hava] glatt
de skulle ha [hava] glatt

---

* By analogy sometimes *gläda*; see Wellander, *Riktig svenska*, page 274 (fjärde tryckningen).

PRINC. PARTS: *glädja* sig, gladde sig, glatt sig,* –
IMPERATIVE: *gläd dig! (gläd er!)*

glädja* sig

INDICATIVE

(att) glädja* sig (IV or IIa)

to be

happy,

rejoice over

Present	jag gläder mig
	du gläder dig
	han gläder sig

vi gläder [glädja] oss
ni gläder [glädja] er [eder]
de gläder [glädja] sig

Past	jag gladde mig
	du gladde dig
	han gladde sig

vi gladde oss
ni gladde er [eder]
de gladde sig

Future	jag ska(ll) glädja mig
	du ska(ll) glädja dig
	han ska(ll) glädja sig

vi ska(ll) [skola] glädja oss
ni ska(ll) [skola] glädja er [eder]
de ska(ll) [skola] glädja sig

Conditional	jag skulle glädja mig
	du skulle glädja dig
	han skulle glädja sig

vi skulle glädja oss
ni skulle glädja er [eder]
de skulle glädja sig

Present	jag har glatt mig
Perfect	du har glatt dig
	han har glatt sig

vi har [ha] [hava] glatt oss
ni har [ha] [hava] glatt er [eder]
de har [ha] [hava] glatt sig

Past Perfect	jag hade glatt mig
	du hade glatt dig
	han hade glatt sig

vi hade glatt oss
ni hade glatt er [eder]
de hade glatt sig

Future	jag kommer att [ska(ll)]
Perfect	ha [hava] glatt mig
	du kommer att [ska(ll)]
	ha [hava] glatt dig
	han kommer att [ska(ll)]
	ha [hava] glatt sig

vi kommer att [ska(ll)] [skola]
ha [hava] glatt oss
ni kommer att [ska(ll)] [skola]
ha [hava] glatt er [eder]
de kommer att [ska(ll)] [skola]
ha [hava] glatt sig

Conditional	jag skulle ha [hava] glatt mig
Perfect	du skulle ha [hava] glatt dig
	han skulle ha [hava] glatt sig

vi skulle ha [hava] glatt oss
ni skulle ha [hava] glatt er [eder]
de skulle ha [hava] glatt sig

* see footnote on preceding page.

INDICATIVE

(att) glömma (IIa)

Present	jag glömmer	vi glömmer [glömma]	*to forget*

Present   jag glömmer — du glömmer — han glömmer
vi glömmer [glömma] — ni glömmer [glömma] — de glömmer [glömma]   *to forget*

Past   jag glömde — du glömde — han glömde
vi glömde — ni glömde — de glömde

Future   jag ska(ll) glömma — du ska(ll) glömma — han ska(ll) glömma
vi ska(ll) [skola] glömma — ni ska(ll) [skola] glömma — de ska(ll) [skola] glömma

Conditional   jag skulle glömma — du skulle glömma — han skulle glömma
vi skulle glömma — ni skulle glömma — de skulle glömma

Present Perfect   jag har glömt — du har glömt — han har glömt
vi har [ha] [hava] glömt — ni har [ha] [hava] glömt — de har [ha] [hava] glömt

Past Perfect   jag hade glömt — du hade glömt — han hade glömt
vi hade glömt — ni hade glömt — de hade glömt

Future Perfect   jag kommer att [ska(ll)] ha [hava] glömt — du kommer att [ska(ll)] ha [hava] glömt — han kommer att [ska(ll)] ha [hava] glömt
vi kommer att [ska(ll)] [skola] ha [hava] glömt — ni kommer att [ska(ll)] [skola] ha [hava] glömt — de kommer att [ska(ll)] [skola] ha [hava] glömt

Conditional Perfect   jag skulle ha [hava] glömt — du skulle ha [hava] glömt — han skulle ha [hava] glömt
vi skulle ha [hava] glömt — ni skulle ha [hava] glömt — de skulle ha [hava] glömt

51

INDICATIVE

(att) gnida (IV)
to rub

Present	jag gnider	vi gnider [gnida]
	du gnider	ni gnider [gnida]
	han gnider	de gnider [gnida]
Past	jag gned	vi gned [gnedo]
	du gned	ni gned [gnedo]
	han gned	de gned [gnedo]
Future	jag ska(ll) gnida	vi ska(ll) [skola] gnida
	du ska(ll) gnida	ni ska(ll) [skola] gnida
	han ska(ll) gnida	de ska(ll) [skola] gnida
Conditional	jag skulle gnida	vi skulle gnida
	du skulle gnida	ni skulle gnida
	han skulle gnida	de skulle gnida
Present Perfect	jag har gnidit	vi har [ha] [hava] gnidit
	du har gnidit	ni har [ha] [hava] gnidit
	han har gnidit	de har [ha] [hava] gnidit
Past Perfect	jag hade gnidit	vi hade gnidit
	du hade gnidit	ni hade gnidit
	han hade gnidit	de hade gnidit
Future Perfect	jag kommer att [ska(ll)] ha [hava] gnidit	vi kommer att [ska(ll)] [skola] ha [hava] gnidit
	du kommer att [ska(ll)] ha [hava] gnidit	ni kommer att [ska(ll)] [skola] ha [hava] gnidit
	han kommer att [ska(ll)] ha [hava] gnidit	de kommer att [ska(ll)] [skola] ha [hava] gnidit
Conditional Perfect	jag skulle ha [hava] gnidit	vi skulle ha [hava] gnidit
	du skulle ha [hava] gnidit	ni skulle ha [hava] gnidit
	han skulle ha [hava] gnidit	de skulle ha [hava] gnidit

INDICATIVE

(att) gripa (IV)
to seize,
clasp

Present   jag griper
du griper
han griper

vi griper [gripa]
ni griper [gripa]
de griper [gripa]

Past   jag grep
du grep
han grep

vi grep [grepo]
ni grep [grepo]
de grep [grepo]

Future   jag ska(ll) gripa
du ska(ll) gripa
han ska(ll) gripa

vi ska(ll) [skola] gripa
ni ska(ll) [skola] gripa
de ska(ll) [skola] gripa

Conditional   jag skulle gripa
du skulle gripa
han skulle gripa

vi skulle gripa
ni skulle gripa
de skulle gripa

Present
Perfect   jag har gripit
du har gripit
han har gripit

vi har [ha] [hava] gripit
ni har [ha] [hava] gripit
de har [ha] [hava] gripit

Past Perfect   jag hade gripit
du hade gripit
han hade gripit

vi hade gripit
ni hade gripit
de hade gripit

Future
Perfect   jag kommer att [ska(ll)]
ha [hava] gripit
du kommer att [ska(ll)]
ha [hava] gripit
han kommer att [ska(ll)]
ha [hava] gripit

vi kommer att [ska(ll)] [skola]
ha [hava] gripit
ni kommer att [ska(ll)] [skola]
ha [hava] gripit
de kommer att [ska(ll)] [skola]
ha [hava] gripit

Conditional
Perfect   jag skulle ha [hava] gripit
du skulle ha [hava] gripit
han skulle ha [hava] gripit

vi skulle ha [hava] gripit
ni skulle ha [hava] gripit
de skulle ha [hava] gripit

INDICATIVE   *(att) gråta (IV)*

Present   jag gråter   vi gråter [gråta]   *to cry,*
             du gråter   ni gråter [gråta]
             han gråter   de gråter [gråta]   *weep,*

Past   jag grät   vi grät [gräto]   *wail*
             du grät   ni grät [gräto]
             han grät   de grät [gräto]

Future   jag ska(ll) gråta   vi ska(ll) [skola] gråta
             du ska(ll) gråta   ni ska(ll) [skola] gråta
             han ska(ll) gråta   de ska(ll) [skola] gråta

Conditional jag skulle gråta   vi skulle gråta
             du skulle gråta   ni skulle gråta
             han skulle gråta   de skulle gråta

Present   jag har gråtit   vi har [ha] [hava] gråtit
Perfect   du har gråtit   ni har [ha] [hava] gråtit
             han har gråtit   de har [ha] [hava] gråtit

Past Perfect jag hade gråtit   vi hade gråtit
             du hade gråtit   ni hade gråtit
             han hade gråtit   de hade gråtit

Future   jag kommer att [ska(ll)]   vi kommer att [ska(ll)] [skola]
Perfect   ha [hava] gråtit   ha [hava] gråtit
             du kommer att [ska(ll)]   ni kommer att [ska(ll)] [skola]
                ha [hava] gråtit   ha [hava] gråtit
             han kommer att [ska(ll)]   de kommer att [ska(ll)] [skola]
                ha [hava] gråtit   ha [hava] gråtit

Conditional jag skulle ha [hava] gråtit   vi skulle ha [hava] gråtit
Perfect   du skulle ha [hava] gråtit   ni skulle ha [hava] gråtit
             han skulle ha [hava] gråtit   de skulle ha [hava] gråtit

INDICATIVE   *(att) gå (IV)*

Present	jag går	vi går [gå]	*to go,*
	du går	ni går [gå]	*walk*
	han går	de går [gå]	

Past jag gick   vi gick [gingo]
du gick   ni gick [gingo]
han gick   de gick [gingo]

Future jag ska(ll) gå   vi ska(ll) [skola] gå
du ska(ll) gå   ni ska(ll) [skola] gå
han ska(ll) gå   de ska(ll) [skola] gå

Conditional jag skulle gå   vi skulle gå
du skulle gå   ni skulle gå
han skulle gå   de skulle gå

Present jag har gått   vi har [ha] [hava] gått
Perfect du har gått   ni har [ha] [hava] gått
han har gått   de har [ha] [hava] gått

Past Perfect jag hade gått   vi hade gått
du hade gått   ni hade gått
han hade gått   de hade gått

Future jag kommer att [ska(ll)]   vi kommer att [ska(ll)] [skola]
Perfect   ha [hava] gått   ha [hava] gått
du kommer att [ska(ll)]   ni kommer att [ska(ll)] [skola]
ha [hava] gått   ha [hava] gått
han kommer att [ska(ll)]   de kommer att [ska(ll)] [skola]
ha [hava] gått   ha [hava] gått

Conditional jag skulle ha [hava] gått   vi skulle ha [hava] gått
Perfect du skulle ha [hava] gått   ni skulle ha [hava] gått
han skulle ha [hava] gått   de skulle ha [hava] gått

INDICATIVE

(att) gömma (IIa)

				to hide, conceal

Present jag gömmer
du gömmer
han gömmer

vi gömmer [gömma]   **to hide,**
ni gömmer [gömma]
de gömmer [gömma]   **conceal**

Past jag gömde
du gömde
han gömde

vi gömde
ni gömde
de gömde

Future jag ska(ll) gömma
du ska(ll) gömma
han ska(ll) gömma

vi ska(ll) [skola] gömma
ni ska(ll) [skola] gömma
de ska(ll) [skola] gömma

Conditional jag skulle gömma
du skulle gömma
han skulle gömma

vi skulle gömma
ni skulle gömma
de skulle gömma

Present jag har gömt
Perfect du har gömt
han har gömt

vi har [ha] [hava] gömt
ni har [ha] [hava] gömt
de har [ha] [hava] gömt

Past Perfect jag hade gömt
du hade gömt
han hade gömt

vi hade gömt
ni hade gömt
de hade gömt

Future jag kommer att [ska(ll)]
Perfect   ha [hava] gömt
du kommer att [ska(ll)]
    ha [hava] gömt
han kommer att [ska(ll)]
    ha [hava] gömt

vi kommer att [ska(ll)] [skola]
    ha [hava] gömt
ni kommer att [ska(ll)] [skola]
    ha [hava] gömt
de kommer att [ska(ll)] [skola]
    ha [hava] gömt

Conditional jag skulle ha [hava] gömt
Perfect du skulle ha [hava] gömt
han skulle ha [hava] gömt

vi skulle ha [hava] gömt
ni skulle ha [hava] gömt
de skulle ha [hava] gömt

INDICATIVE *(att) göra (IV or IIa)*

Present	jag gör	vi gör [göra]
	du gör	ni gör [göra]
	han gör	de gör [göra]

to do,
make

Past jag gjorde — vi gjorde
du gjorde — ni gjorde
han gjorde — de gjorde

Future jag ska(ll) göra — vi ska(ll) [skola] göra
du ska(ll) göra — ni ska(ll) [skola] göra
han ska(ll) göra — de ska(ll) [skola] göra

Conditional jag skulle göra — vi skulle göra
du skulle göra — ni skulle göra
han skulle göra — de skulle göra

Present Perfect jag har gjort — vi har [ha] [hava] gjort
du har gjort — ni har [ha] [hava] gjort
han har gjort — de har [ha] [hava] gjort

Past Perfect jag hade gjort — vi hade gjort
du hade gjort — ni hade gjort
han hade gjort — de hade gjort

Future Perfect jag kommer att [ska(ll)] ha [hava] gjort — vi kommer att [ska(ll)] [skola] ha [hava] gjort
du kommer att [ska(ll)] ha [hava] gjort — ni kommer att [ska(ll)] [skola] ha [hava] gjort
han kommer att [ska(ll)] ha [hava] gjort — de kommer att [ska(ll)] [skola] ha [hava] gjort

Conditional Perfect jag skulle ha [hava] gjort — vi skulle ha [hava] gjort
du skulle ha [hava] gjort — ni skulle ha [hava] gjort
han skulle ha [hava] gjort — de skulle ha [hava] gjort

INDICATIVE

(att) ha [hava] (IV)

to have

Present*	jag har [haver]	vi har [ha] [haver] [hava]
	du har [haver]	ni har [ha] [haver] [hava]
	han har [haver]	de har [ha] [haver] [hava]
Past	jag hade	vi hade
	du hade	ni hade
	han hade	de hade
Future	jag ska(ll) ha [hava]	vi ska(ll) [skola] ha [hava]
	du ska(ll) ha [hava]	ni ska(ll) [skola] ha [hava]
	han ska(ll) ha [hava]	de ska(ll) [skola] ha [hava]
Conditional	jag skulle ha [hava]	vi skulle ha [hava]
	du skulle ha [hava]	ni skulle ha [hava]
	han skulle ha [hava]	de skulle ha [hava]
Present Perfect	jag har haft	vi har [ha] [hava] haft
	du har haft	ni har [ha] [hava] haft
	han har haft	de har [ha] [hava] haft
Past Perfect	jag hade haft	vi hade haft
	du hade haft	ni hade haft
	han hade haft	de hade haft
Future Perfect	jag kommer att [ska(ll)] ha [hava] haft	vi kommer att [ska(ll)] [skola] ha [hava] haft
	du kommer att [ska(ll)] ha [hava] haft	ni kommer att [ska(ll)] [skola] ha [hava] haft
	han kommer att [ska(ll)] ha [hava] haft	de kommer att [ska(ll)] [skola] ha [hava] haft
Conditional Perfect	jag skulle ha [hava] haft	vi skulle ha [hava] haft
	du skulle ha [hava] haft	ni skulle ha [hava] haft
	han skulle ha [hava] haft	de skulle ha [hava] haft

---

* *hav!* is biblical or highly elevated style; the same is true of the present tense form *haver*.

58

INDICATIVE   *(att) heta (IIb or IV)*

			to be called,

Present jag heter   vi heter [heta]   *be named*
           du heter   ni heter [heta]
           han heter   de heter [heta]

Past   jag hette   vi hette
           du hette   ni hette
           han hette   de hette

Future   jag ska(ll) heta   vi ska(ll) [skola] heta
           du ska(ll) heta   ni ska(ll) [skola] heta
           han ska(ll) heta   de ska(ll) [skola] heta

Conditional jag skulle heta   vi skulle heta
               du skulle heta   ni skulle heta
               han skulle heta   de skulle heta

Present jag har hetat   vi har [ha] [hava] hetat
Perfect du har hetat   ni har [ha] [hava] hetat
           han har hetat   de har [ha] [hava] hetat

Past Perfect jag hade hetat   vi hade hetat
                du hade hetat   ni hade hetat
                han hade hetat   de hade hetat

Future   jag kommer att [ska(ll)]   vi kommer att [ska(ll)] [skola]
Perfect   ha [hava] hetat   ha [hava] hetat
           du kommer att [ska(ll)]   ni kommer att [ska(ll)] [skola]
               ha [hava] hetat   ha [hava] hetat
           han kommer att [ska(ll)]   de kommer att [ska(ll)] [skola]
               ha [hava] hetat   ha [hava] hetat

Conditional jag skulle ha [hava] hetat   vi skulle ha [hava] hetat
Perfect   du skulle ha [hava] hetat   ni skulle ha [hava] hetat
               han skulle ha [hava] hetat   de skulle ha [hava] hetat

---

* highly improbable, but theoretically possible.

59

INDICATIVE

(att) hinna (IV)

to have time, attain, reach, get done

Present	jag hinner	vi hinner [hinna]
	du hinner	ni hinner [hinna]
	han hinner	de hinner [hinna]
Past	jag hann	vi hann [hunno]
	du hann	ni hann [hunno]
	han hann	de hann [hunno]
Future	jag ska(ll) hinna	vi ska(ll) [skola] hinna
	du ska(ll) hinna	ni ska(ll) [skola] hinna
	han ska(ll) hinna	de ska(ll) [skola] hinna
Conditional	jag skulle hinna	vi skulle hinna
	du skulle hinna	ni skulle hinna
	han skulle hinna	de skulle hinna
Present Perfect	jag har hunnit	vi har [ha] [hava] hunnit
	du har hunnit	ni har [ha] [hava] hunnit
	han har hunnit	de har [ha] [hava] hunnit
Past Perfect	jag hade hunnit	vi hade hunnit
	du hade hunnit	ni hade hunnit
	han hade hunnit	de hade hunnit
Future Perfect	jag kommer att [ska(ll)] ha [hava] hunnit	vi kommer att [ska(ll)] [skola] ha [hava] hunnit
	du kommer att [ska(ll)] ha [hava] hunnit	ni kommer att [ska(ll)] [skola] ha [hava] hunnit
	han kommer att [ska(ll)] ha [hava] hunnit	de kommer att [ska(ll)] [skola] ha [hava] hunnit
Conditional Perfect	jag skulle ha [hava] hunnit	vi skulle ha [hava] hunnit
	du skulle ha [hava] hunnit	ni skulle ha [hava] hunnit
	han skulle ha [hava] hunnit	de skulle ha [hava] hunnit

INDICATIVE   *(att) hjälpa (IIb)*

Present jag hjälper   vi hjälper [hjälpa]   *to help*
          du hjälper   ni hjälper [hjälpa]
          han hjälper   de hjälper [hjälpa]

Past jag hjälpte   vi hjälpte
        du hjälpte   ni hjälpte
        han hjälpte   de hjälpte

Future jag ska(ll) hjälpa   vi ska(ll) [skola] hjälpa
          du ska(ll) hjälpa   ni ska(ll) [skola] hjälpa
          han ska(ll) hjälpa   de ska(ll) [skola] hjälpa

Conditional jag skulle hjälpa   vi skulle hjälpa
               du skulle hjälpa   ni skulle hjälpa
               han skulle hjälpa   de skulle hjälpa

Present jag har hjälpt   vi har [ha] [hava] hjälpt
Perfect du har hjälpt   ni har [ha] [hava] hjälpt
           han har hjälpt   de har [ha] [hava] hjälpt

Past Perfect jag hade hjälpt   vi hade hjälpt
                du hade hjälpt   ni hade hjälpt
                han hade hjälpt   de hade hjälpt

Future   jag kommer att [ska(ll)]   vi kommer att [ska(ll)] [skola]
Perfect   ha [hava] hjälpt   ha [hava] hjälpt
           du kommer att [ska(ll)]   ni kommer att [ska(ll)] [skola]
              ha [hava] hjälpt   ha [hava] hjälpt
           han kommer att [ska(ll)]   de kommer att [ska(ll)] [skola]
              ha [hava] hjälpt   ha [hava] hjälpt

Conditional jag skulle ha [hava] hjälpt   vi skulle ha [hava] hjälpt
Perfect   du skulle ha [hava] hjälpt   ni skulle ha [hava] hjälpt
               han skulle ha [hava] hjälpt   de skulle ha [hava] hjälpt

INDICATIVE

(att) hoppas (I)
to hope

Present jag hoppas   vi hoppas
          du hoppas   ni hoppas
          han hoppas   de hoppas

Past jag hoppades   vi hoppades
       du hoppades   ni hoppades
       han hoppades   de hoppades

Future jag ska(ll) hoppas   vi ska(ll) [skola] hoppas
         du ska(ll) hoppas   ni ska(ll) [skola] hoppas
         han ska(ll) hoppas   de ska(ll) [skola] hoppas

Conditional jag skulle hoppas   vi skulle hoppas
             du skulle hoppas   ni skulle hoppas
             han skulle hoppas   de skulle hoppas

Present jag har hoppats   vi har [ha] [hava] hoppats
Perfect du har hoppats   ni har [ha] [hava] hoppats
         han har hoppats   de har [ha] [hava] hoppats

Past Perfect jag hade hoppats   vi hade hoppats
             du hade hoppats   ni hade hoppats
             han hade hoppats   de hade hoppats

Future jag kommer att [ska(ll)]   vi kommer att [ska(ll)] [skola]
Perfect   ha [hava] hoppats   ha [hava] hoppats
         du kommer att [ska(ll)]   ni kommer att [ska(ll)] [skola]
            ha [hava] hoppats   ha [hava] hoppats
         han kommer att [ska(ll)]   de kommer att [ska(ll)] [skola]
            ha [hava] hoppats   ha [hava] hoppats

Conditional jag skulle ha [hava] hoppats   vi skulle ha [hava] hoppats
Perfect du skulle ha [hava] hoppats   ni skulle ha [hava] hoppats
         han skulle ha [hava] hoppats   de skulle ha [hava] hoppats

INDICATIVE   *(att) hugga (IV)*

Present	jag hugger	vi hugger [hugga]	*to cut,*
	du hugger	ni hugger [hugga]	
	han hugger	de hugger [hugga]	*hew*

Past jag högg   vi högg [höggo]
        du högg   ni högg [höggo]
        han högg   de högg [höggo]

Future jag ska(ll) hugga   vi ska(ll) [skola] hugga
          du ska(ll) hugga   ni ska(ll) [skola] hugga
          han ska(ll) hugga   de ska(ll) [skola] hugga

Conditional jag skulle hugga   vi skulle hugga
               du skulle hugga   ni skulle hugga
               han skulle hugga   de skulle hugga

Present   jag har huggit   vi har [ha] [hava] huggit
Perfect   du har huggit   ni har [ha] [hava] huggit
              han har huggit   de har [ha] [hava] huggit

Past Perfect jag hade huggit   vi hade huggit
                du hade huggit   ni hade huggit
                han hade huggit   de hade huggit

Future   jag kommer att [ska(ll)]   vi kommer att [ska(ll)] [skola]
Perfect   ha [hava] huggit   ha [hava] huggit
              du kommer att [ska(ll)]   ni kommer att [ska(ll)] [skola]
                 ha [hava] huggit   ha [hava] huggit
              han kommer att [ska(ll)]   de kommer att [ska(ll)] [skola]
                 ha [hava] huggit   ha [hava] huggit

Conditional jag skulle ha [hava] huggit   vi skulle ha [hava] huggit
Perfect   du skulle ha [hava] huggit   ni skulle ha [hava] huggit
               han skulle ha [hava] huggit   de skulle ha [hava] huggit

INDICATIVE

(att) hålla (IV)

			to hold,

Present   jag håller   vi håller [hålla]   *to hold,*
          du håller   ni håller [hålla]
          han håller   de håller [hålla]   *keep*

Past   jag höll   vi höll [höllo]
          du höll   ni höll [höllo]
          han höll   de höll [höllo]

Future   jag ska(ll) hålla   vi ska(ll) [skola] hålla
          du ska(ll) hålla   ni ska(ll) [skola] hålla
          han ska(ll) hålla   de ska(ll) [skola] hålla

Conditional   jag skulle hålla   vi skulle hålla
          du skulle hålla   ni skulle hålla
          han skulle hålla   de skulle hålla

Present   jag har hållit   vi har [ha] [hava] hållit
Perfect   du har hållit   ni har [ha] [hava] hållit
          han har hållit   de har [ha] [hava] hållit

Past Perfect   jag hade hållit   vi hade hållit
          du hade hållit   ni hade hållit
          han hade hållit   de hade hållit

Future   jag kommer att [ska(ll)]   vi kommer att [ska(ll)] [skola]
Perfect   ha [hava] hållit   ha [hava] hållit
          du kommer att [ska(ll)]   ni kommer att [ska(ll)] [skola]
              ha [hava] hållit   ha [hava] hållit
          han kommer att [ska(ll)]   de kommer att [ska(ll)] [skola]
              ha [hava] hållit   ha [hava] hållit

Conditional   jag skulle ha [hava] hållit   vi skulle ha [hava] hållit
Perfect   du skulle ha [hava] hållit   ni skulle ha [hava] hållit
          han skulle ha [hava] hållit   de skulle ha [hava] hållit

INDICATIVE   *(att) hälsa (I)*

Present	jag hälsar	vi hälsar [hälsa]
	du hälsar	ni hälsar [hälsa]
	han hälsar	de hälsar [hälsa]

to greet,
salute

Past	jag hälsade
	du hälsade
	han hälsade

vi hälsade
ni hälsade
de hälsade

Future   jag ska(ll) hälsa   vi ska(ll) [skola] hälsa
           du ska(ll) hälsa   ni ska(ll) [skola] hälsa
           han ska(ll) hälsa   de ska(ll) [skola] hälsa

Conditional jag skulle hälsa   vi skulle hälsa
               du skulle hälsa   ni skulle hälsa
               han skulle hälsa   de skulle hälsa

Present   jag har hälsat   vi har [ha] [hava] hälsat
Perfect   du har hälsat   ni har [ha] [hava] hälsat
            han har hälsat   de har [ha] [hava] hälsat

Past Perfect jag hade hälsat   vi hade hälsat
                du hade hälsat   ni hade hälsat
                han hade hälsat   de hade hälsat

Future   jag kommer att [ska(ll)]   vi kommer att [ska(ll)] [skola]
Perfect   ha [hava] hälsat   ha [hava] hälsat
            du kommer att [ska(ll)]   ni kommer att [ska(ll)] [skola]
               ha [hava] hälsat   ha [hava] hälsat
            han kommer att [ska(ll)]   de kommer att [ska(ll)] [skola]
               ha [hava] hälsat   ha [hava] hälsat

Conditional jag skulle ha [hava] hälsat   vi skulle ha [hava] hälsat
Perfect   du skulle ha [hava] hälsat   ni skulle ha [hava] hälsat
               han skulle ha [hava] hälsat   de skulle ha [hava] hälsat

INDICATIVE

(att) hända (IIa)

to happen

Present	jag händer	vi händer [hända]
	du händer	ni händer [hända]
	han händer	de händer [hända]

Past	jag hände	vi hände
	du hände	ni hände
	han hände	de hände

Future	jag ska(ll) hända	vi ska(ll) [skola] hända
	du ska(ll) hända	ni ska(ll) [skola] hända
	han ska(ll) hända	de ska(ll) [skola] hända

Conditional	jag skulle hända	vi skulle hända
	du skulle hända	ni skulle hända
	han skulle hända	de skulle hända

Present	jag har hänt	vi har [ha] [hava] hänt
Perfect	du har hänt	ni har [ha] [hava] hänt
	han har hänt	de har [ha] [hava] hänt

Past Perfect	jag hade hänt	vi hade hänt
	du hade hänt	ni hade hänt
	han hade hänt	de hade hänt

Future	jag kommer att [ska(ll)]	vi kommer att [ska(ll)] [skola]
Perfect	ha [hava] hänt	ha [hava] hänt
	du kommer att [ska(ll)]	ni kommer att [ska(ll)] [skola]
	ha [hava] hänt	ha [hava] hänt
	han kommer att [ska(ll)]	de kommer att [ska(ll)] [skola]
	ha [hava] hänt	ha [hava] hänt

Conditional	jag skulle ha [hava] hänt	vi skulle ha [hava] hänt
Perfect	du skulle ha [hava] hänt	ni skulle ha [hava] hänt
	han skulle ha [hava] hänt	de skulle ha [hava] hänt

INDICATIVE   *(att) höra (IIa)*

Present   jag hör   vi hör [höra]   *to hear*
            du hör   ni hör [höra]
            han hör   de hör [höra]

Past   jag hörde   vi hörde
            du hörde   ni hörde
            han hörde   de hörde

Future   jag ska(ll) höra   vi ska(ll) [skola] höra
            du ska(ll) höra   ni ska(ll) [skola] höra
            han ska(ll) höra   de ska(ll) [skola] höra

Conditional jag skulle höra   vi skulle höra
               du skulle höra   ni skulle höra
               han skulle höra   de skulle höra

Present   jag har hört   vi har [ha] [hava] hört
Perfect   du har hört   ni har [ha] [hava] hört
            han har hört   de har [ha] [hava] hört

Past Perfect jag hade hört   vi hade hört
                du hade hört   ni hade hört
                han hade hört   de hade hört

Future   jag kommer att [ska(ll)]   vi kommer att [ska(ll)] [skola]
Perfect   ha [hava] hört   ha [hava] hört
            du kommer att [ska(ll)]   ni kommer att [ska(ll)] [skola]
               ha [hava] hört   ha [hava] hört
            han kommer att [ska(ll)]   de kommer att [ska(ll)] [skola]
               ha [hava] hört   ha [hava] hört

Conditional jag skulle ha [hava] hört   vi skulle ha [hava] hört
Perfect   du skulle ha [hava] hört   ni skulle ha [hava] hört
               han skulle ha [hava] hört   de skulle ha [hava] hört

INDICATIVE

(att) kalla (I)
to call

Present	jag kallar	vi kallar [kalla]
	du kallar	ni kallar [kalla]
	han kallar	de kallar [kalla]
Past	jag kallade	vi kallade
	du kallade	ni kallade
	han kallade	de kallade
Future	jag ska(ll) kalla	vi ska(ll) [skola] kalla
	du ska(ll) kalla	ni ska(ll) [skola] kalla
	han ska(ll) kalla	de ska(ll) [skola] kalla
Conditional	jag skulle kalla	vi skulle kalla
	du skulle kalla	ni skulle kalla
	han skulle kalla	de skulle kalla
Present Perfect	jag har kallat	vi har [ha] [hava] kallat
	du har kallat	ni har [ha] [hava] kallat
	han har kallat	de har [ha] [hava] kallat
Past Perfect	jag hade kallat	vi hade kallat
	du hade kallat	ni hade kallat
	han hade kallat	de hade kallat
Future Perfect	jag kommer att [ska(ll)] ha [hava] kallat	vi kommer att [ska(ll)] [skola] ha [hava] kallat
	du kommer att [ska(ll)] ha [hava] kallat	ni kommer att [ska(ll)] [skola] ha [hava] kallat
	han kommer att [ska(ll)] ha [hava] kallat	de kommer att [ska(ll)] [skola] ha [hava] kallat
Conditional Perfect	jag skulle ha [hava] kallat	vi skulle ha [hava] kallat
	du skulle ha [hava] kallat	ni skulle ha [hava] kallat
	han skulle ha [hava] kallat	de skulle ha [hava] kallat

INDICATIVE

(att) kliva (IV)
to stride,
stalk,
climb

Present	jag kliver	vi kliver [kliva]
	du kliver	ni kliver [kliva]
	han kliver	de kliver [kliva]
Past	jag klev	vi klev [klevo]
	du klev	ni klev [klevo]
	han klev	de klev [klevo]
Future	jag ska(ll) kliva	vi ska(ll) [skola] kliva
	du ska(ll) kliva	ni ska(ll) [skola] kliva
	han ska(ll) kliva	de ska(ll) [skola] kliva
Conditional	jag skulle kliva	vi skulle kliva
	du skulle kliva	ni skulle kliva
	han skulle kliva	de skulle kliva
Present Perfect	jag har klivit	vi har [ha] [hava] klivit
	du har klivit	ni har [ha] [hava] klivit
	han har klivit	de har [ha] [hava] klivit
Past Perfect	jag hade klivit	vi hade klivit
	du hade klivit	ni hade klivit
	han hade klivit	de hade klivit
Future Perfect	jag kommer att [ska(ll)] ha [hava] klivit	vi kommer att [ska(ll)] [skola] ha [hava] klivit
	du kommer att [ska(ll)] ha [hava] klivit	ni kommer att [ska(ll)] [skola] ha [hava] klivit
	han kommer att [ska(ll)] ha [hava] klivit	de kommer att [ska(ll)] [skola] ha [hava] klivit
Conditional Perfect	jag skulle ha [hava] klivit	vi skulle ha [hava] klivit
	du skulle ha [hava] klivit	ni skulle ha [hava] klivit
	han skulle ha [hava] klivit	de skulle ha [hava] klivit

INDICATIVE   *(att) klyva (IV)*

Present	jag klyver	vi klyver [klyva]
	du klyver	ni klyver [klyva]
	han klyver	de klyver [klyva]

to cleave,
split

Past	jag klöv	vi klöv [klövo]
	du klöv	ni klöv [klövo]
	han klöv	de klöv [klövo]

Future	jag ska(ll) klyva	vi ska(ll) [skola] klyva
	du ska(ll) klyva	ni ska(ll) [skola] klyva
	han ska(ll) klyva	de ska(ll) [skola] klyva

Conditional	jag skulle klyva	vi skulle klyva
	du skulle klyva	ni skulle klyva
	han skulle klyva	de skulle klyva

Present	jag har kluvit	vi har [ha] [hava] kluvit
Perfect	du har kluvit	ni har [ha] [hava] kluvit
	han har kluvit	de har [ha] [hava] kluvit

Past Perfect	jag hade kluvit	vi hade kluvit
	du hade kluvit	ni hade kluvit
	han hade kluvit	de hade kluvit

Future	jag kommer att [ska(ll)]	vi kommer att [ska(ll)] [skola]
Perfect	ha [hava] kluvit	ha [hava] kluvit
	du kommer att [ska(ll)]	ni kommer att [ska(ll)] [skola]
	ha [hava] kluvit	ha [hava] kluvit
	han kommer att [ska(ll)]	de kommer att [ska(ll)] [skola]
	ha [hava] kluvit	ha [hava] kluvit

Conditional	jag skulle ha [hava] kluvit	vi skulle ha [hava] kluvit
Perfect	du skulle ha [hava] kluvit	ni skulle ha [hava] kluvit
	han skulle ha [hava] kluvit	de skulle ha [hava] kluvit

INDICATIVE

(att) knyta (IV)

to tie

Present	jag knyter du knyter han knyter	vi knyter [knyta] ni knyter [knyta] de knyter [knyta]
Past	jag knöt du knöt han knöt	vi knöt [knöto] ni knöt [knöto] de knöt [knöto]
Future	jag ska(ll) knyta du ska(ll) knyta han ska(ll) knyta	vi ska(ll) [skola] knyta ni ska(ll) [skola] knyta de ska(ll) [skola] knyta
Conditional	jag skulle knyta du skulle knyta han skulle knyta	vi skulle knyta ni skulle knyta de skulle knyta
Present *Perfect*	jag har knutit du har knutit han har knutit	vi har [ha] [hava] knutit ni har [ha] [hava] knutit de har [ha] [hava] knutit
Past Perfect	jag hade knutit du hade knutit han hade knutit	vi hade knutit ni hade knutit de hade knutit
Future *Perfect*	jag kommer att [ska(ll)] ha [hava] knutit du kommer att [ska(ll)] ha [hava] knutit han kommer att [ska(ll)] ha [hava] knutit	vi kommer att [ska(ll)] [skola] ha [hava] knutit ni kommer att [ska(ll)] [skola] ha [hava] knutit de kommer att [ska(ll)] [skola] ha [hava] knutit
Conditional *Perfect*	jag skulle ha [hava] knutit du skulle ha [hava] knutit han skulle ha [hava] knutit	vi skulle ha [hava] knutit ni skulle ha [hava] knutit de skulle ha [hava] knutit

71

INDICATIVE   *(att) komma (IV)*

Present	jag kommer	vi kommer [komma]	*to come*
	du kommer	ni kommer [komma]	
	han kommer	de kommer [komma]	

Past	jag kom	vi kom [kommo]
	du kom	ni kom [kommo]
	han kom	de kom [kommo]

Future	jag ska(ll) komma	vi ska(ll) [skola] komma
	du ska(ll) komma	ni ska(ll) [skola] komma
	han ska(ll) komma	de ska(ll) [skola] komma

Conditional	jag skulle komma	vi skulle komma
	du skulle komma	ni skulle komma
	han skulle komma	de skulle komma

Present	jag har kommit	vi har [ha] [hava] kommit
Perfect	du har kommit	ni har [ha] [hava] kommit
	han har kommit	de har [ha] [hava] kommit

Past Perfect	jag hade kommit	vi hade kommit
	du hade kommit	ni hade kommit
	han hade kommit	de hade kommit

Future	jag kommer att [ska(ll)]	vi kommer att [ska(ll)] [skola]
Perfect	ha [hava] kommit	ha [hava] kommit
	du kommer att [ska(ll)]	ni kommer att [ska(ll)] [skola]
	ha [hava] kommit	ha [hava] kommit
	han kommer att [ska(ll)]	de kommer att [ska(ll)] [skola]
	ha [hava] kommit	ha [hava] kommit

Conditional	jag skulle ha [hava] kommit	vi skulle ha [hava] kommit
Perfect	du skulle ha [hava] kommit	ni skulle ha [hava] kommit
	han skulle ha [hava] kommit	de skulle ha [hava] kommit

INDICATIVE

(att) kosta (I)

to cost

Present	den kostar	
	det kostar	de kostar [kosta]
Past	den kostade	
	det kostade	de kostade
Future	den ska(ll) kosta	
	det ska(ll) kosta	de ska(ll) [skola] kosta
Conditional	den skulle kosta	
	det skulle kosta	de skulle kosta
Present Perfect	den har kostat	
	det har kostat	de har kostat
Past Perfect	den hade kostat	
	det hade kostat	de hade kostat
Future Perfect	den kommer att [ska(ll)] ha [hava] kostat	
	det kommer att [ska(ll)] ha [hava] kostat	de kommer att [ska(ll)] [skola] ha [hava] kostat
Conditional Perfect	den skulle ha [hava] kostat	
	det skulle ha [hava] kostat	de skulle ha [hava] kostat

---

* these forms are theoretical; for all practical purposes, this verb is restricted to the third person, and only those forms have been included in the conjugation.

INDICATIVE		*(att) kritisera (I)*

(att) kritisera (I)

to criticize

	INDICATIVE	
Present	jag kritiserar	vi kritiserar [kritisera]
	du kritiserar	ni kritiserar [kritisera]
	han kritiserar	de kritiserar [kritisera]
Past	jag kritiserade	vi kritiserade
	du kritiserade	ni kritiserade
	han kritiserade	de kritiserade
Future	jag ska(ll) kritisera	vi ska(ll) [skola] kritisera
	du ska(ll) kritisera	ni ska(ll) [skola] kritisera
	han ska(ll) kritisera	de ska(ll) [skola] kritisera
Conditional	jag skulle kritisera	vi skulle kritisera
	du skulle kritisera	ni skulle kritisera
	han skulle kritisera	de skulle kritisera
Present Perfect	jag har kritiserat	vi har [ha] [hava] kritiserat
	du har kritiserat	ni har [ha] [hava] kritiserat
	han har kritiserat	de har [ha] [hava] kritiserat
Past Perfect	jag hade kritiserat	vi hade kritiserat
	du hade kritiserat	ni hade kritiserat
	han hade kritiserat	de hade kritiserat
Future Perfect	jag kommer att [ska(ll)] ha [hava] kritiserat	vi kommer att [ska(ll)] [skola] ha [hava] kritiserat
	du kommer att [ska(ll)] ha [hava] kritiserat	ni kommer att [ska(ll)] [skola] ha [hava] kritiserat
	han kommer att [ska(ll)] ha [hava] kritiserat	de kommer att [ska(ll)] [skola] ha [hava] kritiserat
Conditional Perfect	jag skulle ha [hava] kritiserat	vi skulle ha [hava] kritiserat
	du skulle ha [hava] kritiserat	ni skulle ha [hava] kritiserat
	han skulle ha [hava] kritiserat	de skulle ha [hava] kritiserat

INDICATIVE

(att) krypa (IV)

Present	jag kryper	vi kryper [krypa] *to creep*
	du kryper	ni kryper [krypa]
	han kryper	de kryper [krypa]

Past jag kröp .... vi kröp [kröpo]
       du kröp .... ni kröp [kröpo]
       han kröp .... de kröp [kröpo]

Future jag ska(ll) krypa .... vi ska(ll) [skola] krypa
         du ska(ll) krypa .... ni ska(ll) [skola] krypa
         han ska(ll) krypa .... de ska(ll) [skola] krypa

Conditional jag skulle krypa .... vi skulle krypa
              du skulle krypa .... ni skulle krypa
              han skulle krypa .... de skulle krypa

Present   jag har krupit .... vi har [ha] [hava] krupit
Perfect   du har krupit .... ni har [ha] [hava] krupit
            han har krupit .... de har [ha] [hava] krupit

Past Perfect jag hade krupit .... vi hade krupit
               du hade krupit .... ni hade krupit
               han hade krupit .... de hade krupit

Future   jag kommer att [ska(ll)]   vi kommer att [ska(ll)] [skola]
Perfect   ha [hava] krupit   ha [hava] krupit
           du kommer att [ska(ll)]   ni kommer att [ska(ll)] [skola]
                ha [hava] krupit   ha [hava] krupit
           han kommer att [ska(ll)]   de kommer att [ska(ll)] [skola]
                ha [hava] krupit   ha [hava] krupit

Conditional jag skulle ha [hava] krupit   vi skulle ha [hava] krupit
Perfect   du skulle ha [hava] krupit   ni skulle ha [hava] krupit
              han skulle ha [hava] krupit   de skulle ha [hava] krupit

INDICATIVE

(att) kunna (IV)
to be able,
may, know

Present	jag kan	vi kan [kunna]
	du kan	ni kan [kunna]
	han kan	de kan [kunna]

Past	jag kunde	vi kunde
	du kunde	ni kunde
	han kunde	de kunde

Future	jag ska(ll) kunna	vi ska(ll) [skola] kunna
	du ska(ll) kunna	ni ska(ll) [skola] kunna
	han ska(ll) kunna	de ska(ll) [skola] kunna

Conditional	jag skulle kunna	vi skulle kunna
	du skulle kunna	ni skulle kunna
	han skulle kunna	de skulle kunna

Present Perfect	jag har kunnat	vi har [ha] [hava] kunnat
	du har kunnat	ni har [ha] [hava] kunnat
	han har kunnat	de har [ha] [hava] kunnat

Past Perfect	jag hade kunnat	vi hade kunnat
	du hade kunnat	ni hade kunnat
	han hade kunnat	de hade kunnat

Future Perfect	jag kommer att [ska(ll)] ha [hava] kunnat	vi kommer att [ska(ll)] [skola] ha [hava] kunnat
	du kommer att [ska(ll)] ha [hava] kunnat	ni kommer att [ska(ll)] [skola] ha [hava] kunnat
	han kommer att [ska(ll)] ha [hava] kunnat	de kommer att [ska(ll)] [skola] ha [hava] kunnat

Conditional Perfect	jag skulle ha [hava] kunnat	vi skulle ha [hava] kunnat
	du skulle ha [hava] kunnat	ni skulle ha [hava] kunnat
	han skulle ha [hava] kunnat	de skulle ha [hava] kunnat

INDICATIVE   *(att) känna (IIa)*

Present	jag känner	vi känner [känna]
	du känner	ni känner [känna]
	han känner	de känner [känna]

to know,
feel

Past	jag kände	vi kände
	du kände	ni kände
	han kände	de kände

Future	jag ska(ll) känna	vi ska(ll) [skola] känna
	du ska(ll) känna	ni ska(ll) [skola] känna
	han ska(ll) känna	de ska(ll) [skola] känna

Conditional	jag skulle känna	vi skulle känna
	du skulle känna	ni skulle känna
	han skulle känna	de skulle känna

Present	jag har känt	vi har [ha] [hava] känt
Perfect	du har känt	ni har [ha] [hava] känt
	han har känt	de har [ha] [hava] känt

Past Perfect	jag hade känt	vi hade känt
	du hade känt	ni hade känt
	han hade känt	de hade känt

Future	jag kommer att [ska(ll)]	vi kommer att [ska(ll)] [skola]
Perfect	ha [hava] känt	ha [hava] känt
	du kommer att [ska(ll)]	ni kommer att [ska(ll)] [skola]
	ha [hava] känt	ha [hava] känt
	han kommer att [ska(ll)]	de kommer att [ska(ll)] [skola]
	ha [hava] känt	ha [hava] känt

Conditional	jag skulle ha [hava] känt	vi skulle ha [hava] känt
Perfect	du skulle ha [hava] känt	ni skulle ha [hava] känt
	han skulle ha [hava] känt	de skulle ha [hava] känt

INDICATIVE   *(att) köpa (IIb)*

Present jag köper   vi köper [köpa]   *to buy*
           du köper   ni köper [köpa]
           han köper   de köper [köpa]

Past jag köpte   vi köpte
        du köpte   ni köpte
        han köpte   de köpte

Future jag ska(ll) köpa   vi ska(ll) [skola] köpa
          du ska(ll) köpa   ni ska(ll) [skola] köpa
          han ska(ll) köpa   de ska(ll) [skola] köpa

Conditional jag skulle köpa   vi skulle köpa
               du skulle köpa   ni skulle köpa
               han skulle köpa   de skulle köpa

Present   jag har köpt   vi har [ha] [hava] köpt
Perfect   du har köpt   ni har [ha] [hava] köpt
            han har köpt   de har [ha] [hava] köpt

Past Perfect jag hade köpt   vi hade köpt
                du hade köpt   ni hade köpt
                han hade köpt   de hade köpt

Future   jag kommer att [ska(ll)]   vi kommer att [ska(ll)] [skola]
Perfect   ha [hava] köpt   ha [hava] köpt
           du kommer att [ska(ll)]   ni kommer att [ska(ll)] [skola]
               ha [hava] köpt   ha [hava] köpt
           han kommer att [ska(ll)]   de kommer att [ska(ll)] [skola]
               ha [hava] köpt   ha [hava] köpt

Conditional jag skulle ha [hava] köpt   vi skulle ha [hava] köpt
Perfect   du skulle ha [hava] köpt   ni skulle ha [hava] köpt
               han skulle ha [hava] köpt   de skulle ha [hava] köpt

INDICATIVE   *(att) köra (IIa)*

Present jag kör   vi kör [köra]   *to drive*
           du kör   ni kör [köra]
           han kör   de kör [köra]   *(a car)*

Past   jag körde   vi körde
           du körde   ni körde
           han körde   de körde

Future   jag ska(ll) köra   vi ska(ll) [skola] köra
           du ska(ll) köra   ni ska(ll) [skola] köra
           han ska(ll) köra   de ska(ll) [skola] köra

Conditional jag skulle köra   vi skulle köra
               du skulle köra   ni skulle köra
               han skulle köra   de skulle köra

Present   jag har kört   vi har [ha] [hava] kört
Perfect   du har kört   ni har [ha] [hava] kört
            han har kört   de har [ha] [hava] kört

Past Perfect jag hade kört   vi hade kört
                du hade kört   ni hade kört
                han hade kört   de hade kört

Future   jag kommer att [ska(ll)]   vi kommer att [ska(ll)] [skola]
Perfect   ha [hava] kört   ha [hava] kört
            du kommer att [ska(ll)]   ni kommer att [ska(ll)] [skola]
              ha [hava] kört   ha [hava] kört
            han kommer att [ska(ll)]   de kommer att [ska(ll)] [skola]
              ha [hava] kört   ha [hava] kört

Conditional jag skulle ha [hava] kört   vi skulle ha [hava] kört
Perfect   du skulle ha [hava] kört   ni skulle ha [hava] kört
               han skulle ha [hava] kört   de skulle ha [hava] kört

INDICATIVE

(att) le (IV)
to smile

Present	jag ler	vi ler [le]
	du ler	ni ler [le]
	han ler	de ler [le]

Past	jag log	vi log [logo]
	du log	ni log [logo]
	han log	de log [logo]

Future	jag ska(ll) le	vi ska(ll) [skola] le
	du ska(ll) le	ni ska(ll) [skola] le
	han ska(ll) le	de ska(ll) [skola] le

Conditional	jag skulle le	vi skulle le
	du skulle le	ni skulle le
	han skulle le	de skulle le

Present *Perfect*	jag har lett	vi har [ha] [hava] lett
	du har lett	ni har [ha] [hava] lett
	han har lett	de har [ha] [hava] lett

Past Perfect	jag hade lett	vi hade lett
	du hade lett	ni hade lett
	han hade lett	de hade lett

Future *Perfect*	jag kommer att [ska(ll)] ha [hava] lett	vi kommer att [ska(ll)] [skola] ha [hava] lett
	du kommer att [ska(ll)] ha [hava] lett	ni kommer att [ska(ll)] [skola] ha [hava] lett
	han kommer att [ska(ll)] ha [hava] lett	de kommer att [ska(ll)] [skola] ha [hava] lett

Conditional *Perfect*	jag skulle ha [hava] lett	vi skulle ha [hava] lett
	du skulle ha [hava] lett	ni skulle ha [hava] lett
	han skulle ha [hava] lett	de skulle ha [hava] lett

INDICATIVE   *(att) leka (IIb)*

Present   jag leker   vi leker [leka]   *to play*
            du leker   ni leker [leka]
            han leker   de leker [leka]

Past   jag lekte   vi lekte
            du lekte   ni lekte
            han lekte   de lekte

Future   jag ska(ll) leka   vi ska(ll) [skola] leka
            du ska(ll) leka   ni ska(ll) [skola] leka
            han ska(ll) leka   de ska(ll) [skola] leka

Conditional jag skulle leka   vi skulle leka
               du skulle leka   ni skulle leka
               han skulle leka   de skulle leka

Present   jag har lekt   vi har [ha] [hava] lekt
Perfect   du har lekt   ni har [ha] [hava] lekt
            han har lekt   de har [ha] [hava] lekt

Past Perfect jag hade lekt   vi hade lekt
                du hade lekt   ni hade lekt
                han hade lekt   de hade lekt

Future   jag kommer att [ska(ll)]   vi kommer att [ska(ll)] [skola]
Perfect   ha [hava] lekt   ha [hava] lekt
            du kommer att [ska(ll)]   ni kommer att [ska(ll)] [skola]
                ha [hava] lekt   ha [hava] lekt
            han kommer att [ska(ll)]   de kommer att [ska(ll)] [skola]
                ha [hava] lekt   ha [hava] lekt

Conditional jag skulle ha [hava] lekt   vi skulle ha [hava] lekt
Perfect   du skulle ha [hava] lekt   ni skulle ha [hava] lekt
               han skulle ha [hava] lekt   de skulle ha [hava] lekt

INDICATIVE

(att) leva (IIa or IV)

			to live
Present	jag lever	vi lever [leva]	
	du lever	ni lever [leva]	
	han lever	de lever [leva]	
Past	jag levde	vi levde	
	du levde	ni levde	
	han levde	de levde	
Future	jag ska(ll) leva	vi ska(ll) [skola] leva	
	du ska(ll) leva	ni ska(ll) [skola] leva	
	han ska(ll) leva	de ska(ll) [skola] leva	
Conditional	jag skulle leva	vi skulle leva	
	du skulle leva	ni skulle leva	
	han skulle leva	de skulle leva	
Present Perfect	jag har levat (levt)	vi har [ha] [hava] levat (levt)	
	du har levat (levt)	ni har [ha] [hava] levat (levt)	
	han har levat (levt)	de har [ha] [hava] levat (levt)	
Past Perfect	jag hade levat (levt)	vi hade levat (levt)	
	du hade levat (levt)	ni hade levat (levt)	
	han hade levat (levt)	de hade levat (levt)	
Future Perfect	jag kommer att [ska(ll)] ha [hava] levat (levt)	vi kommer att [ska(ll)] [skola] ha [hava] levat (levt)	
	du kommer att [ska(ll)] ha [hava] levat (levt)	ni kommer att [ska(ll)] [skola] ha [hava] levat (levt)	
	han kommer att [ska(ll)] ha [hava] levat (levt)	de kommer att [ska(ll)] [skola] ha [hava] levat (levt)	
Conditional Perfect	jag skulle ha [hava] levat (levt)	vi skulle ha [hava] levat (levt)	
	du skulle ha [hava] levat (levt)	ni skulle ha [hava] levat (levt)	
	han skulle ha [hava] levat (levt)	de skulle ha [hava] levat (levt)	

---

* in certain areas *levt* is more common than *levat* as the supine form.

INDICATIVE

(att) lida (IV)
to suffer,
endure

Present	jag lider	vi lider [lida]
	du lider	ni lider [lida]
	han lider	de lider [lida]
Past	jag led	vi led [ledo]
	du led	ni led [ledo]
	han led	de led [ledo]
Future	jag ska(ll) lida	vi ska(ll) [skola] lida
	du ska(ll) lida	ni ska(ll) [skola] lida
	han ska(ll) lida	de ska(ll) [skola] lida
Conditional	jag skulle lida	vi skulle lida
	du skulle lida	ni skulle lida
	han skulle lida	de skulle lida
Present Perfect	jag har lidit	vi har [ha] [hava] lidit
	du har lidit	ni har [ha] [hava] lidit
	han har lidit	de har [ha] [hava] lidit
Past Perfect	jag hade lidit	vi hade lidit
	du hade lidit	ni hade lidit
	han hade lidit	de hade lidit
Future Perfect	jag kommer att [ska(ll)] ha [hava] lidit	vi kommer att [ska(ll)] [skola] ha [hava] lidit
	du kommer att [ska(ll)] ha [hava] lidit	ni kommer att [ska(ll)] [skola] ha [hava] lidit
	han kommer att [ska(ll)] ha [hava] lidit	de kommer att [ska(ll)] [skola] ha [hava] lidit
Conditional Perfect	jag skulle ha [hava] lidit	vi skulle ha [hava] lidit
	du skulle ha [hava] lidit	ni skulle ha [hava] lidit
	han skulle ha [hava] lidit	de skulle ha [hava] lidit

INDICATIVE   *(att) ligga (IV)*

Present   jag ligger   vi ligger [ligga]   *to lie (down)*
            du ligger   ni ligger [ligga]
            han ligger   de ligger [ligga]

Past   jag låg   vi låg [lågo]
            du låg   ni låg [lågo]
            han låg   de låg [lågo]

Future   jag ska(ll) ligga   vi ska(ll) [skola] ligga
            du ska(ll) ligga   ni ska(ll) [skola] ligga
            han ska(ll) ligga   de ska(ll) [skola] ligga

Conditional jag skulle ligga   vi skulle ligga
            du skulle ligga   ni skulle ligga
            han skulle ligga   de skulle ligga

Present   jag har legat   vi har [ha] [hava] legat
Perfect   du har legat   ni har [ha] [hava] legat
            han har legat   de har [ha] [hava] legat

Past Perfect jag hade legat   vi hade legat
            du hade legat   ni hade legat
            han hade legat   de hade legat

Future   jag kommer att [ska(ll)]   vi kommer att [ska(ll)] [skola]
Perfect   ha [hava] legat   ha [hava] legat
            du kommer att [ska(ll)]   ni kommer att [ska(ll)] [skola]
                 ha [hava] legat   ha [hava] legat
            han kommer att [ska(ll)]   de kommer att [ska(ll)] [skola]
                 ha [hava] legat   ha [hava] legat

Conditional jag skulle ha [hava] legat   vi skulle ha [hava] legat
Perfect   du skulle ha [hava] legat   ni skulle ha [hava] legat
            han skulle ha [hava] legat   de skulle ha [hava] legat

INDICATIVE

(att) ljuda* (IV)
to sound

Present	den ljuder	
	det ljuder	de ljuder [ljuda]
Past	den ljöd	
	det ljöd	de ljöd [ljödo]
Future	den ska(ll) ljuda	
	det ska(ll) ljuda	de ska(ll) [skola] ljuda
Conditional	den skulle ljuda	
	det skulle ljuda	de skulle ljuda
Present Perfect	den har ljudit	
	det har ljudit	de har [ha] [hava] ljudit
Past Perfect	den hade ljudit	
	det hade ljudit	de hade ljudit
Future Perfect	den kommer att [ska(ll)] ha [hava] ljudit	
	det kommer att [ska(ll)] ha [hava] ljudit	de kommer att [ska(ll)] [skola] ha [hava] ljudit
Conditional Perfect	den skulle ha [hava] ljudit	
	det skulle ha [hava] ljudit	de skulle ha [hava] ljudit

---

* the imperative is theoretical; since *ljuda* is an impersonal verb limited for all practical purposes to the third person, no first and second person forms appear in the conjugation. [NOTE: The imperative *ljud* occurs in the Finnish national anthem, written in Swedish by Johan Ludvig Runeberg, which begins: *Vårt land, vårt land, vårt fosterland, Ljud högt, o dyra ord!* 'Our land, our land, our native land, Oh, let her name ring clear!'].

INDICATIVE

(att) ljuga (IV)

to lie,

tell a lie

Present	jag ljuger	vi ljuger [ljuga]
	du ljuger	ni ljuger [ljuga]
	han ljuger	de ljuger [ljuga]
Past	jag ljög	vi ljög [ljögo]
	du ljög	ni ljög [ljögo]
	han ljög	de ljög [ljögo]
Future	jag ska(ll) ljuga	vi ska(ll) [skola] ljuga
	du ska(ll) ljuga	ni ska(ll) [skola] ljuga
	han ska(ll) ljuga	de ska(ll) [skola] ljuga
Conditional	jag skulle ljuga	vi skulle ljuga
	du skulle ljuga	ni skulle ljuga
	han skulle ljuga	de skulle ljuga
Present	jag har ljugit	vi har [ha] [hava] ljugit
Perfect	du har ljugit	ni har [ha] [hava] ljugit
	han har ljugit	de har [ha] [hava] ljugit
Past Perfect	jag hade ljugit	vi hade ljugit
	du hade ljugit	ni hade ljugit
	han hade ljugit	de hade ljugit
Future	jag kommer att [ska(ll)]	vi kommer att [ska(ll)] [skola]
Perfect	ha [hava] ljugit	ha [hava] ljugit
	du kommer att [ska(ll)]	ni kommer att [ska(ll)] [skola]
	ha [hava] ljugit	ha [hava] ljugit
	han kommer att [ska(ll)]	de kommer att [ska(ll)] [skola]
	ha [hava] ljugit	ha [hava] ljugit
Conditional	jag skulle ha [hava] ljugit	vi skulle ha [hava] ljugit
Perfect	du skulle ha [hava] ljugit	ni skulle ha [hava] ljugit
	han skulle ha [hava] ljugit	de skulle ha [hava] ljugit

INDICATIVE

(att) lova (I)
to promise

Present	jag lovar	vi lovar [lova]
	du lovar	ni lovar [lova]
	han lovar	de lovar [lova]
Past	jag lovade	vi lovade
	du lovade	ni lovade
	han lovade	de lovade
Future	jag ska(ll) lova	vi ska(ll) [skola] lova
	du ska(ll) lova	ni ska(ll) [skola] lova
	han ska(ll) lova	de ska(ll) [skola] lova
Conditional	jag skulle lova	vi skulle lova
	du skulle lova	ni skulle lova
	han skulle lova	de skulle lova
Present Perfect	jag har lovat	vi har [ha] [hava] lovat
	du har lovat	ni har [ha] [hava] lovat
	han har lovat	de har [ha] [hava] lovat
Past Perfect	jag hade lovat	vi hade lovat
	du hade lovat	ni hade lovat
	han hade lovat	de hade lovat
Future Perfect	jag kommer att [ska(ll)] ha [hava] lovat	vi kommer att [ska(ll)] [skola] ha [hava] lovat
	du kommer att [ska(ll)] ha [hava] lovat	ni kommer att [ska(ll)] [skola] ha [hava] lovat
	han kommer att [ska(ll)] ha [hava] lovat	de kommer att [ska(ll)] [skola] ha [hava] lovat
Conditional Perfect	jag skulle ha [hava] lovat	vi skulle ha [hava] lovat
	du skulle ha [hava] lovat	ni skulle ha [hava] lovat
	han skulle ha [hava] lovat	de skulle ha [hava] lovat

INDICATIVE		*(att) lyda (IIa or IV)*

Present	jag lyder	vi lyder [lyda]	*to obey,*
	du lyder	ni lyder [lyda]	*follow,*
	han lyder	de lyder [lyda]	
Past	jag lydde (löd)	vi lydde (löd) [lödo]	*run,*
	du lydde (löd)	ni lydde (löd) [lödo]	*be worded*
	han lydde (löd)	de lydde (löd) [lödo]	
Future	jag ska(ll) lyda	vi ska(ll) [skola] lyda	
	du ska(ll) lyda	ni ska(ll) [skola] lyda	
	han ska(ll) lyda	de ska(ll) [skola] lyda	
Conditional	jag skulle lyda	vi skulle lyda	
	du skulle lyda	ni skulle lyda	
	han skulle lyda	de skulle lyda	
Present Perfect	jag har lytt	vi har [ha] [hava] lytt	
	du har lytt	ni har [ha] [hava] lytt	
	han har lytt	de har [ha] [hava] lytt	
Past Perfect	jag hade lytt	vi hade lytt	
	du hade lytt	ni hade lytt	
	han hade lytt	de hade lytt	
Future Perfect	jag kommer att [ska(ll)] ha [hava] lytt	vi kommer att [ska(ll)] [skola] ha [hava] lytt	
	du kommer att [ska(ll)] ha [hava] lytt	ni kommer att [ska(ll)] [skola] ha [hava] lytt	
	han kommer att [ska(ll)] ha [hava] lytt	de kommer att [ska(ll)] [skola] ha [hava] lytt	
Conditional Perfect	jag skulle ha [hava] lytt	vi skylle ha [hava] lytt	
	du skulle ha [hava] lytt	ni skulle ha [hava] lytt	
	han skulle ha [hava] lytt	de skulle ha [hava] lytt	

*   considered dialectal by Wellander (see *Riktig svenska*, p. 274, fjärde tryckningen).

INDICATIVE

(att) lyfta (IIb or I)
lift,
withdraw
(money
from
an account)

Present
jag lyfter [lyftar]
du lyfter [lyftar]
han lyfter [lyftar]

vi lyfter [lyftar] [lyfta]
ni lyfter [lyftar] [lyfta]
de lyfter [lyftar] [lyfta]

Past
jag lyfte [lyftade]
du lyfte [lyftade]
han lyfte [lyftade]

vi lyfte [lyftade]
ni lyfte [lyftade]
de lyfte [lyftade]

Future
jag ska(ll) lyfta
du ska(ll) lyfta
han ska(ll) lyfta

vi ska(ll) [skola] lyfta
ni ska(ll) [skola] lyfta
de ska(ll) [skola] lyfta

Conditional
jag skulle lyfta
du skulle lyfta
han skulle lyfta

vi skulle lyfta
ni skulle lyfta
de skulle lyfta

Present Perfect
jag har lyft [lyftat]
du har lyft [lyftat]
han har lyft [lyftat]

vi har [ha] [hava] lyft [lyftat]
ni har [ha] [hava] lyft [lyftat]
de har [ha] [hava] lyft [lyftat]

Past Perfect
jag hade lyft [lyftat]
du hade lyft [lyftat]
han hade lyft [lyftat]

vi hade lyft [lyftat]
ni hade lyft [lyftat]
de hade lyft [lyftat]

Future Perfect
jag kommer att [ska(ll)]
    ha [hava] lyft [lyftat]
du kommer att [ska(ll)]
    ha [hava] lyft [lyftat]
han kommer att [ska(ll)]
    ha [hava] lyft [lyftat]

vi kommer att [ska(ll)] [skola]
    ha [hava] lyft [lyftat]
ni kommer att [ska(ll)] [skola]
    ha [hava] lyft [lyftat]
de kommer att [ska(ll)] [skola]
    ha [hava] lyft [lyftat]

Conditional Perfect
jag skulle ha [hava] lyft [lyftat]
du skulle ha [hava] lyft [lyftat]
han skulle ha [hava] lyft [lyftat]

vi skulle ha [hava] lyft [lyftat]
ni skulle ha [hava] lyft [lyftat]
de skulle ha [hava] lyft [lyftat]

INDICATIVE   *(att) lysa (IIb)*
                                                              to shine

Present	jag lyser	vi lyser [lysa]
	du lyser	ni lyser [lysa]
	han lyser	de lyser [lysa]
Past	jag lyste	vi lyste
	du lyste	ni lyste
	han lyste	de lyste
Future	jag ska(ll) lysa	vi ska(ll) [skola] lysa
	du ska(ll) lysa	ni ska(ll) [skola] lysa
	han ska(ll) lysa	de ska(ll) [skola] lysa
Conditional	jag skulle lysa	vi skulle lysa
	du skulle lysa	ni skulle lysa
	han skulle lysa	de skulle lysa
Present Perfect	jag har lyst	vi har [ha] [hava] lyst
	du har lyst	ni har [ha] [hava] lyst
	han har lyst	de har [ha] [hava] lyst
Past Perfect	jag hade lyst	vi hade lyst
	du hade lyst	ni hade lyst
	han hade lyst	de hade lyst
Future Perfect	jag kommer att [ska(ll)] ha [hava] lyst	vi kommer att [ska(ll)] [skola] ha [hava] lyst
	du kommer att [ska(ll)] ha [hava] lyst	ni kommer att [ska(ll)] [skola] ha [hava] lyst
	han kommer att [ska(ll)] ha [hava] lyst	de kommer att [ska(ll)] [skola] ha [hava] lyst
Conditional Perfect	jag skulle ha [hava] lyst	vi skulle ha [hava] lyst
	du skulle ha [hava] lyst	ni skulle ha [hava] lyst
	han skulle ha [hava] lyst	de skulle ha [hava] lyst

INDICATIVE

(att) låta (IV)

to let,

permit,

sound

Present	jag låter	vi låter [låta]
	du låter	ni låter [låta]
	han låter	de låter [låta]
Past	jag lät	vi lät [läto]
	du lät	ni lät [läto]
	han lät	de lät [läto]
Future	jag ska(ll) låta	vi ska(ll) [skola] låta
	du ska(ll) låta	ni ska(ll) [skola] låta
	han ska(ll) låta	de ska(ll) [skola] låta
Conditional	jag skulle låta	vi skulle låta
	du skulle låta	ni skulle låta
	han skulle låta	de skulle låta
Present Perfect	jag har låtit	vi har [ha] [hava] låtit
	du har låtit	ni har [ha] [hava] låtit
	han har låtit	de har [ha] [hava] låtit
Past Perfect	jag hade låtit	vi hade låtit
	du hade låtit	ni hade låtit
	han hade låtit	de hade låtit
Future Perfect	jag kommer att [ska(ll)] ha [hava] låtit	vi kommer att [ska(ll)] [skola] ha [hava] låtit
	du kommer att [ska(ll)] ha [hava] låtit	ni kommer att [ska(ll)] [skola] ha [hava] låtit
	han kommer att [ska(ll)] ha [hava] låtit	de kommer att [ska(ll)] [skola] ha [hava] låtit
Conditional Perfect	jag skulle ha [hava] låtit	vi skulle ha [hava] låtit
	du skulle ha [hava] låtit	ni skulle ha [hava] låtit
	han skulle ha [hava] låtit	de skulle ha [hava] låtit

INDICATIVE

(att) lägga (IV or IIa)

to lay,

put, place

Present	jag lägger	vi lägger [lägga]
	du lägger	ni lägger [lägga]
	han lägger	de lägger [lägga]

Past	jag la(de)*	vi la(de)*
	du la(de)*	ni la(de)*
	han la(de)*	de la(de)*

Future	jag ska(ll) lägga	vi ska(ll) [skola] lägga
	du ska(ll) lägga	ni ska(ll) [skola] lägga
	han ska(ll) lägga	de ska(ll) [skola] lägga

Conditional	jag skulle lägga	vi skulle lägga
	du skulle lägga	ni skulle lägga
	han skulle lägga	de skulle lägga

Present	jag har lagt	vi har [ha] [hava] lagt
Perfect	du har lagt	ni har [ha] [hava] lagt
	han har lagt	de har [ha] [hava] lagt

Past Perfect	jag hade lagt	vi hade lagt
	du hade lagt	ni hade lagt
	han hade lagt	de hade lagt

Future	jag kommer att [ska(ll)]	vi kommer att [ska(ll)] [skola]
Perfect	ha [hava] lagt	ha [hava] lagt
	du kommer att [ska(ll)]	ni kommer att [ska(ll)] [skola]
	ha [hava] lagt	ha [hava] lagt
	han kommer att [ska(ll)]	de kommer att [ska(ll)] [skola]
	ha [hava] lagt	ha [hava] lagt

Conditional	jag skulle ha [hava] lagt	vi skulle ha [hava] lagt
Perfect	du skulle ha [hava] lagt	ni skulle ha [hava] lagt
	han skulle ha [hava] lagt	de skulle ha [hava] lagt

---

* in current spoken Swedish, the past tense form *la* is more usual than *lade*. However, in compound verbs formed with a prefix and *lägga*, the shortened forms are extremely colloquial and casual and should best be avoided by foreign students. Thus *anlade* is still preferred over *anla*, *erlade* over *erla*, etc.; in fact, forms such as *anla* are for all practical purposes limited to spoken Swedish, but *la* may also be found in informal written Swedish.

INDICATIVE   *(att) lära* *(IIa)*

Present	jag lär	vi lär [lära]
	du lär	ni lär [lära]
	han lär	de lär [lära]

to teach,
instruct,
learn

Past	jag lärde	vi lärde
	du lärde	ni lärde
	han lärde	de lärde

Future	jag ska(ll) lära	vi ska(ll) [skola] lära
	du ska(ll) lära	ni ska(ll) [skola] lära
	han ska(ll) lära	de ska(ll) [skola] lära

Conditional	jag skulle lära	vi skulle lära
	du skulle lära	ni skulle lära
	han skulle lära	de skulle lära

Present	jag har lärt	vi har [ha] [hava] lärt
Perfect	du har lärt	ni har [ha] [hava] lärt
	han har lärt	de har [ha] [hava] lärt

Past Perfect	jag hade lärt	vi hade lärt
	du hade lärt	ni hade lärt
	han hade lärt	de hade lärt

Future	jag kommer att [ska(ll)]	vi kommer att [ska(ll)] [skola]
Perfect	ha [hava] lärt	ha [hava] lärt
	du kommer att [ska(ll)]	ni kommer att [ska(ll)] [skola]
	ha [hava] lärt	ha [hava] lärt
	han kommer att [ska(ll)]	de kommer att [ska(ll)] [skola]
	ha [hava] lärt	ha [hava] lärt

Conditional	jag skulle ha [hava] lärt	vi skulle ha [hava] lärt
Perfect	du skulle ha [hava] lärt	ni skulle ha [hava] lärt
	han skulle ha [hava] lärt	de skulle ha [hava] lärt

* *lära sig* means 'to teach oneself, to acquire by self-instruction'.

INDICATIVE

(att) läsa (IIb)

Present	jag läser	vi läser [läsa]	*to read*
	du läser	ni läser [läsa]	
	han läser	de läser [läsa]	

Past	jag läste	vi läste
	du läste	ni läste
	han läste	de läste

Future	jag ska(ll) läsa	vi ska(ll) [skola] läsa
	du ska(ll) läsa	ni ska(ll) [skola] läsa
	han ska(ll) läsa	de ska(ll) [skola] läsa

Conditional	jag skulle läsa	vi skulle läsa
	du skulle läsa	ni skulle läsa
	han skulle läsa	de skulle läsa

Present	jag har läst	vi har [ha] [hava] läst
Perfect	du har läst	ni har [ha] [hava] läst
	han har läst	de har [ha] [hava] läst

Past Perfect	jag hade läst	vi hade läst
	du hade läst	ni hade läst
	han hade läst	de hade läst

Future	jag kommer att [ska(ll)]	vi kommer att [ska(ll)] [skola]
Perfect	ha [hava] läst	ha [hava] läst
	du kommer att [ska(ll)]	ni kommer att [ska(ll)] [skola]
	ha [hava] läst	ha [hava] läst
	han kommer att [ska(ll)]	de kommer att [ska(ll)] [skola]
	ha [hava] läst	ha [hava] läst

Conditional	jag skulle ha [hava] läst	vi skulle ha [hava] läst
Perfect	du skulle ha [hava] läst	ni skulle ha [hava] läst
	han skulle ha [hava] läst	de skulle ha [hava] läst

INDICATIVE

(att) lösa (IIb)

Present	jag löser	vi löser [lösa]	*to undo,*
	du löser	ni löser [lösa]	*loosen,*
	han löser	de löser [lösa]	
Past	jag löste	vi löste	*release,*
	du löste	ni löste	*untie*
	han löste	de löste	

Future   jag ska(ll) lösa   vi ska(ll) [skola] lösa
           du ska(ll) lösa   ni ska(ll) [skola] lösa
           han ska(ll) lösa   de ska(ll) [skola] lösa

Conditional   jag skulle lösa   vi skulle lösa
                du skulle lösa   ni skulle lösa
                han skulle lösa   de skulle lösa

Present   jag har löst   vi har [ha] [hava] löst
Perfect   du har löst   ni har [ha] [hava] löst
             han har löst   de har [ha] [hava] löst

Past Perfect   jag hade löst   vi hade löst
                 du hade löst   ni hade löst
                 han hade löst   de hade löst

Future   jag kommer att [ska(ll)]   vi kommer att [ska(ll)] [skola]
Perfect   ha [hava] löst   ha [hava] löst
            du kommer att [ska(ll)]   ni kommer att [ska(ll)] [skola]
                 ha [hava] löst   ha [hava] löst
            han kommer att [ska(ll)]   de kommer att [ska(ll)] [skola]
                 ha [hava] löst   ha [hava] löst

Conditional   jag skulle ha [hava] löst   vi skulle ha [hava] löst
Perfect   du skulle ha [hava] löst   ni skulle ha [hava] löst
                han skulle ha [hava] löst   de skulle ha [hava] löst

INDICATIVE　　　　　　　　　　　　　*(att) måsta* (IV)*

Present　jag måste　　　　vi måste　　　　*to have to*
　　　　　du måste　　　　ni måste
　　　　　han måste　　　de måste　　　　*(must)*

Past　　jag måste　　　　vi måste
　　　　　du måste　　　　ni måste
　　　　　han måste　　　de måste

Future　jag måste　　　　vi måste
　　　　　du måste　　　　ni måste
　　　　　han måste　　　de måste

Conditional　jag måste　　vi måste
　　　　　du måste　　　　ni måste
　　　　　han måste　　　de måste

Present　jag har måst**　　　　vi har [ha] [hava] måst**
Perfect　du har måst　　　　　ni har [ha] [hava] måst
　　　　　han har måst　　　　de har [ha] [hava] måst

Past Perfect　jag hade måst　　vi hade måst
　　　　　du hade måst　　　　ni hade måst
　　　　　han hade måst　　　de hade måst

Future　jag kommer att [ska(ll)]　　vi kommer att [ska(ll)] [skola]
Perfect　　ha [hava] måst　　　　　ha [hava] måst
　　　　　du kommer att [ska(ll)]　　ni kommer att [ska(ll)] [skola]
　　　　　　ha [hava] måst　　　　　ha [hava] måst
　　　　　han kommer att [ska(ll)]　de kommer att [ska(ll)] [skola]
　　　　　　ha [hava] måst　　　　　ha [hava] måst

Conditional　jag skulle ha [hava] måst　　vi skulle ha [hava] måst
Perfect　du skulle ha [hava] måst　　ni skulle ha [hava] måst
　　　　　han skulle ha [hava] måst　de skulle ha [hava] måst

---

*　　the infinitive form *måsta* is found only in certain dialects (especially in Northern Sweden) and in the Swedish of Finland. Elsewhere, *vara tvungen* serves as a substitute.

**　*jag har måst* is often replaced by *jag har varit tvungen* in certain dialects; *vi har måst* is often replaced by *vi har varit tvungna*, etc.

INDICATIVE   *(att) märka (IIb)*

Present	jag märker du märker han märker	vi märker [märka] *to notice* ni märker [märka] de märker [märka]
Past	jag märkte du märkte han märkte	vi märkte ni märkte de märkte
Future	jag ska(ll) märka du ska(ll) märka han ska(ll) märka	vi ska(ll) [skola] märka ni ska(ll) [skola] märka de ska(ll) [skola] märka
Conditional	jag skulle märka du skulle märka han skulle märka	vi skulle märka ni skulle märka de skulle märka
Present *Perfect*	jag har märkt du har märkt han har märkt	vi har [ha] [hava] märkt ni har [ha] [hava] märkt de har [ha] [hava] märkt
Past Perfect	jag hade märkt du hade märkt han hade märkt	vi hade märkt ni hade märkt de hade märkt

Future
Perfect
	jag kommer att [ska(ll)]
	   ha [hava] märkt
	du kommer att [ska(ll)]
	   ha [hava] märkt
	han kommer att [ska(ll)]
	   ha [hava] märkt
		vi kommer att [ska(ll)] [skola]
		   ha [hava] märkt
		ni kommer att [ska(ll)] [skola]
		   ha [hava] märkt
		de kommer att [ska(ll)] [skola]
		   ha [hava] märkt

Conditional *Perfect*	jag skulle ha [hava] märkt du skulle ha [hava] märkt han skulle ha [hava] märkt	vi skulle ha [hava] märkt ni skulle ha [hava] märkt de skulle ha [hava] märkt

97

INDICATIVE

(att) mäta (IIb)

Present	jag mäter	vi mäter [mäta]	*to measure*
	du mäter	ni mäter [mäta]	
	han mäter	de mäter [mäta]	

Past jag mätte — vi mätte
du mätte — ni mätte
han mätte — de mätte

Future jag ska(ll) mäta — vi ska(ll) [skola] mäta
du ska(ll) mäta — ni ska(ll) [skola] mäta
han ska(ll) mäta — de ska(ll) [skola] mäta

Conditional jag skulle mäta — vi skulle mäta
du skulle mäta — ni skulle mäta
han skulle mäta — de skulle mäta

Present jag har mätt — vi har [ha] [hava] mätt
Perfect du har mätt — ni har [ha] [hava] mätt
han har mätt — de har [ha] [hava] mätt

Past Perfect jag hade mätt — vi hade mätt
du hade mätt — ni hade mätt
han hade mätt — de hade mätt

Future jag kommer att [ska(ll)] — vi kommer att [ska(ll)] [skola]
Perfect   ha [hava] mätt —   ha [hava] mätt
du kommer att [ska(ll)] — ni kommer att [ska(ll)] [skola]
   ha [hava] mätt —   ha [hava] mätt
han kommer att [ska(ll)] — de kommer att [ska(ll)] [skola]
   ha [hava] mätt —   ha [hava] mätt

Conditional jag skulle ha [hava] mätt — vi skulle ha [hava] mätt
Perfect du skulle ha [hava] mätt — ni skulle ha [hava] mätt
han skulle ha [hava] mätt — de skulle ha [hava] mätt

INDICATIVE

(att) niga (IV)
to curtsy

Present	jag niger	vi niger [niga]
	du niger	ni niger [niga]
	han niger	de niger [niga]
Past	jag neg	vi neg [nego]
	du neg	ni neg [nego]
	han neg	de neg [nego]
Future	jag ska(ll) niga	vi ska(ll) [skola] niga
	du ska(ll) niga	ni ska(ll) [skola] niga
	han ska(ll) niga	de ska(ll) [skola] niga
Conditional	jag skulle niga	vi skulle niga
	du skulle niga	ni skulle niga
	han skulle niga	de skulle niga
Present Perfect	jag har nigit	vi har [ha] [hava] nigit
	du har nigit	ni har [ha] [hava] nigit
	han har nigit	de har [ha] [hava] nigit
Past Perfect	jag hade nigit	vi hade nigit
	du hade nigit	ni hade nigit
	han hade nigit	de hade nigit
Future Perfect	jag kommer att [ska(ll)] ha [hava] nigit	vi kommer att [ska(ll)] [skola] ha [hava] nigit
	du kommer att [ska(ll)] ha [hava] nigit	ni kommer att [ska(ll)] [skola] ha [hava] nigit
	han kommer att [ska(ll)] ha [hava] nigit	de kommer att [ska(ll)] [skola] ha [hava] nigit
Conditional Perfect	jag skulle ha [hava] nigit	vi skulle ha [hava] nigit
	du skulle ha [hava] nigit	ni skulle ha [hava] nigit
	han skulle ha [hava] nigit	de skulle ha [hava] nigit

INDICATIVE

(att) njuta (IV)
to enjoy

Present	jag njuter	vi njuter [njuta]
	du njuter	ni njuter [njuta]
	han njuter	de njuter [njuta]
Past	jag njöt	vi njöt [njöto]
	du njöt	ni njöt [njöto]
	han njöt	de njöt [njöto]
Future	jag ska(ll) njuta	vi ska(ll) [skola] njuta
	du ska(ll) njuta	ni ska(ll) [skola] njuta
	han ska(ll) njuta	de ska(ll) [skola] njuta
Conditional	jag skulle njuta	vi skulle njuta
	du skulle njuta	ni skulle njuta
	han skulle njuta	de skulle njuta
Present Perfect	jag har njutit	vi har [ha] [hava] njutit
	du har njutit	ni har [ha] [hava] njutit
	han har njutit	de har [ha] [hava] njutit
Past Perfect	jag hade njutit	vi hade njutit
	du hade njutit	ni hade njutit
	han hade njutit	de hade njutit
Future Perfect	jag kommer att [ska(ll)] ha [hava] njutit	vi kommer att [ska(ll)] [skola] ha [hava] njutit
	du kommer att [ska(ll)] ha [hava] njutit	ni kommer att [ska(ll)] [skola] ha [hava] njutit
	han kommer att [ska(ll)] ha [hava] njutit	de kommer att [ska(ll)] [skola] ha [hava] njutit
Conditional Perfect	jag skulle ha [hava] njutit	vi skulle ha [hava] njutit
	du skulle ha [hava] njutit	ni skulle ha [hava] njutit
	han skulle ha [hava] njutit	de skulle ha [hava] njutit

INDICATIVE		*(att) nysa (IV or IIb)*

to sneeze

Present	jag nyser	vi nyser [nysa]
	du nyser	ni nyser [nysa]
	han nyser	de nyser [nysa]
Past	jag nös (nyste)	vi nös (nyste) [nöso]
	du nös (nyste)	ni nös (nyste) [nöso]
	han nös (nyste)	de nös (nyste) [nöso]
Future	jag ska(ll) nysa	vi ska(ll) [skola] nysa
	du ska(ll) nysa	ni ska(ll) [skola] nysa
	han ska(ll) nysa	de ska(ll) [skola] nysa
Conditional	jag skulle nysa	vi skulle nysa
	du skulle nysa	ni skulle nysa
	han skulle nysa	de skulle nysa
Present Perfect	jag har nyst (nysit)	vi har [ha] [hava] nyst (nysit)
	du har nyst (nysit)	ni har [ha] [hava] nyst (nysit)
	han har nyst (nysit)	de har [ha] [hava] nyst (nysit)
Past Perfect	jag hade nyst (nysit)	vi hade nyst (nysit)
	du hade nyst (nysit)	ni hade nyst (nysit)
	han hade nyst (nysit)	de hade nyst (nysit)
Future Perfect	jag kommer att [ska(ll)] ha [hava] nyst (nysit)	vi kommer att [ska(ll)] [skola] ha [hava] nyst (nysit)
	du kommer att [ska(ll)] ha [hava] nyst (nysit)	ni kommer att [ska(ll)] [skola] ha [hava] nyst (nysit)
	han kommer att [ska(ll)] ha [hava] nyst (nysit)	de kommer att [ska(ll)] [skola] ha [hava] nyst (nysit)
Conditional Perfect	jag skulle ha [hava] nyst (nysit)	vi skulle ha [hava] nyst (nysit)
	du skulle ha [hava] nyst (nysit)	ni skulle ha [hava] nyst (nysit)
	han skulle ha [hava] nyst (nysit)	de skulle ha [hava] nyst (nysit)

* the supine *nusit* is rare.

101

INDICATIVE

(att) nå (III)

to reach,

attain

Present	jag når	vi når [nå]
	du når	ni når [nå]
	han når	de når [nå]
Past	jag nådde	vi nådde
	du nådde	ni nådde
	han nådde	de nådde
Future	jag ska(ll) nå	vi ska(ll) [skola] nå
	du ska(ll) nå	ni ska(ll) [skola] nå
	han ska(ll) nå	de ska(ll) [skola] nå
Conditional	jag skulle nå	vi skulle nå
	du skulle nå	ni skulle nå
	han skulle nå	de skulle nå
Present	jag har nått	vi har [ha] [hava] nått
Perfect	du har nått	ni har [ha] [hava] nått
	han har nått	de har [ha] [hava] nått
Past Perfect	jag hade nått	vi hade nått
	du hade nått	ni hade nått
	han hade nått	de hade nått
Future	jag kommer att [ska(ll)]	vi kommer att [ska(ll)] [skola]
Perfect	ha [hava] nått	ha [hava] nått
	du kommer att [ska(ll)]	ni kommer att [ska(ll)] [skola]
	ha [hava] nått	ha [hava] nått
	han kommer att [ska(ll)]	de kommer att [ska(ll)] [skola]
	ha [hava] nått	ha [hava] nått
Conditional	jag skulle ha [hava] nått	vi skulle ha [hava] nått
Perfect	du skulle ha [hava] nått	ni skulle ha [hava] nått
	han skulle ha [hava] nått	de skulle ha [hava] nått

INDICATIVE

(att) ordna (I)

to arrange,

settle

Present	jag ordnar	vi ordnar [ordna]
	du ordnar	ni ordnar [ordna]
	han ordnar	de ordnar [ordna]
Past	jag ordnade	vi ordnade
	du ordnade	ni ordnade
	han ordnade	de ordnade
Future	jag ska(ll) ordna	vi ska(ll) [skola] ordna
	du ska(ll) ordna	ni ska(ll) [skola] ordna
	han ska(ll) ordna	de ska(ll) [skola] ordna
Conditional	jag skulle ordna	vi skulle ordna
	du skulle ordna	ni skulle ordna
	han skulle ordna	de skulle ordna
Present	jag har ordnat	vi har [ha] [hava] ordnat
Perfect	du har ordnat	ni har [ha] [hava] ordnat
	han har ordnat	de har [ha] [hava] ordnat
Past Perfect	jag hade ordnat	vi hade ordnat
	du hade ordnat	ni hade ordnat
	han hade ordnat	de hade ordnat
Future	jag kommer att [ska(ll)]	vi kommer att [ska(ll)] [skola]
Perfect	ha [hava] ordnat	ha [hava] ordnat
	du kommer att [ska(ll)]	ni kommer att [ska(ll)] [skola]
	ha [hava] ordnat	ha [hava] ordnat
	han kommer att [ska(ll)]	de kommer att [ska(ll)] [skola]
	ha [hava] ordnat	ha [hava] ordnat
Conditional	jag skulle ha [hava] ordnat	vi skulle ha [hava] ordnat
Perfect	du skulle ha [hava] ordnat	ni skulle ha [hava] ordnat
	han skulle ha [hava] ordnat	de skulle ha [hava] ordnat

INDICATIVE

(att) pipa (IV)
to pipe;
peep;
chirp

Present	jag piper	vi piper [pipa]
	du piper	ni piper [pipa]
	han piper	de piper [pipa]

Past	jag pep	vi pep [pepo]
	du pep	ni pep [pepo]
	han pep	de pep [pepo]

Future	jag ska(ll) pipa	vi ska(ll) [skola] pipa
	du ska(ll) pipa	ni ska(ll) [skola] pipa
	han ska(ll) pipa	de ska(ll) [skola] pipa

Conditional	jag skulle pipa	vi skulle pipa
	du skulle pipa	ni skulle pipa
	han skulle pipa	de skulle pipa

Present *Perfect*	jag har pipit	vi har [ha] [hava] pipit
	du har pipit	ni har [ha] [hava] pipit
	han har pipit	de har [ha] [hava] pipit

Past Perfect	jag hade pipit	vi hade pipit
	du hade pipit	ni hade pipit
	han hade pipit	de hade pipit

Future *Perfect*	jag kommer att [ska(ll)] ha [hava] pipit	vi kommer att [ska(ll)] [skola] ha [hava] pipit
	du kommer att [ska(ll)] ha [hava] pipit	ni kommer att [ska(ll)] [skola] ha [hava] pipit
	han kommer att [ska(ll)] ha [hava] pipit	de kommer att [ska(ll)] [skola] ha [hava] pipit

Conditional *Perfect*	jag skulle ha [hava] pipit	vi skulle ha [hava] pipit
	du skulle ha [hava] pipit	ni skulle ha [hava] pipit
	han skulle ha [hava] pipit	de skulle ha [hava] pipit

INDICATIVE

(att) prata (I)
to talk,
chat

Present	jag pratar	vi pratar [prata]
	du pratar	ni pratar [prata]
	han pratar	de pratar [prata]
Past	jag pratade	vi pratade
	du pratade	ni pratade
	han pratade	de pratade
Future	jag ska(ll) prata	vi ska(ll) [skola] prata
	du ska(ll) prata	ni ska(ll) [skola] prata
	han ska(ll) prata	de ska(ll) [skola] prata
Conditional	jag skulle prata	vi skulle prata
	du skulle prata	ni skulle prata
	han skulle prata	de skulle prata
Present Perfect	jag har pratat	vi har [ha] [hava] pratat
	du har pratat	ni har [ha] [hava] pratat
	han har pratat	de har [ha] [hava] pratat
Past Perfect	jag hade pratat	vi hade pratat
	du hade pratat	ni hade pratat
	han hade pratat	de hade pratat
Future Perfect	jag kommer att [ska(ll)] ha [hava] pratat	vi kommer att [ska(ll)] [skola] ha [hava] pratat
	du kommer att [ska(ll)] ha [hava] pratat	ni kommer att [ska(ll)] [skola] ha [hava] pratat
	han kommer att [ska(ll)] ha [hava] pratat	de kommer att [ska(ll)] [skola] ha [hava] pratat
Conditional Perfect	jag skulle ha [hava] pratat	vi skulle ha [hava] pratat
	du skulle ha [hava] pratat	ni skulle ha [hava] pratat
	han skulle ha [hava] pratat	de skulle ha [hava] pratat

INDICATIVE   *(att) pröva (I)*

Present   jag prövar   vi prövar [pröva]   *to try*
            du prövar   ni prövar [pröva]
            han prövar   de prövar [pröva]

Past   jag prövade   vi prövade
            du prövade   ni prövade
            han prövade   de prövade

Future   jag ska(ll) pröva   vi ska(ll) [skola] pröva
            du ska(ll) pröva   ni ska(ll) [skola] pröva
            han ska(ll) pröva   de ska(ll) [skola] pröva

Conditional jag skulle pröva   vi skulle pröva
               du skulle pröva   ni skulle pröva
               han skulle pröva   de skulle pröva

Present   jag har prövat   vi har [ha] [hava] prövat
Perfect   du har prövat   ni har [ha] [hava] prövat
            han har prövat   de har [ha] [hava] prövat

Past Perfect jag hade prövat   vi hade prövat
                du hade prövat   ni hade prövat
                han hade prövat   de hade prövat

Future   jag kommer att [ska(ll)]   vi kommer att [ska(ll)] [skola]
Perfect   ha [hava] prövat   ha [hava] prövat
            du kommer att [ska(ll)]   ni kommer att [ska(ll)] [skola]
               ha [hava] prövat   ha [hava] prövat
            han kommer att [ska(ll)]   de kommer att [ska(ll)] [skola]
               ha [hava] prövat   ha [hava] prövat

Conditional jag skulle ha [hava] prövat   vi skulle ha [hava] prövat
Perfect   du skulle ha [hava] prövat   ni skulle ha [hava] prövat
               han skulle ha [hava] prövat   de skulle ha [hava] prövat

INDICATIVE

(att) resa (IIb)

to go,

travel,

leave,

depart

Present	jag reser	vi reser [resa]
	du reser	ni reser [resa]
	han reser	de reser [resa]
Past	jag reste	vi reste
	du reste	ni reste
	han reste	de reste
Future	jag ska(ll) resa	vi ska(ll) [skola] resa
	du ska(ll) resa	ni ska(ll) [skola] resa
	han ska(ll) resa	de ska(ll) [skola] resa
Conditional	jag skulle resa	vi skulle resa
	du skulle resa	ni skulle resa
	han skulle resa	de skulle resa
Present Perfect	jag har rest	vi har [ha] [hava] rest
	du har rest	ni har [ha] [hava] rest
	han har rest	de har [ha] [hava] rest
Past Perfect	jag hade rest	vi hade rest
	du hade rest	ni hade rest
	han hade rest	de hade rest
Future Perfect	jag kommer att [ska(ll)] ha [hava] rest	vi kommer att [ska(ll)] [skola] ha [hava] rest
	du kommer att [ska(ll)] ha [hava] rest	ni kommer att [ska(ll)] [skola] ha [hava] rest
	han kommer att [ska(ll)] ha [hava] rest	de kommer att [ska(ll)] [skola] ha [hava] rest
Conditional Perfect	jag skulle ha [hava] rest	vi skulle ha [hava] rest
	du skulle ha [hava] rest	ni skulle ha [hava] rest
	han skulle ha [hava] rest	de skulle ha [hava] rest

INDICATIVE

(att) rida (IV)
to ride
(horseback)

Present	jag rider	vi rider [rida]
	du rider	ni rider [rida]
	han rider	de rider [rida]
Past	jag red	vi red [redo]
	du red	ni red [redo]
	han red	de red [redo]
Future	jag ska(ll) rida	vi ska(ll) [skola] rida
	du ska(ll) rida	ni ska(ll) [skola] rida
	han ska(ll) rida	de ska(ll) [skola] rida
Conditional	jag skulle rida	vi skulle rida
	du skulle rida	ni skulle rida
	han skulle rida	de skulle rida
Present Perfect	jag har ridit	vi har [ha] [hava] ridit
	du har ridit	ni har [ha] [hava] ridit
	han har ridit	de har [ha] [hava] ridit
Past Perfect	jag hade ridit	vi hade ridit
	du hade ridit	ni hade ridit
	han hade ridit	de hade ridit
Future Perfect	jag kommer att [ska(ll)] ha [hava] ridit	vi kommer att [ska(ll)] [skola] ha [hava] ridit
	du kommer att [ska(ll)] ha [hava] ridit	ni kommer att [ska(ll)] [skola] ha [hava] ridit
	han kommer att [ska(ll)] ha [hava] ridit	de kommer att [ska(ll)] [skola] ha [hava] ridit
Conditional Perfect	jag skulle ha [hava] ridit	vi skulle ha [hava] ridit
	du skulle ha [hava] ridit	ni skulle ha [hava] ridit
	han skulle ha [hava] ridit	de skulle ha [hava] ridit

INDICATIVE

(att) ringa (IIa)
to ring,
chime,
toll, call

Present   jag ringer   vi ringer [ringa]
            du ringer   ni ringer [ringa]
            han ringer   de ringer [ringa]

Past   jag ringde   vi ringde
            du ringde   ni ringde
            han ringde   de ringde

Future   jag ska(ll) ringa   vi ska(ll) [skola] ringa
            du ska(ll) ringa   ni ska(ll) [skola] ringa
            han ska(ll) ringa   de ska(ll) [skola] ringa

Conditional jag skulle ringa   vi skulle ringa
               du skulle ringa   ni skulle ringa
               han skulle ringa   de skulle ringa

Present   jag har ringt   vi har [ha] [hava] ringt
Perfect   du har ringt   ni har [ha] [hava] ringt
            han har ringt   de har [ha] [hava] ringt

Past Perfect jag hade ringt   vi hade ringt
                du hade ringt   ni hade ringt
                han hade ringt   de hade ringt

Future   jag kommer att [ska(ll)]   vi kommer att [ska(ll)] [skola]
Perfect   ha [hava] ringt   ha [hava] ringt
            du kommer att [ska(ll)]   ni kommer att [ska(ll)] [skola]
                ha [hava] ringt   ha [hava] ringt
            han kommer att [ska(ll)]   de kommer att [ska(ll)] [skola]
                ha [hava] ringt   ha [hava] ringt

Conditional jag skulle ha [hava] ringt   vi skulle ha [hava] ringt
Perfect   du skulle ha [hava] ringt   ni skulle ha [hava] ringt
               han skulle ha [hava] ringt   de skulle ha [hava] ringt

	INDICATIVE	*(att) rinna* (IV)*
		to run, flow
Present	den rinner	
	det rinner	de rinner [rinna]
Past	den rann	
	det rann	de rann [runno]
Future	den ska(ll) rinna	
	det ska(ll) rinna	de ska(ll) [skola] rinna
Conditional	den skulle rinna	
	det skulle rinna	de skulle rinna
Present Perfect	den har runnit	
	det har runnit	de har [ha] [hava] runnit
Past Perfect	den hade runnit	
	det hade runnit	de hade runnit
Future Perfect	den kommer att [ska(ll)] ha [hava] runnit	
	det kommer att [ska(ll)] ha [hava] runnit	de kommer att [ska(ll)] [skola] ha [hava] runnit
Conditional Perfect	den skulle ha [hava] runnit	
	det skulle ha [hava] runnit	de skulle ha [hava] runnit

* as *rinna* is an impersonal verb, its usage is for all practical purposes restricted to the third person; the imperative is only theoretical. While other grammatical persons might be conceivable poetically, it would be highly unlikely to encounter such forms, and thus it was decided to omit them here.

INDICATIVE

(att) rita (I)
to draw,
sketch,
outline

Present	jag ritar	vi ritar [rita]
	du ritar	ni ritar [rita]
	han ritar	de ritar [rita]
Past	jag ritade	vi ritade
	du ritade	ni ritade
	han ritade	de ritade
Future	jag ska(ll) rita	vi ska(ll) [skola] rita
	du ska(ll) rita	ni ska(ll) [skola] rita
	han ska(ll) rita	de ska(ll) [skola] rita
Conditional	jag skulle rita	vi skulle rita
	du skulle rita	ni skulle rita
	han skulle rita	de skulle rita
Present Perfect	jag har ritat	vi har [ha] [hava] ritat
	du har ritat	ni har [ha] [hava] ritat
	han har ritat	de har [ha] [hava] ritat
Past Perfect	jag hade ritat	vi hade ritat
	du hade ritat	ni hade ritat
	han hade ritat	de hade ritat
Future Perfect	jag kommer att [ska(ll)] ha [hava] ritat	vi kommer att [ska(ll)] [skola] ha [hava] ritat
	du kommer att [ska(ll)] ha [hava] ritat	ni kommer att [ska(ll)] [skola] ha [hava] ritat
	han kommer att [ska(ll)] ha [hava] ritat	de kommer att [ska(ll)] [skola] ha [hava] ritat
Conditional Perfect	jag skulle ha [hava] ritat	vi skulle ha [hava] ritat
	du skulle ha [hava] ritat	ni skulle ha [hava] ritat
	han skulle ha [hava] ritat	de skulle ha [hava] ritat

INDICATIVE

(att) riva (IV)
to tear,
scratch

Present	jag river	vi river [riva]
	du river	ni river [riva]
	han river	de river [riva]
Past	jag rev	vi rev [revo]
	du rev	ni rev [revo]
	han rev	de rev [revo]
Future	jag ska(ll) riva	vi ska(ll) [skola] riva
	du ska(ll) riva	ni ska(ll) [skola] riva
	han ska(ll) riva	de ska(ll) [skola] riva
Conditional	jag skulle riva	vi skulle riva
	du skulle riva	ni skulle riva
	han skulle riva	de skulle riva
Present	jag har rivit	vi har [ha] [hava] rivit
Perfect	du har rivit	ni har [ha] [hava] rivit
	han har rivit	de har [ha] [hava] rivit
Past Perfect	jag hade rivit	vi hade rivit
	du hade rivit	ni hade rivit
	han hade rivit	de hade rivit
Future	jag kommer att [ska(ll)]	vi kommer att [ska(ll)] [skola]
Perfect	ha [hava] rivit	ha [hava] rivit
	du kommer att [ska(ll)]	ni kommer att [ska(ll)] [skola]
	ha [hava] rivit	ha [hava] rivit
	han kommer att [ska(ll)]	de kommer att [ska(ll)] [skola]
	ha [hava] rivit	ha [hava] rivit
Conditional	jag skulle ha [hava] rivit	vi skulle ha [hava] rivit
Perfect	du skulle ha [hava] rivit	ni skulle ha [hava] rivit
	han skulle ha [hava] rivit	de skulle ha [hava] rivit

INDICATIVE

(att) ryta (IV)

to roar,

yell, shout

Present	jag ryter	vi ryter [ryta]
	du ryter	ni ryter [ryta]
	han ryter	de ryter [ryta]

Past	jag röt	vi röt [röto]
	du röt	ni röt [röto]
	han röt	de röt [röto]

Future	jag ska(ll) ryta	vi ska(ll) [skola] ryta
	du ska(ll) ryta	ni ska(ll) [skola] ryta
	⌐han ska(ll) ryta	de ska(ll) [skola] ryta

Conditional	jag skulle ryta	vi skulle ryta
	du skulle ryta	ni skulle ryta
	han skulle ryta	de skulle ryta

Present	jag har rutit (rytit)	vi har [ha] [hava] rutit (rytit)
Perfect	du har rutit (rytit)	ni har [ha] [hava] rutit (rytit)
	han har rutit (rytit)	de har [ha] [hava] rutit (rytit)

Past Perfect	jag hade rutit (rytit)	vi hade rutit (rytit)
	du hade rutit (rytit)	ni hade rutit (rytit)
	han hade rutit (rytit)	de hade rutit (rytit)

Future	jag kommer att [ska(ll)]	vi kommer att [ska(ll)] [skola]
Perfect	ha [hava] rutit (rytit)	ha [hava] rutit (rytit)
	du kommer att [ska(ll)]	ni kommer att [ska(ll)] [skola]
	ha [hava] rutit (rytit)	ha [hava] rutit (rytit)
	han kommer att [ska(ll)]	de kommer att [ska(ll)] [skola]
	ha [hava] rutit (rytit)	ha [hava] rutit (rytit)

Conditional	jag skulle ha [hava] rutit (rytit)	vi skulle ha [hava] rutit (rytit)
Perfect	du skulle ha [hava] rutit (rytit)	ni skulle ha [hava] rutit (rytit)
	han skulle ha [hava] rutit (rytit)	de skulle ha [hava] rutit (rytit)

INDICATIVE   *(att) råda (IIa)*

Present	jag råder	vi råder [råda]	*to advise,*
	du råder	ni råder [råda]	*counsel*
	han råder	de råder [råda]	

Past jag rådde   vi rådde
       du rådde   ni rådde
       han rådde   de rådde

Future jag ska(ll) råda   vi ska(ll) [skola] råda
         du ska(ll) råda   ni ska(ll) [skola] råda
         han ska(ll) råda   de ska(ll) [skola] råda

Conditional jag skulle råda   vi skulle råda
              du skulle råda   ni skulle råda
              han skulle råda   de skulle råda

Present   jag har rått   vi har [ha] [hava] rått
Perfect   du har rått   ni har [ha] [hava] rått
           han har rått   de har [ha] [hava] rått

Past Perfect jag hade rått   vi hade rått
               du hade rått   ni hade rått
               han hade rått   de hade rått

Future   jag kommer att [ska(ll)]   vi kommer att [ska(ll)] [skola]
Perfect   ha [hava] rått   ha [hava] rått
          du kommer att [ska(ll)]   ni kommer att [ska(ll)] [skola]
             ha [hava] rått   ha [hava] rått
          han kommer att [ska(ll)]   de kommer att [ska(ll)] [skola]
             ha [hava] rått   ha [hava] rått

Conditional jag skulle ha [hava] rått   vi skulle ha [hava] rått
Perfect   du skulle ha [hava] rått   ni skulle ha [hava] rått
              han skulle ha [hava] rått   de skulle ha [hava] rått

INDICATIVE

(att) räkna (I)

to count

Present	jag räknar	vi räknar [räkna]
	du räknar	ni räknar [räkna]
	han räknar	de räknar [räkna]
Past	jag räknade	vi räknade
	du räknade	ni räknade
	han räknade	de räknade
Future	jag ska(ll) räkna	vi ska(ll) [skola] räkna
	du ska(ll) räkna	ni ska(ll) [skola] räkna
	han ska(ll) räkna	de ska(ll) [skola] räkna
Conditional	jag skulle räkna	vi skulle räkna
	du skulle räkna	ni skulle räkna
	han skulle räkna	de skulle räkna
Present Perfect	jag har räknat	vi har [ha] [hava] räknat
	du har räknat	ni har [ha] [hava] räknat
	han har räknat	de har [ha] [hava] räknat
Past Perfect	jag hade räknat	vi hade räknat
	du hade räknat	ni hade räknat
	han hade räknat	de hade räknat
Future Perfect	jag kommer att [ska(ll)] ha [hava] räknat	vi kommer att [ska(ll)] [skola] ha [hava] räknat
	du kommer att [ska(ll)] ha [hava] räknat	ni kommer att [ska(ll)] [skola] ha [hava] räknat
	han kommer att [ska(ll)] ha [hava] räknat	de kommer att [ska(ll)] [skola] ha [hava] räknat
Conditional Perfect	jag skulle ha [hava] räknat	vi skulle ha [hava] räknat
	du skulle ha [hava] räknat	ni skulle ha [hava] räknat
	han skulle ha [hava] räknat	de skulle ha [hava] räknat

INDICATIVE   *(att) röka (IIb)*

Present jag röker   vi röker [röka]   *to smoke*
           du röker   ni röker [röka]
           han röker   de röker [röka]

Past   jag rökte   vi rökte
           du rökte   ni rökte
           han rökte   de rökte

Future   jag ska(ll) röka   vi ska(ll) [skola] röka
           du ska(ll) röka   ni ska(ll) [skola] röka
           han ska(ll) röka   de ska(ll) [skola] röka

Conditional jag skulle röka   vi skulle röka
               du skulle röka   ni skulle röka
               han skulle röka   de skulle röka

Present jag har rökt   vi har [ha] [hava] rökt
Perfect du har rökt   ni har [ha] [hava] rökt
           han har rökt   de har [ha] [hava] rökt

Past Perfect jag hade rökt   vi hade rökt
                du hade rökt   ni hade rökt
                han hade rökt   de hade rökt

Future   jag kommer att [ska(ll)]   vi kommer att [ska(ll)] [skola]
Perfect   ha [hava] rökt   ha [hava] rökt
           du kommer att [ska(ll)]   ni kommer att [ska(ll)] [skola]
               ha [hava] rökt   ha [hava] rökt
           han kommer att [ska(ll)]   de kommer att [ska(ll)] [skola]
               ha [hava] rökt   ha [hava] rökt

Conditional jag skulle ha [hava] rökt   vi skulle ha [hava] rökt
Perfect   du skulle ha [hava] rökt   ni skulle ha [hava] rökt
               han skulle ha [hava] rökt   de skulle ha [hava] rökt

INDICATIVE

(att) röra (IIa)

to move,
touch

Present	jag rör	vi rör [röra]
	du rör	ni rör [röra]
	han rör	de rör [röra]

Past	jag rörde	vi rörde
	du rörde	ni rörde
	han rörde	de rörde

Future	jag ska(ll) röra	vi ska(ll) [skola] röra
	du ska(ll) röra	ni ska(ll) [skola] röra
	han ska(ll) röra	de ska(ll) [skola] röra

Conditional	jag skulle röra	vi skulle röra
	du skulle röra	ni skulle röra
	han skulle röra	de skulle röra

Present	jag har rört	vi har [ha] [hava] rört
Perfect	du har rört	ni har [ha] [hava] rört
	han har rört	de har [ha] [hava] rört

Past Perfect	jag hade rört	vi hade rört
	du hade rört	ni hade rört
	han hade rört	de hade rört

Future	jag kommer att [ska(ll)]	vi kommer att [ska(ll)] [skola]
Perfect	ha [hava] rört	ha [hava] rört
	du kommer att [ska(ll)]	ni kommer att [ska(ll)] [skola]
	ha [hava] rört	ha [hava] rört
	han kommer att [ska(ll)]	de kommer att [ska(ll)] [skola]
	ha [hava] rört	ha [hava] rört

Conditional	jag skulle ha [hava] rört	vi skulle ha [hava] rört
Perfect	du skulle ha [hava] rört	ni skulle ha [hava] rört
	han skulle ha [hava] rört	de skulle ha [hava] rört

117

INDICATIVE

(att) samla (I)
to collect

Present jag samlar
du samlar
han samlar

vi samlar [samla]
ni samlar [samla]
de samlar [samla]

Past jag samlade
du samlade
han samlade

vi samlade
ni samlade
de samlade

Future jag ska(ll) samla
du ska(ll) samla
han ska(ll) samla

vi ska(ll) [skola] samla
ni ska(ll) [skola] samla
de ska(ll) [skola] samla

Conditional jag skulle samla
du skulle samla
han skulle samla

vi skulle samla
ni skulle samla
de skulle samla

Present Perfect jag har samlat
du har samlat
han har samlat

vi har [ha] [hava] samlat
ni har [ha] [hava] samlat
de har [ha] [hava] samlat

Past Perfect jag hade samlat
du hade samlat
han hade samlat

vi hade samlat
ni hade samlat
de hade samlat

Future Perfect jag kommer att [ska(ll)]
ha [hava] samlat
du kommer att [ska(ll)]
ha [hava] samlat
han kommer att [ska(ll)]
ha [hava] samlat

vi kommer att [ska(ll)] [skola]
ha [hava] samlat
ni kommer att [ska(ll)] [skola]
ha [hava] samlat
de kommer att [ska(ll)] [skola]
ha [hava] samlat

Conditional Perfect jag skulle ha [hava] samlat
du skulle ha [hava] samlat
han skulle ha [hava] samlat

vi skulle ha [hava] samlat
ni skulle ha [hava] samlat
de skulle ha [hava] samlat

INDICATIVE

(att) se (IV)

to see

Present	jag ser	vi ser [se]
	du ser	ni ser [se]
	han ser	de ser [se]

Past	jag såg	vi såg [sågo]
	du såg	ni såg [sågo]
	han såg	de såg [sågo]

Future	jag ska(ll) se	vi ska(ll) [skola] se
	du ska(ll) se	ni ska(ll) [skola] se
	han ska(ll) se	de ska(ll) [skola] se

Conditional	jag skulle se	vi skulle se
	du skulle se	ni skulle se
	han skulle se	de skulle se

Present Perfect	jag har sett	vi har [ha] [hava] sett
	du har sett	ni har [ha] [hava] sett
	han har sett	de har [ha] [hava] sett

Past Perfect	jag hade sett	vi hade sett
	du hade sett	ni hade sett
	han hade sett	de hade sett

Future Perfect	jag kommer att [ska(ll)] ha [hava] sett	vi kommer att [ska(ll)] [skola] ha [hava] sett
	du kommer att [ska(ll)] ha [hava] sett	ni kommer att [ska(ll)] [skola] ha [hava] sett
	han kommer att [ska(ll)] ha [hava] sett	de kommer att [ska(ll)] [skola] ha [hava] sett

Conditional Perfect	jag skulle ha [hava] sett	vi skulle ha [hava] sett
	du skulle ha [hava] sett	ni skulle ha [hava] sett
	han skulle ha [hava] sett	de skulle ha [hava] sett

INDICATIVE

(att) sitta (IV)
to sit

Present jag sitter   vi sitter [sitta]
           du sitter   ni sitter [sitta]
           han sitter   de sitter [sitta]

Past   jag satt   vi satt [sutto]
           du satt   ni satt [sutto]
           han satt   de satt [sutto]

Future   jag ska(ll) sitta   vi ska(ll) [skola] sitta
           du ska(ll) sitta   ni ska(ll) [skola] sitta
           han ska(ll) sitta   de ska(ll) [skola] sitta

Conditional jag skulle sitta   vi skulle sitta
               du skulle sitta   ni skulle sitta
               han skulle sitta   de skulle sitta

Present   jag har suttit (setat)   vi har [ha] [hava] suttit (setat)
Perfect   du har suttit (setat)   ni har [ha] [hava] suttit (setat)
            han har suttit (setat)   de har [ha] [hava] suttit (setat)

Past Perfect jag hade suttit (setat)   vi hade suttit (setat)
                du hade suttit (setat)   ni hade suttit (setat)
                han hade suttit (setat)   de hade suttit (setat)

Future   jag kommer att [ska(ll)]   vi kommer att [ska(ll)] [skola]
Perfect   ha [hava] suttit (setat)   ha [hava] suttit (setat)
            du kommer att [ska(ll)]   ni kommer att [ska(ll)] [skola]
                ha [hava] suttit (setat)   ha [hava] suttit (setat)
            han kommer att [ska(ll)]   de kommer att [ska(ll)] [skola]
                ha [hava] suttit (setat)   ha [hava] suttit (setat)

Conditional jag skulle ha [hava] suttit (setat)   vi skulle ha [hava] suttit (setat)
Perfect   du skulle ha [hava] suttit (setat)   ni skulle ha [hava] suttit (setat)
               han skulle ha [hava] suttit (setat)   de skulle ha [hava] suttit (setat)

INDICATIVE

(att) sjuda* (IV)

to seethe, simmer, boil

Present	jag sjuder	vi sjuder [sjuda]
	du sjuder	ni sjuder [sjuda]
	han sjuder	de sjuder [sjuda]
Past	jag sjöd	vi sjöd [sjödo]
	du sjöd	ni sjöd [sjödo]
	han sjöd	de sjöd [sjödo]
Future	jag ska(ll) sjuda	vi ska(ll) [skola] sjuda
	du ska(ll) sjuda	ni ska(ll) [skola] sjuda
	han ska(ll) sjuda	de ska(ll) [skola] sjuda
Conditional	jag skulle sjuda	vi skulle sjuda
	du skulle sjuda	ni skulle sjuda
	han skulle sjuda	de skulle sjuda
Present Perfect	jag har sjudit	vi har [ha] [hava] sjudit
	du har sjudit	ni har [ha] [hava] sjudit
	han har sjudit	de har [ha] [hava] sjudit
Past Perfect	jag hade sjudit	vi hade sjudit
	du hade sjudit	ni hade sjudit
	han hade sjudit	de hade sjudit
Future Perfect	jag kommer att [ska(ll)] ha [hava] sjudit	vi kommer att [ska(ll)] [skola] ha [hava] sjudit
	du kommer att [ska(ll)] ha [hava] sjudit	ni kommer att [ska(ll)] [skola] ha [hava] sjudit
	han kommer att [ska(ll)] ha [hava] sjudit	de kommer att [ska(ll)] [skola] ha [hava] sjudit
Conditional Perfect	jag skulle ha [hava] sjudit	vi skulle ha [hava] sjudit
	du skulle ha [hava] sjudit	ni skulle ha [hava] sjudit
	han skulle ha [hava] sjudit	de skulle ha [hava] sjudit

---

* *sjuda* is normally an impersonal verb used in the third person; however, it can be used figuratively in other persons: *jag sjuder av ilska* 'I am seething with anger'; *vi sjöd av vrede* 'we were boiling with rage'; etc.

INDICATIVE

(att) sjunga (IV)

to sing

Present	jag sjunger	vi sjunger [sjunga]
	du sjunger	ni sjunger [sjunga]
	han sjunger	de sjunger [sjunga]
Past	jag sjöng	vi sjöng [sjöngo]
	du sjöng	ni sjöng [sjöngo]
	han sjöng	de sjöng [sjöngo]
Future	jag ska(ll) sjunga	vi ska(ll) [skola] sjunga
	du ska(ll) sjunga	ni ska(ll) [skola] sjunga
	han ska(ll) sjunga	de ska(ll) [skola] sjunga
Conditional	jag skulle sjunga	vi skulle sjunga
	du skulle sjunga	ni skulle sjunga
	han skulle sjunga	de skulle sjunga
Present	jag har sjungit	vi har [ha] [hava] sjungit
Perfect	du har sjungit	ni har [ha] [hava] sjungit
	han har sjungit	de har [ha] [hava] sjungit
Past Perfect	jag hade sjungit	vi hade sjungit
	du hade sjungit	ni hade sjungit
	han hade sjungit	de hade sjungit
Future	jag kommer att [ska(ll)]	vi kommer att [ska(ll)] [skola]
Perfect	ha [hava] sjungit	ha [hava] sjungit
	du kommer att [ska(ll)]	ni kommer att [ska(ll)] [skola]
	ha [hava] sjungit	ha [hava] sjungit
	han kommer att [ska(ll)]	de kommer att [ska(ll)] [skola]
	ha [hava] sjungit	ha [hava] sjungit
Conditional	jag skulle ha [hava] sjungit	vi skulle ha [hava] sjungit
Perfect	du skulle ha [hava] sjungit	ni skulle ha [hava] sjungit
	han skulle ha [hava] sjungit	de skulle ha [hava] sjungit

INDICATIVE
(att) sjunka (IV)

Present	jag sjunker	vi sjunker [sjunka]	*to sink,*
	du sjunker	ni sjunker [sjunka]	*settle,*
	han sjunker	de sjunker [sjunka]	*decline*
Past	jag sjönk	vi sjönk [sjönko]	
	du sjönk	ni sjönk [sjönko]	
	han sjönk	de sjönk [sjönko]	

Future   jag ska(ll) sjunka   vi ska(ll) [skola] sjunka
           du ska(ll) sjunka   ni ska(ll) [skola] sjunka
           han ska(ll) sjunka   de ska(ll) [skola] sjunka

Conditional   jag skulle sjunka   vi skulle sjunka
              du skulle sjunka   ni skulle sjunka
              han skulle sjunka   de skulle sjunka

Present   jag har sjunkit   vi har [ha] [hava] sjunkit
Perfect   du har sjunkit   ni har [ha] [hava] sjunkit
          han har sjunkit   de har [ha] [hava] sjunkit

Past Perfect   jag hade sjunkit   vi hade sjunkit
               du hade sjunkit   ni hade sjunkit
               han hade sjunkit   de hade sjunkit

Future   jag kommer att [ska(ll)]   vi kommer att [ska(ll)] [skola]
Perfect   ha [hava] sjunkit   ha [hava] sjunkit
          du kommer att [ska(ll)]   ni kommer att [ska(ll)] [skola]
             ha [hava] sjunkit   ha [hava] sjunkit
          han kommer att [ska(ll)]   de kommer att [ska(ll)] [skola]
             ha [hava] sjunkit   ha [hava] sjunkit

Conditional   jag skulle ha [hava] sjunkit   vi skulle ha [hava] sjunkit
Perfect   du skulle ha [hava] sjunkit   ni skulle ha [hava] sjunkit
          han skulle ha [hava] sjunkit   de skulle ha [hava] sjunkit

123

INDICATIVE

(att) ske* (III)
to happen

Present	det sker	de sker [ske]
Past	det skedde	de skedde
Future	det ska(ll) ske	de ska(ll) [skola] ske
Conditional	det skulle ske	de skulle ske
Present Perfect	det har skett	de har [ha] [hava] skett
Past Perfect	det hade skett	de hade skett
Future Perfect	det kommer att [ska(ll)] ha [hava] skett	de kommer att [ska(ll)] [skola] ha [hava] skett
Conditional Perfect	det skulle ha [hava] skett	de skulle ha [hava] skett

* *ske* is an impersonal verb; the imperative form is only theoretical. Use other than in third-person impersonal constructions is inconceivable.

INDICATIVE

(att) skina *(IV)*
to shine,
glisten

Present	jag skiner	vi skiner [skina]
	du skiner	ni skiner [skina]
	han skiner	de skiner [skina]

Past	jag sken	vi sken [skeno]
	du sken	ni sken [skeno]
	han sken	de sken [skeno]

Future	jag ska(ll) skina	vi ska(ll) [skola] skina
	du ska(ll) skina	ni ska(ll) [skola] skina
	han ska(ll) skina	de ska(ll) [skola] skina

Conditional	jag skulle skina	vi skulle skina
	du skulle skina	ni skulle skina
	han skulle skina	de skulle skina

Present	jag har skinit	vi har [ha] [hava] skinit
Perfect	du har skinit	ni har [ha] [hava] skinit
	han har skinit	de har [ha] [hava] skinit

Past Perfect	jag hade skinit	vi hade skinit
	du hade skinit	ni hade skinit
	han hade skinit	de hade skinit

Future	jag kommer att [ska(ll)]	vi kommer att [ska(ll)] [skola]
Perfect	ha [hava] skinit	ha [hava] skinit
	du kommer att [ska(ll)]	ni kommer att [ska(ll)] [skola]
	ha [hava] skinit	ha [hava] skinit
	han kommer att [ska(ll)]	de kommer att [ska(ll)] [skola]
	ha [hava] skinit	ha [hava] skinit

Conditional	jag skulle ha [hava] skinit	vi skulle ha [hava] skinit
Perfect	du skulle ha [hava] skinit	ni skulle ha [hava] skinit
	han skulle ha [hava] skinit	de skulle ha [hava] skinit

---

* *skina* is usually impersonal, and is rare in forms other than third-person constructions. It can be used in such expressions as *jag skiner av glädje* 'I'm beaming with joy'; *vi sken av belåtenhet* 'we were beaming with contentment'; etc.

INDICATIVE

(att) skjuta (IV)

to shoot

Present	jag skjuter	vi skjuter [skjuta]
	du skjuter	ni skjuter [skjuta]
	han skjuter	de skjuter [skjuta]
Past	jag sköt	vi sköt [sköto]
	du sköt	ni sköt [sköto]
	han sköt	de sköt [sköto]
Future	jag ska(ll) skjuta	vi ska(ll) [skola] skjuta
	du ska(ll) skjuta	ni ska(ll) [skola] skjuta
	han ska(ll) skjuta	de ska(ll) [skola] skjuta
Conditional	jag skulle skjuta	vi skulle skjuta
	du skulle skjuta	ni skulle skjuta
	han skulle skjuta	de skulle skjuta
Present Perfect	jag har skjutit	vi har [ha] [hava] skjutit
	du har skjutit	ni har [ha] [hava] skjutit
	han har skjutit	de har [ha] [hava] skjutit
Past Perfect	jag hade skjutit	vi hade skjutit
	du hade skjutit	ni hade skjutit
	han hade skjutit	de hade skjutit
Future Perfect	jag kommer att [ska(ll)] ha [hava] skjutit	vi kommer att [ska(ll)] [skola] ha [hava] skjutit
	du kommer att [ska(ll)] ha [hava] skjutit	ni kommer att [ska(ll)] [skola] ha [hava] skjutit
	han kommer att [ska(ll)] ha [hava] skjutit	de kommer att [ska(ll)] [skola] ha [hava] skjutit
Conditional Perfect	jag skulle ha [hava] skjutit	vi skulle ha [hava] skjutit
	du skulle ha [hava] skjutit	ni skulle ha [hava] skjutit
	han skulle ha [hava] skjutit	de skulle ha [hava] skjutit

INDICATIVE

(att) skola (IV)

to be

about to

(shall)

Present	jag ska(ll)	vi ska(ll) [skola]
	du ska(ll)	ni ska(ll) [skola]
	han ska(ll)	de ska(ll) [skola]

Past	jag skulle	vi skulle
	du skulle	ni skulle
	han skulle	de skulle

Future   (lacking)

Conditional   (lacking)

Present	jag har skolat	vi har [ha] [hava] skolat
Perfect	du har skolat	ni har [ha] [hava] skolat
	han har skolat	de har [ha] [hava] skolat

Past Perfect	jag hade skolat	vi hade skolat
	du hade skolat	ni hade skolat
	han hade skolat	de hade skolat

Future
Perfect   (lacking)

Conditional
Perfect   (lacking)

INDICATIVE

Present	jag skrider	vi skrider [skrida]
	du skrider	ni skrider [skrida]
	han skrider	de skrider [skrida]

(att) skrida (IV)
to glide,
proceed,
slide

Past	jag skred	vi skred [skredo]
	du skred	ni skred [skredo]
	han skred	de skred [skredo]

Future	jag ska(ll) skrida	vi ska(ll) [skola] skrida
	du ska(ll) skrida	ni ska(ll) [skola] skrida
	han ska(ll) skrida	de ska(ll) [skola] skrida

Conditional	jag skulle skrida	vi skulle skrida
	du skulle skrida	ni skulle skrida
	han skulle skrida	de skulle skrida

Present Perfect	jag har skridit	vi har [ha] [hava] skridit
	du har skridit	ni har [ha] [hava] skridit
	han har skridit	de har [ha] [hava] skridit

Past Perfect	jag hade skridit	vi hade skridit
	du hade skridit	ni hade skridit
	han hade skridit	de hade skridit

Future Perfect	jag kommer att [ska(ll)] ha [hava] skridit	vi kommer att [ska(ll)] [skola] ha [hava] skridit
	du kommer att [ska(ll)] ha [hava] skridit	ni kommer att [ska(ll)] [skola] ha [hava] skridit
	han kommer att [ska(ll)] ha [hava] skridit	de kommer att [ska(ll)] [skola] ha [hava] skridit

Conditional Perfect	jag skulle ha [hava] skridit	vi skulle ha [hava] skridit
	du skulle ha [hava] skridit	ni skulle ha [hava] skridit
	han skulle ha [hava] skridit	de skulle ha [hava] skridit

INDICATIVE

(att) skrika (IV)

to shriek,

cry,

shout,

scream

Present	jag skriker	vi skriker [skrika]	
	du skriker	ni skriker [skrika]	
	han skriker	de skriker [skrika]	
Past	jag skrek	vi skrek [skreko]	
	du skrek	ni skrek [skreko]	
	han skrek	de skrek [skreko]	
Future	jag ska(ll) skrika	vi ska(ll) [skola] skrika	
	du ska(ll) skrika	ni ska(ll) [skola] skrika	
	han ska(ll) skrika	de ska(ll) [skola] skrika	
Conditional	jag skulle skrika	vi skulle skrika	
	du skulle skrika	ni skulle skrika	
	han skulle skrika	de skulle skrika	
Present Perfect	jag har skrikit	vi har [ha] [hava] skrikit	
	du har skrikit	ni har [ha] [hava] skrikit	
	han har skrikit	de har [ha] [hava] skrikit	
Past Perfect	jag hade skrikit	vi hade skrikit	
	du hade skrikit	ni hade skrikit	
	han hade skrikit	de hade skrikit	

Future Perfect

jag kommer att [ska(ll)] ha [hava] skrikit
du kommer att [ska(ll)] ha [hava] skrikit
han kommer att [ska(ll)] ha [hava] skrikit

vi kommer att [ska(ll)] [skola] ha [hava] skrikit
ni kommer att [ska(ll)] [skola] ha [hava] skrikit
de kommer att [ska(ll)] [skola] ha [hava] skrikit

Conditional Perfect

jag skulle ha [hava] skrikit
du skulle ha [hava] skrikit
han skulle ha [hava] skrikit

vi skulle ha [hava] skrikit
ni skulle ha [hava] skrikit
de skulle ha [hava] skrikit

INDICATIVE

(att) skriva (IV)

Present	jag skriver	vi skriver [skriva]	*to write*
	du skriver	ni skriver [skriva]
	han skriver	de skriver [skriva]

Past jag skrev
du skrev
han skrev

vi skrev [skrevo]
ni skrev [skrevo]
de skrev [skrevo]

Future jag ska(ll) skriva
du ska(ll) skriva
han ska(ll) skriva

vi ska(ll) [skola] skriva
ni ska(ll) [skola] skriva
de ska(ll) [skola] skriva

Conditional jag skulle skriva
du skulle skriva
han skulle skriva

vi skulle skriva
ni skulle skriva
de skulle skriva

Present Perfect jag har skrivit
du har skrivit
han har skrivit

vi har [ha] [hava] skrivit
ni har [ha] [hava] skrivit
de har [ha] [hava] skrivit

Past Perfect jag hade skrivit
du hade skrivit
han hade skrivit

vi hade skrivit
ni hade skrivit
de hade skrivit

Future Perfect jag kommer att [ska(ll)]
ha [hava] skrivit
du kommer att [ska(ll)]
ha [hava] skrivit
han kommer att [ska(ll)]
ha [hava] skrivit

vi kommer att [ska(ll)] [skola]
ha [hava] skrivit
ni kommer att [ska(ll)] [skola]
ha [hava] skrivit
de kommer att [ska(ll)] [skola]
ha [hava] skrivit

Conditional Perfect jag skulle ha [hava] skrivit
du skulle ha [hava] skrivit
han skulle ha [hava] skrivit

vi skulle ha [hava] skrivit
ni skulle ha [hava] skrivit
de skulle ha [hava] skrivit

INDICATIVE

(att) skryta (IV)

to boast

Present	jag skryter	vi skryter [skryta]
	du skryter	ni skryter [skryta]
	han skryter	de skryter [skryta]
Past	jag skröt	vi skröt [skröto]
	du skröt	ni skröt [skröto]
	han skröt	de skröt [skröto]
Future	jag ska(ll) skryta	vi ska(ll) [skola] skryta
	du ska(ll) skryta	ni ska(ll) [skola] skryta
	han ska(ll) skryta	de ska(ll) [skola] skryta
Conditional	jag skulle skryta	vi skulle skryta
	du skulle skryta	ni skulle skryta
	han skulle skryta	de skulle skryta
Present	jag har skrutit	vi har [ha] [hava] skrutit
Perfect	du har skrutit	ni har [ha] [hava] skrutit
	han har skrutit	de har [ha] [hava] skrutit
Past Perfect	jag hade skrutit	vi hade skrutit
	du hade skrutit	ni hade skrutit
	han hade skrutit	de hade skrutit
Future	jag kommer att [ska(ll)]	vi kommer att [ska(ll)] [skola]
Perfect	ha [hava] skrutit	ha [hava] skrutit
	du kommer att [ska(ll)]	ni kommer att [ska(ll)] [skola]
	ha [hava] skrutit	ha [hava] skrutit
	han kommer att [ska(ll)]	de kommer att [ska(ll)] [skola]
	ha [hava] skrutit	ha [hava] skrutit
Conditional	jag skulle ha [hava] skrutit	vi skulle ha [hava] skrutit
Perfect	du skulle ha [hava] skrutit	ni skulle ha [hava] skrutit
	han skulle ha [hava] skrutit	de skulle ha [hava] skrutit

INDICATIVE

(att) skära (IV)

Present	jag skär	vi skär [skära]	*to cut, carve*
	du skär	ni skär [skära]	
	han skär	de skär [skära]	

Past jag skar — vi skar [skuro]
du skar — ni skar [skuro]
han skar — de skar [skuro]

Future jag ska(ll) skära — vi ska(ll) [skola] skära
du ska(ll) skära — ni ska(ll) [skola] skära
han ska(ll) skära — de ska(ll) [skola] skära

Conditional jag skulle skära — vi skulle skära
du skulle skära — ni skulle skära
han skulle skära — de skulle skära

Present jag har skurit — vi har [ha] [hava] skurit
Perfect du har skurit — ni har [ha] [hava] skurit
han har skurit — de har [ha] [hava] skurit

Past Perfect jag hade skurit — vi hade skurit
du hade skurit — ni hade skurit
han hade skurit — de hade skurit

Future jag kommer att [ska(ll)] — vi kommer att [ska(ll)] [skola]
Perfect ha [hava] skurit — ha [hava] skurit
du kommer att [ska(ll)] — ni kommer att [ska(ll)] [skola]
ha [hava] skurit — ha [hava] skurit
han kommer att [ska(ll)] — de kommer att [ska(ll)] [skola]
ha [hava] skurit — ha [hava] skurit

Conditional jag skulle ha [hava] skurit — vi skulle ha [hava] skurit
Perfect du skulle ha [hava] skurit — ni skulle ha [hava] skurit
han skulle ha [hava] skurit — de skulle ha [hava] skurit

INDICATIVE

(att) slippa (IV)

to escape

be spared

(from)

Present	jag slipper	vi slipper [slippa]	
	du slipper	ni slipper [slippa]	
	han slipper	de slipper [slippa]	

Past	jag slapp	vi slapp [sluppo]
	du slapp	ni slapp [sluppo]
	han slapp	de slapp [sluppo]

Future	jag ska(ll) slippa	vi ska(ll) [skola] slippa
	du ska(ll) slippa	ni ska(ll) [skola] slippa
	han ska(ll) slippa	de ska(ll) [skola] slippa

Conditional	jag skulle slippa	vi skulle slippa
	du skulle slippa	ni skulle slippa
	han skulle slippa	de skulle slippa

Present	jag har sluppit	vi har [ha] [hava] sluppit
Perfect	du har sluppit	ni har [ha] [hava] sluppit
	han har sluppit	de har [ha] [hava] sluppit

Past Perfect	jag hade sluppit	vi hade sluppit
	du hade sluppit	ni hade sluppit
	han hade sluppit	de hade sluppit

Future	jag kommer att [ska(ll)]	vi kommer att [ska(ll)] [skola]
Perfect	ha [hava] sluppit	ha [hava] sluppit
	du kommer att [ska(ll)]	ni kommer att [ska(ll)] [skola]
	ha [hava] sluppit	ha [hava] sluppit
	han kommer att [ska(ll)]	de kommer att [ska(ll)] [skola]
	ha [hava] sluppit	ha [hava] sluppit

Conditional	jag skulle ha [hava] sluppit	vi skulle ha [hava] sluppit
Perfect	du skulle ha [hava] sluppit	ni skulle ha [hava] sluppit
	han skulle ha [hava] sluppit	de skulle ha [hava] sluppit

INDICATIVE

(att) slita (IV)
to tear,
wear, pull

Present	jag sliter	vi sliter [slita]
	du sliter	ni sliter [slita]
	han sliter	de sliter [slita]

Past	jag slet	vi slet [sleto]
	du slet	ni slet [sleto]
	han slet	de slet [sleto]

Future	jag ska(ll) slita	vi ska(ll) [skola] slita
	du ska(ll) slita	ni ska(ll) [skola] slita
	han ska(ll) slita	de ska(ll) [skola] slita

Conditional	jag skulle slita	vi skulle slita
	du skulle slita	ni skulle slita
	han skulle slita	de skulle slita

Present Perfect	jag har slitit	vi har [ha] [hava] slitit
	du har slitit	ni har [ha] [hava] slitit
	han har slitit	de har [ha] [hava] slitit

Past Perfect	jag hade slitit	vi hade slitit
	du hade slitit	ni hade slitit
	han hade slitit	de hade slitit

Future Perfect	jag kommer att [ska(ll)] ha [hava] slitit	vi kommer att [ska(ll)] [skola] ha [hava] slitit
	du kommer att [ska(ll)] ha [hava] slitit	ni kommer att [ska(ll)] [skola] ha [hava] slitit
	han kommer att [ska(ll)] ha [hava] slitit	de kommer att [ska(ll)] [skola] ha [hava] slitit

Conditional Perfect	jag skulle ha [hava] slitit	vi skulle ha [hava] slitit
	du skulle ha [hava] slitit	ni skulle ha [hava] slitit
	han skulle ha [hava] slitit	de skulle ha [hava] slitit

INDICATIVE

Present	jag slutar		vi slutar [sluta]	*(att) sluta* (I)*
	du slutar		ni slutar [sluta]	*(intransitive)*
	han slutar		de slutar [sluta]	*to come*
Past	jag slutade		vi slutade	*to an end,*
	du slutade		ni slutade	*be at an end,*
	han slutade		de slutade	*be finished,*
Future	jag ska(ll) sluta		vi ska(ll) [skola] sluta	*come to a*
	du ska(ll) sluta		ni ska(ll) [skola] sluta	*conclusion*
	han ska(ll) sluta		de ska(ll) [skola] sluta	

Conditional   jag skulle sluta   vi har [ha] [hava] slutat
du skulle sluta   ni har [ha] [hava] slutat
han skulle sluta   de har [ha] [hava] slutat

Present   jag har slutat   vi har [ha] [hava] slutat
Perfect   du har slutat   ni har [ha] [hava] slutat
han har slutat   de har [ha] [hava] slutat

Past Perfect   jag hade slutat   vi hade slutat
du hade slutat   ni hade slutat
han hade slutat   de hade slutat

Future   jag kommer att [ska(ll)]   vi kommer att [ska(ll)] [skola]
Perfect   ha [hava] slutat   ha [hava] slutat
du kommer att [ska(ll)]   ni kommer att [ska(ll)] [skola]
   ha [hava] slutat   ha [hava] slutat
han kommer att [ska(ll)]   de kommer att [ska(ll)] [skola]
   ha [hava] slutat   ha [hava] slutat

Conditional   jag skulle ha [hava] slutat   vi skulle ha [hava] slutat
Perfect   du skulle ha [hava] slutat   ni skulle ha [hava] slutat
han skulle ha [hava] slutat   de skulle ha [hava] slutat

---

* *sluta* (I) is used where the subject submissively or unintentionally comes to a conclusion and tends therefore to be used only in the third person; for example: *filmen slutade* 'the movie ended'; *boken hade slutat med en överraskning* 'the book ended with a surprise'; etc. [NOTE: *sluta* (IV) is often replaced by *sluta* (I) – with a transitive meaning – in colloquial Swedish: *jag har slutat arbetet* 'I have finished the work'; also *jag har slutat arbeta* 'I have finished working'].

INDICATIVE

(att) sluta* (IV)

(transitive)

to close,
conclude,
finish,
bring to a
conclusion

Present	jag sluter	vi sluter [sluta]
	du sluter	ni sluter [sluta]
	han sluter	de sluter [sluta]
Past	jag slöt	vi slöt [slöto]
	du slöt	ni slöt [slöto]
	han slöt	de slöt [slöto]
Future	jag ska(ll) sluta	vi ska(ll) [skola] sluta
	du ska(ll) sluta	ni ska(ll) [skola] sluta
	han ska(ll) sluta	de ska(ll) [skola] sluta
Conditional	jag skulle sluta	vi skulle sluta
	du skulle sluta	ni skulle sluta
	han skulle sluta	de skulle sluta
Present Perfect	jag har slutit	vi har [ha] [hava] slutit
	du har slutit	ni har [ha] [hava] slutit
	han har slutit	de har [ha] [hava] slutit
Past Perfect	jag hade slutit	vi hade slutit
	du hade slutit	ni hade slutit
	han hade slutit	de hade slutit
Future Perfect	jag kommer att [ska(ll)] ha [hava] slutit	vi kommer att [ska(ll)] [skola] ha [hava] slutit
	du kommer att [ska(ll)] ha [hava] slutit	ni kommer att [ska(ll)] [skola] ha [hava] slutit
	han kommer att [ska(ll)] ha [hava] slutit	de kommer att [ska(ll)] [skola] ha [hava] slutit
Conditional Perfect	jag skulle ha [hava] slutit	vi skulle ha [hava] slutit
	du skulle ha [hava] slutit	ni skulle ha [hava] slutit
	han skulle ha [hava] slutit	de skulle ha [hava] slutit

---

* *sluta* (IV) is used where the subject purposefully brings something to a conclusion, or intentionally closes something. It is used in all persons; for example: *jag slöt ögonen* 'I closed my eyes'; *han hade slutit ringen* 'he closed the circle'; *de slöt fred med fienden* 'they concluded peace with the enemy'; *kungen slöt förbund* 'the king concluded (i.e., formed) an alliance'; etc. [NOTE: *sluta* (IV) is often replaced by *sluta* (I) in colloquial Swedish; see NOTE on preceding page.]

INDICATIVE

(att) slå (IV)
to beat,
strike

Present	jag slår	vi slår [slå]
	du slår	ni slår [slå]
	han slår	de slår [slå]
Past	jag slog	vi slog [slogo]
	du slog	ni slog [slogo]
	han slog	de slog [slogo]
Future	jag ska(ll) slå	vi ska(ll) [skola] slå
	du ska(ll) slå	ni ska(ll) [skola] slå
	han ska(ll) slå	de ska(ll) [skola] slå
Conditional	jag skulle slå	vi skulle slå
	du skulle slå	ni skulle slå
	han skulle slå	de skulle slå
Present *Perfect*	jag har slagit	vi har [ha] [hava] slagit
	du har slagit	ni har [ha] [hava] slagit
	han har slagit	de har [ha] [hava] slagit
Past Perfect	jag hade slagit	vi hade slagit
	du hade slagit	ni hade slagit
	han hade slagit	de hade slagit
Future *Perfect*	jag kommer att [ska(ll)] ha [hava] slagit	vi kommer att [ska(ll)] [skola] ha [hava] slagit
	du kommer att [ska(ll)] ha [hava] slagit	ni kommer att [ska(ll)] [skola] ha [hava] slagit
	han kommer att [ska(ll)] ha [hava] slagit	de kommer att [ska(ll)] [skola] ha [hava] slagit
Conditional *Perfect*	jag skulle ha [hava] slagit	vi skulle ha [hava] slagit
	du skulle ha [hava] slagit	ni skulle ha [hava] slagit
	han skulle ha [hava] slagit	de skulle ha [hava] slagit

INDICATIVE   *(att) slåss (IV)*

Present   jag slåss   vi slåss   *to fight*
            du slåss   ni slåss
            han slåss   de slåss

Past   jag slogs   vi slogs [slogos]
            du slogs   ni slogs [slogos]
            han slogs   de slogs [slogos]

Future   jag ska(ll) slåss   vi ska(ll) [skola] slåss
            du ska(ll) slåss   ni ska(ll) [skola] slåss
            han ska(ll) slåss   de ska(ll) [skola] slåss

Conditional jag skulle slåss   vi skulle slåss
               du skulle slåss   ni skulle slåss
               han skulle slåss   de skulle slåss

Present   jag har slagits   vi har [ha] [hava] slagits
Perfect   du har slagits   ni har [ha] [hava] slagits
            han har slagits   de har [ha] [hava] slagits

Past Perfect jag hade slagits   vi hade slagits
                du hade slagits   ni hade slagits
                han hade slagits   de hade slagits

Future   jag kommer att [ska(ll)]   vi kommer att [ska(ll)] [skola]
Perfect   ha [hava] slagits   ha [hava] slagits
            du kommer att [ska(ll)]   ni kommer att [ska(ll)] [skola]
               ha [hava] slagits   ha [hava] slagits
            han kommer att [ska(ll)]   de kommer att [ska(ll)] [skola]
               ha [hava] slagits   ha [hava] slagits

Conditional jag skulle ha [hava] slagits   vi skulle ha [hava] slagits
Perfect   du skulle ha [hava] slagits   ni skulle ha [hava] slagits
               han skulle ha [hava] slagits   de skulle ha [hava] slagits

INDICATIVE

(att) släcka (IIb)

Present	jag släcker	vi släcker [släcka]
	du släcker	ni släcker [släcka]
	han släcker	de släcker [släcka]

to put out, quench

Past	jag släckte	vi släckte
	du släckte	ni släckte
	han släckte	de släckte

Future	jag ska(ll) släcka	vi ska(ll) [skola] släcka
	du ska(ll) släcka	ni ska(ll) [skola] släcka
	han ska(ll) släcka	de ska(ll) [skola] släcka

Conditional	jag skulle släcka	vi skulle släcka
	du skulle släcka	ni skulle släcka
	han skulle släcka	de skulle släcka

Present Perfect	jag har släckt	vi har [ha] [hava] släckt
	du har släckt	ni har [ha] [hava] släckt
	han har släckt	de har [ha] [hava] släckt

Past Perfect	jag hade släckt	vi hade släckt
	du hade släckt	ni hade släckt
	han hade släckt	de hade släckt

Future Perfect	jag kommer att [ska(ll)] ha [hava] släckt	vi kommer att [ska(ll)] [skola] ha [hava] släckt
	du kommer att [ska(ll)] ha [hava] släckt	ni kommer att [ska(ll)] [skola] ha [hava] släckt
	han kommer att [ska(ll)] ha [hava] släckt	de kommer att [ska(ll)] [skola] ha [hava] släckt

Conditional Perfect	jag skulle ha [hava] släckt	vi skulle ha [hava] släckt
	du skulle ha [hava] släckt	ni skulle ha [hava] släckt
	han skulle ha [hava] släckt	de skulle ha [hava] släckt

INDICATIVE

(att) smaka *(I)*

to taste

Present	jag smakar	vi smakar [smaka]
	du smakar	ni smakar [smaka]
	han smakar	de smakar [smaka]

Past	jag smakade	vi smakade
	du smakade	ni smakade
	han smakade	de smakade

Future	jag ska(ll) smaka	vi ska(ll) [skola] smaka
	du ska(ll) smaka	ni ska(ll) [skola] smaka
	han ska(ll) smaka	de ska(ll) [skola] smaka

Conditional	jag skulle smaka	vi skulle smaka
	du skulle smaka	ni skulle smaka
	han skulle smaka	de skulle smaka

Present	jag har smakat	vi har [ha] [hava] smakat
Perfect	du har smakat	ni har [ha] [hava] smakat
	han har smakat	de har [ha] [hava] smakat

Past Perfect	jag hade smakat	vi hade smakat
	du hade smakat	ni hade smakat
	han hade smakat	de hade smakat

Future	jag kommer att [ska(ll)]	vi kommer att [ska(ll)] [skola]
Perfect	ha [hava] smakat	ha [hava] smakat
	du kommer att [ska(ll)]	ni kommer att [ska(ll)] [skola]
	ha [hava] smakat	ha [hava] smakat
	han kommer att [ska(ll)]	de kommer att [ska(ll)] [skola]
	ha [hava] smakat	ha [hava] smakat

Conditional	jag skulle ha [hava] smakat	vi skulle ha [hava] smakat
Perfect	du skulle ha [hava] smakat	ni skulle ha [hava] smakat
	han skulle ha [hava] smakat	de skulle ha [hava] smakat

INDICATIVE

(att) smyga (IV)

Present	jag smyger	vi smyger [smyga]	*to sneak,*	
	du smyger	ni smyger [smyga]	*slip*	
	han smyger	de smyger [smyga]		

Past   jag smög   vi smög [smögo]
         du smög   ni smög [smögo]
         han smög   de smög [smögo]

Future   jag ska(ll) smyga   vi ska(ll) [skola] smyga
           du ska(ll) smyga   ni ska(ll) [skola] smyga
           han ska(ll) smyga   de ska(ll) [skola] smyga

Conditional   jag skulle smyga   vi skulle smyga
                du skulle smyga   ni skulle smyga
                han skulle smyga   de skulle smyga

Present   jag har smugit   vi har [ha] [hava] smugit
Perfect   du har smugit   ni har [ha] [hava] smugit
            han har smugit   de har [ha] [hava] smugit

Past Perfect   jag hade smugit   vi hade smugit
                 du hade smugit   ni hade smugit
                 han hade smugit   de hade smugit

Future   jag kommer att [ska(ll)]   vi kommer att [ska(ll)] [skola]
Perfect   ha [hava] smugit   ha [hava] smugit
           du kommer att [ska(ll)]   ni kommer att [ska(ll)] [skola]
               ha [hava] smugit   ha [hava] smugit
           han kommer att [ska(ll)]   de kommer att [ska(ll)] [skola]
               ha [hava] smugit   ha [hava] smugit

Conditional   jag skulle ha [hava] smugit   vi skulle ha [hava] smugit
Perfect   du skulle ha [hava] smugit   ni skulle ha [hava] smugit
                han skulle ha [hava] smugit   de skulle ha [hava] smugit

INDICATIVE

(att) snyta (IV)
to blow
(one's)
nose

Present	jag snyter	vi snyter [snyta]
	du snyter	ni snyter [snyta]
	han snyter	de snyter [snyta]
Past	jag snöt	vi snöt [snöto]
	du snöt	ni snöt [snöto]
	han snöt	de snöt [snöto]
Future	jag ska(ll) snyta	vi ska(ll) [skola] snyta
	du ska(ll) snyta	ni ska(ll) [skola] snyta
	han ska(ll) snyta	de ska(ll) [skola] snyta
Conditional	jag skulle snyta	vi skulle snyta
	du skulle snyta	ni skulle snyta
	han skulle snyta	de skulle snyta
Present Perfect	jag har snutit	vi har [ha] [hava] snutit
	du har snutit	ni har [ha] [hava] snutit
	han har snutit	de har [ha] [hava] snutit
Past Perfect	jag hade snutit	vi hade snutit
	du hade snutit	ni hade snutit
	han hade snutit	de hade snutit
Future Perfect	jag kommer att [ska(ll)] ha [hava] snutit	vi kommer att [ska(ll)] [skola] ha [hava] snutit
	du kommer att [ska(ll)] ha [hava] snutit	ni kommer att [ska(ll)] [skola] ha [hava] snutit
	han kommer att [ska(ll)] ha [hava] snutit	de kommer att [ska(ll)] [skola] ha [hava] snutit
Conditional Perfect	jag skulle ha [hava] snutit	vi skulle ha [hava] snutit
	du skulle ha [hava] snutit	ni skulle ha [hava] snutit
	han skulle ha [hava] snutit	de skulle ha [hava] snutit

INDICATIVE

(att) sova (IV)
(intransitive)*
to sleep,
fall asleep

Present	jag sover	vi sover [sova]
	du sover	ni sover [sova]
	han sover	de sover [sova]
Past	jag sov	vi sov [sovo]
	du sov	ni sov [sovo]
	han sov	de sov [sovo]
Future	jag ska(ll) sova	vi ska(ll) [skola] sova
	du ska(ll) sova	ni ska(ll) [skola] sova
	han ska(ll) sova	de ska(ll) [skola] sova
Conditional	jag skulle sova	vi skulle sova
	du skulle sova	ni skulle sova
	han skulle sova	de skulle sova
Present	jag har sovit	vi har [ha] [hava] sovit
Perfect	du har sovit	ni har [ha] [hava] sovit
	han har sovit	de har [ha] [hava] sovit
Past Perfect	jag hade sovit	vi hade sovit
	du hade sovit	ni hade sovit
	han hade sovit	de hade sovit
Future	jag kommer att [ska(ll)]	vi kommer att [ska(ll)] [skola]
Perfect	ha [hava] sovit	ha [hava] sovit
	du kommer att [ska(ll)]	ni kommer att [ska(ll)] [skola]
	ha [hava] sovit	ha [hava] sovit
	han kommer att [ska(ll)]	de kommer att [ska(ll)] [skola]
	ha [hava] sovit	ha [hava] sovit
Conditional	jag skulle ha [hava] sovit	vi skulle ha [hava] sovit
Perfect	du skulle ha [hava] sovit	ni skulle ha [hava] sovit
	han skulle ha [hava] sovit	de skulle ha [hava] sovit

---

* the transitive verb *söva* (IIa) means 'to put to sleep, to lull'.

INDICATIVE   *(att) spela (I or IIb)*

Present	jag spelar

to play,
play an
instrument

Present
jag spelar
du spelar
han spelar

vi spelar [spela]
ni spelar [spela]
de spelar [spela]

Past
jag spelade [spelte]
du spelade [spelte]
han spelade [spelte]

vi spelade [spelte]
ni spelade [spelte]
de spelade [spelte]

Future
jag ska(ll) spela
du ska(ll) spela
han ska(ll) spela

vi ska(ll) [skola] spela
ni ska(ll) [skola] spela
de ska(ll) [skola] spela

Conditional
jag skulle spela
du skulle spela
han skulle spela

vi skulle spela
ni skulle spela
de skulle spela

Present Perfect
jag har spelat [spelt]
du har spelat [spelt]
han har spelat [spelt]

vi har [ha] [hava] spelat [spelt]
ni har [ha] [hava] spelat [spelt]
de har [ha] [hava] spelat [spelt]

Past Perfect
jag hade spelat [spelt]
du hade spelat [spelt]
han hade spelat [spelt]

vi hade spelat [spelt]
ni hade spelat [spelt]
de hade spelat [spelt]

Future Perfect
jag kommer att [ska(ll)] ha [hava] spelat [spelt]
du kommer att [ska(ll)] ha [hava] spelat [spelt]
han kommer att [ska(ll)] ha [hava] spelat [spelt]

vi kommer att [ska(ll)] [skola] ha [hava] spelat [spelt]
ni kommer att [ska(ll)] [skola] ha [hava] spelat [spelt]
de kommer att [ska(ll)] [skola] ha [hava] spelat [spelt]

Conditional Perfect
jag skulle ha [hava] spelat [spelt]
du skulle ha [hava] spelat [spelt]
han skulle ha [hava] spelat [spelt]

vi skulle ha [hava] spelat [spelt]
ni skulle ha [hava] spelat [spelt]
de skulle ha [hava] spelat [spelt]

INDICATIVE

(att) spinna (IV)

to spin

Present	jag spinner	vi spinner [spinna]
	du spinner	ni spinner [spinna]
	han spinner	de spinner [spinna]
Past	jag spann	vi spann [spunno]
	du spann	ni spann [spunno]
	han spann	de spann [spunno]
Future	jag ska(ll) spinna	vi ska(ll) [skola] spinna
	du ska(ll) spinna	ni ska(ll) [skola] spinna
	han ska(ll) spinna	de ska(ll) [skola] spinna
Conditional	jag skulle spinna	vi skulle spinna
	du skulle spinna	ni skulle spinna
	han skulle spinna	de skulle spinna
Present Perfect	jag har spunnit	vi har [ha] [hava] spunnit
	du har spunnit	ni har [ha] [hava] spunnit
	han har spunnit	de har [ha] [hava] spunnit
Past Perfect	jag hade spunnit	vi hade spunnit
	du hade spunnit	ni hade spunnit
	han hade spunnit	de hade spunnit
Future Perfect	jag kommer att [ska(ll)] ha [hava] spunnit	vi kommer att [ska(ll)] [skola] ha [hava] spunnit
	du kommer att [ska(ll)] ha [hava] spunnit	ni kommer att [ska(ll)] [skola] ha [hava] spunnit
	han kommer att [ska(ll)] ha [hava] spunnit	de kommer att [ska(ll)] [skola] ha [hava] spunnit
Conditional Perfect	jag skulle ha [hava] spunnit	vi skulle ha [hava] spunnit
	du skulle ha [hava] spunnit	ni skulle ha [hava] spunnit
	han skulle ha [hava] spunnit	de skulle ha [hava] spunnit

INDICATIVE   *(att) spricka (IV)*

Present jag spricker   vi spricker [spricka]   *to burst,*
           du spricker   ni spricker [spricka]   *crack*
           han spricker   de spricker [spricka]

Past   jag sprack   vi sprack [sprucko]
           du sprack   ni sprack [sprucko]
           han sprack   de sprack [sprucko]

Future   jag ska(ll) spricka   vi ska(ll) [skola] spricka
           du ska(ll) spricka   ni ska(ll) [skola] spricka
           han ska(ll) spricka   de ska(ll) [skola] spricka

Conditional jag skulle spricka   vi skulle spricka
               du skulle spricka   ni skulle spricka
               han skulle spricka de skulle spricka

Present jag har spruckit   vi har [ha] [hava] spruckit
Perfect du har spruckit   ni har [ha] [hava] spruckit
           han har spruckit   de har [ha] [hava] spruckit

Past Perfect jag hade spruckit   vi hade spruckit
                du hade spruckit   ni hade spruckit
                han hade spruckit   de hade spruckit

Future   jag kommer att [ska(ll)] vi kommer att [ska(ll)] [skola]
Perfect   ha [hava] spruckit   ha [hava] spruckit
           du kommer att [ska(ll)] ni kommer att [ska(ll)] [skola]
               ha [hava] spruckit   ha [hava] spruckit
           han kommer att [ska(ll)] de kommer att [ska(ll)] [skola]
               ha [hava] spruckit   ha [hava] spruckit

Conditional jag skulle ha [hava] spruckit vi skulle ha [hava] spruckit
Perfect   du skulle ha [hava] spruckit   ni skulle ha [hava] spruckit
               han skulle ha [hava] spruckit de skulle ha [hava] spruckit

INDICATIVE		*(att) sprida (IIa or IV)**

Present	jag sprider	vi sprider [sprida]	*to spread*
	du sprider	ni sprider [sprida]	
	han sprider	de sprider [sprida]	

Past	jag spridde (spred)	vi spridde (spred) [spredo]
	du spridde (spred)	ni spridde (spred) [spredo]
	han spridde (spred)	de spridde (spred) [spredo]

Future	jag ska(ll) sprida	vi ska(ll) [skola] sprida
	du ska(ll) sprida	ni ska(ll) [skola] sprida
	han ska(ll) sprida	de ska(ll) [skola] sprida

Conditional	jag skulle sprida	vi skulle sprida
	du skulle sprida	ni skulle sprida
	han skulle sprida	de skulle sprida

Present Perfect	jag har spritt	vi har [ha] [hava] spritt
	du har spritt	ni har [ha] [hava] spritt
	han har spritt	de har [ha] [hava] spritt

Past Perfect	jag hade spritt	vi hade spritt
	du hade spritt	ni hade spritt
	han hade spritt	de hade spritt

Future Perfect	jag kommer att [ska(ll)] ha [hava] spritt	vi kommer att [ska(ll)] [skola] ha [hava] spritt
	du kommer att [ska(ll)] ha [hava] spritt	ni kommer att [ska(ll)] [skola] ha [hava] spritt
	han kommer att [ska(ll)] ha [hava] spritt	de kommer att [ska(ll)] [skola] ha [hava] spritt

Conditional Perfect	jag skulle ha [hava] spritt	vi skulle ha [hava] spritt
	du skulle ha [hava] spritt	ni skulle ha [hava] spritt
	han skulle ha [hava] spritt	de skulle ha [hava] spritt

---

* the disappearance of the strong supine *spridit from Swedish is an indication of the virtual completion of the transfer of this verb from Class IV to Class IIa; the preference of *spridde* over *spred* in the past, a relatively recent development, confirms the movement into Class IIa. The past form *spred* will tend to lose ground in favor of *spridde* as the transfer becomes complete.

INDICATIVE

(att) springa (IV)

to run

Present	jag springer	vi springer [springa]
	du springer	ni springer [springa]
	han springer	de springer [springa]
Past	jag sprang	vi sprang [sprungo]
	du sprang	ni sprang [sprungo]
	han sprang	de sprang [sprungo]
Future	jag ska(ll) springa	vi ska(ll) [skola] springa
	du ska(ll) springa	ni ska(ll) [skola] springa
	han ska(ll) springa	de ska(ll) [skola] springa
Conditional	jag skulle springa	vi skulle springa
	du skulle springa	ni skulle springa
	han skulle springa	de skulle springa
Present Perfect	jag har sprungit	vi har [ha] [hava] sprungit
	du har sprungit	ni har [ha] [hava] sprungit
	han har sprungit	de har [ha] [hava] sprungit
Past Perfect	jag hade sprungit	vi hade sprungit
	du hade sprungit	ni hade sprungit
	han hade sprungit	de hade sprungit
Future Perfect	jag kommer att [ska(ll)] ha [hava] sprungit	vi kommer att [ska(ll)] [skola] ha [hava] sprungit
	du kommer att [ska(ll)] ha [hava] sprungit	ni kommer att [ska(ll)] [skola] ha [hava] sprungit
	han kommer att [ska(ll)] ha [hava] sprungit	de kommer att [ska(ll)] [skola] ha [hava] sprungit
Conditional Perfect	jag skulle ha [hava] sprungit	vi skulle ha [hava] sprungit
	du skulle ha [hava] sprungit	ni skulle ha [hava] sprungit
	han skulle ha [hava] sprungit	de skulle ha [hava] sprungit

INDICATIVE

(att) sticka (IV)
to stick,
put

Present   jag sticker
     du sticker
     han sticker

     vi sticker [sticka]
     ni sticker [sticka]
     de sticker [sticka]

Past   jag stack
     du stack
     han stack

     vi stack [stucko]
     ni stack [stucko]
     de stack [stucko]

Future   jag ska(ll) sticka
     du ska(ll) sticka
     han ska(ll) sticka

     vi ska(ll) [skola] sticka
     ni ska(ll) [skola] sticka
     de ska(ll) [skola] sticka

Conditional   jag skulle sticka
     du skulle sticka
     han skulle sticka

     vi skulle sticka
     ni skulle sticka
     de skulle sticka

Present
Perfect   jag har stuckit
     du har stuckit
     han har stuckit

     vi har [ha] [hava] stuckit
     ni har [ha] [hava] stuckit
     de har [ha] [hava] stuckit

Past Perfect   jag hade stuckit
     du hade stuckit
     han hade stuckit

     vi hade stuckit
     ni hade stuckit
     de hade stuckit

Future
Perfect   jag kommer att [ska(ll)]
     ha [hava] stuckit
     du kommer att [ska(ll)]
     ha [hava] stuckit
     han kommer att [ska(ll)]
     ha [hava] stuckit

     vi kommer att [ska(ll)] [skola]
     ha [hava] stuckit
     ni kommer att [ska(ll)] [skola]
     ha [hava] stuckit
     de kommer att [ska(ll)] [skola]
     ha [hava] stuckit

Conditional
Perfect   jag skulle ha [hava] stuckit
     du skulle ha [hava] stuckit
     han skulle ha [hava] stuckit

     vi skulle ha [hava] stuckit
     ni skulle ha [hava] stuckit
     de skulle ha [hava] stuckit

INDICATIVE   *(att) stiga (IV)*
                                                              to rise, step

Present jag stiger   vi stiger [stiga]
           du stiger   ni stiger [stiga]
           han stiger   de stiger [stiga]

Past   jag steg   vi steg [stego]
           du steg   ni steg [stego]
           han steg   de steg [stego]

Future   jag ska(ll) stiga   vi ska(ll) [skola] stiga
           du ska(ll) stiga   ni ska(ll) [skola] stiga
           han ska(ll) stiga   de ska(ll) [skola] stiga

Conditional jag skulle stiga   vi skulle stiga
               du skulle stiga   ni skulle stiga
               han skulle stiga   de skulle stiga

Present jag har stigit   vi har [ha] [hava] stigit
Perfect du har stigit   ni har [ha] [hava] stigit
           han har stigit   de har [ha] [hava] stigit

Past Perfect jag hade stigit   vi hade stigit
                du hade stigit   ni hade stigit
                han hade stigit   de hade stigit

Future   jag kommer att [ska(ll)]   vi kommer att [ska(ll)] [skola]
Perfect   ha [hava] stigit   ha [hava] stigit
           du kommer att [ska(ll)]   ni kommer att [ska(ll)] [skola]
               ha [hava] stigit   ha [hava] stigit
           han kommer att [ska(ll)]   de kommer att [ska(ll)] [skola]
               ha [hava] stigit   ha [hava] stigit

Conditional jag skulle ha [hava] stigit   vi skulle ha [hava] stigit
Perfect   du skulle ha [hava] stigit   ni skulle ha [hava] stigit
               han skulle ha [hava] stigit   de skulle ha [hava] stigit

INDICATIVE

(att) stjäla (IV)
to steal

Present	jag stjäl	vi stjäl [stjäla]
	du stjäl	ni stjäl [stjäla]
	han stjäl	de stjäl [stjäla]
Past	jag stal	vi stal [stulo]
	du stal	ni stal [stulo]
	han stal	de stal [stulo]
Future	jag ska(ll) stjäla	vi ska(ll) [skola] stjäla
	du ska(ll) stjäla	ni ska(ll) [skola] stjäla
	han ska(ll) stjäla	de ska(ll) [skola] stjäla
Conditional	jag skulle stjäla	vi skulle stjäla
	du skulle stjäla	ni skulle stjäla
	han skulle stjäla	de skulle stjäla
Present Perfect	jag har stulit	vi har [ha] [hava] stulit
	du har stulit	ni har [ha] [hava] stulit
	han har stulit	de har [ha] [hava] stulit
Past Perfect	jag hade stulit	vi hade stulit
	du hade stulit	ni hade stulit
	han hade stulit	de hade stulit
Future Perfect	jag kommer att [ska(ll)] ha [hava] stulit	vi kommer att [ska(ll)] [skola] ha [hava] stulit
	du kommer att [ska(ll)] ha [hava] stulit	ni kommer att [ska(ll)] [skola] ha [hava] stulit
	han kommer att [ska(ll)] ha [hava] stulit	de kommer att [ska(ll)] [skola] ha [hava] stulit
Conditional Perfect	jag skulle ha [hava] stulit	vi skulle ha [hava] stulit
	du skulle ha [hava] stulit	ni skulle ha [hava] stulit
	han skulle ha [hava] stulit	de skulle ha [hava] stulit

INDICATIVE

(att) strida (IV or IIa)
to fight

Present	jag strider	vi strider [strida]
	du strider	ni strider [strida]
	han strider	de strider [strida]
Past	jag stred [stridde]	vi stred [stridde] [stredo]
	du stred [stridde]	ni stred [stridde] [stredo]
	han stred [stridde]	de stred [stridde] [stredo]
Future	jag ska(ll) strida	vi ska(ll) [skola] strida
	du ska(ll) strida	ni ska(ll) [skola] strida
	han ska(ll) strida	de ska(ll) [skola] strida
Conditional	jag skulle strida	vi skulle strida
	du skulle strida	ni skulle strida
	han skulle strida	de skulle strida
Present Perfect	jag har stridit [stritt]	vi har [ha] [hava] stridit [stritt]
	du har stridit [stritt]	ni har [ha] [hava] stridit [stritt]
	han har stridit [stritt]	de har [ha] [hava] stridit [stritt]
Past Perfect	jag hade stridit [stritt]	vi hade stridit [stritt]
	du hade stridit [stritt]	ni hade stridit [stritt]
	han hade stridit [stritt]	de hade stridit [stritt]
Future Perfect	jag kommer att [ska(ll)] ha [hava] stridit [stritt]	vi kommer att [ska(ll)] [skola] ha [hava] stridit [stritt]
	du kommer att [ska(ll)] ha [hava] stridit [stritt]	ni kommer att [ska(ll)] [skola] ha [hava] stridit [stritt]
	han kommer att [ska(ll)] ha [hava] stridit [stritt]	de kommer att [ska(ll)] [skola] ha [hava] stridit [stritt]
Conditional Perfect	jag skulle ha [hava] stridit [stritt]	vi skulle ha [hava] stridit [stritt]
	du skulle ha [hava] stridit [stritt]	ni skulle ha [hava] stridit [stritt]
	han skulle ha [hava] stridit [stritt]	de skulle ha [hava] stridit [stritt]

INDICATIVE   *(att) stryka (IV)*

Present	jag stryker	vi stryker [stryka]	*to stroke,*
	du stryker	ni stryker [stryka]	*iron, paint*
	han stryker	de stryker [stryka]	

Past jag strök   strök [ströko]
        du strök   ni strök [ströko]
        han strök   de strök [ströko]

Future jag ska(ll) stryka   vi ska(ll) [skola] stryka
          du ska(ll) stryka   ni ska(ll) [skola] stryka
          han ska(ll) stryka   de ska(ll) [skola] stryka

Conditional jag skulle stryka   vi skulle stryka
               du skulle stryka   ni skulle stryka
               han skulle stryka   de skulle stryka

Present   jag har strukit   vi har [ha] [hava] strukit
Perfect   du har strukit   ni har [ha] [hava] strukit
            han har strukit   de har [ha] [hava] strukit

Past Perfect jag hade strukit   vi hade strukit
                du hade strukit   ni hade strukit
                han hade strukit   de hade strukit

Future   jag kommer att [ska(ll)]   vi kommer att [ska(ll)] [skola]
Perfect   ha [hava] strukit   ha [hava] strukit
            du kommer att [ska(ll)]   ni kommer att [ska(ll)] [skola]
               ha [hava] strukit   ha [hava] strukit
            han kommer att [ska(ll)]   de kommer att [ska(ll)] [skola]
               ha [hava] strukit   ha [hava] strukit

Conditional jag skulle ha [hava] strukit   vi skulle ha [hava] strukit
Perfect   du skulle ha [hava] strukit   ni skulle ha [hava] strukit
               han skulle ha [hava] strukit   de skulle ha [hava] strukit

153

INDICATIVE

(att) sträcka (IIb)

to stretch

Present	jag sträcker	vi sträcker [sträcka]
	du sträcker	ni sträcker [sträcka]
	han sträcker	de sträcker [sträcka]

Past	jag sträckte	vi sträckte
	du sträckte	ni sträckte
	han sträckte	de sträckte

Future	jag ska(ll) sträcka	vi ska(ll) [skola] sträcka
	du ska(ll) sträcka	ni ska(ll) [skola] sträcka
	han ska(ll) sträcka	de ska(ll) [skola] sträcka

Conditional	jag skulle sträcka	vi skulle sträcka
	du skulle sträcka	ni skulle sträcka
	han skulle sträcka	de skulle sträcka

Present	jag har sträckt	vi har [ha] [hava] sträckt
Perfect	du har sträckt	ni har [ha] [hava] sträckt
	han har sträckt	de har [ha] [hava] sträckt

Past Perfect	jag hade sträckt	vi hade sträckt
	du hade sträckt	ni hade sträckt
	han hade sträckt	de hade sträckt

Future	jag kommer att [ska(ll)]	vi kommer att [ska(ll)] [skola]
Perfect	ha [hava] sträckt	ha [hava] sträckt
	du kommer att [ska(ll)]	ni kommer att [ska(ll)] [skola]
	ha [hava] sträckt	ha [hava] sträckt
	han kommer att [ska(ll)]	de kommer att [ska(ll)] [skola]
	ha [hava] sträckt	ha [hava] sträckt

Conditional	jag skulle ha [hava] sträckt	vi skulle ha [hava] sträckt
Perfect	du skulle ha [hava] sträckt	ni skulle ha [hava] sträckt
	han skulle ha [hava] sträckt	de skulle ha [hava] sträckt

154

INDICATIVE   *(att) stå (IV)*

Present	jag står	vi står [stå]
	du står	ni står [stå]
	han står	de står [stå]

to stand

Past	jag stod	vi stod [stodo]
	du stod	ni stod [stodo]
	han stod	de stod [stodo]

Future	jag ska(ll) stå	vi ska(ll) [skola] stå
	du ska(ll) stå	ni ska(ll) [skola] stå
	han ska(ll) stå	de ska(ll) [skola] stå

Conditional	jag skulle stå	vi skulle stå
	du skulle stå	ni skulle stå
	han skulle stå	de skulle stå

Present	jag har stått	vi har [ha] [hava] stått
Perfect	du har stått	ni har [ha] [hava] stått
	han har stått	de har [ha] [hava] stått

Past Perfect	jag hade stått	vi hade stått
	du hade stått	ni hade stått
	han hade stått	de hade stått

Future	jag kommer att [ska(ll)]	vi kommer att [ska(ll)] [skola]
Perfect	ha [hava] stått	ha [hava] stått
	du kommer att [ska(ll)]	ni kommer att [ska(ll)] [skola]
	ha [hava] stått	ha [hava] stått
	han kommer att [ska(ll)]	de kommer att [ska(ll)] [skola]
	ha [hava] stått	ha [hava] stått

Conditional	jag skulle ha [hava] stått	vi skulle ha [hava] stått
Perfect	du skulle ha [hava] stått	ni skulle ha [hava] stått
	han skulle ha [hava] stått	de skulle ha [hava] stått

INDICATIVE

(att) ställa (IIa)

Present	jag ställer	vi ställer [ställa]	*to put*
	du ställer	ni ställer [ställa]	
	han ställer	de ställer [ställa]	

Past jag ställde / du ställde / han ställde — vi ställde / ni ställde / de ställde

Future jag ska(ll) ställa / du ska(ll) ställa / han ska(ll) ställa — vi ska(ll) [skola] ställa / ni ska(ll) [skola] ställa / de ska(ll) [skola] ställa

Conditional jag skulle ställa / du skulle ställa / han skulle ställa — vi skulle ställa / ni skulle ställa / de skulle ställa

Present Perfect jag har ställt / du har ställt / han har ställt — vi har [ha] [hava] ställt / ni har [ha] [hava] ställt / de har [ha] [hava] ställt

Past Perfect jag hade ställt / du hade ställt / han hade ställt — vi hade ställt / ni hade ställt / de hade ställt

Future Perfect jag kommer att [ska(ll)] ha [hava] ställt / du kommer att [ska(ll)] ha [hava] ställt / han kommer att [ska(ll)] ha [hava] ställt — vi kommer att [ska(ll)] [skola] ha [hava] ställt / ni kommer att [ska(ll)] [skola] ha [hava] ställt / de kommer att [ska(ll)] [skola] ha [hava] ställt

Conditional Perfect jag skulle ha [hava] ställt / du skulle ha [hava] ställt / han skulle ha [hava] ställt — vi skulle ha [hava] ställt / ni skulle ha [hava] ställt / de skulle ha [hava] ställt

INDICATIVE

(att) stänga (IIa)

Present	jag stänger	vi stänger [stänga]
	du stänger	ni stänger [stänga]
	han stänger	de stänger [stänga]

to close,
shut

Past jag stängde   vi stängde
du stängde   ni stängde
han stängde   de stängde

Future jag ska(ll) stänga   vi ska(ll) [skola] stänga
du ska(ll) stänga   ni ska(ll) [skola] stänga
han ska(ll) stänga   de ska(ll) [skola] stänga

Conditional jag skulle stänga   vi skulle stänga
du skulle stänga   ni skulle stänga
han skulle stänga   de skulle stänga

Present jag har stängt   vi har [ha] [hava] stängt
Perfect du har stängt   ni har [ha] [hava] stängt
han har stängt   de har [ha] [hava] stängt

Past Perfect jag hade stängt   vi hade stängt
du hade stängt   ni hade stängt
han hade stängt   de hade stängt

Future jag kommer att [ska(ll)]   vi kommer att [ska(ll)] [skola]
Perfect   ha [hava] stängt   ha [hava] stängt
du kommer att [ska(ll)]   ni kommer att [ska(ll)] [skola]
    ha [hava] stängt   ha [hava] stängt
han kommer att [ska(ll)]   de kommer att [ska(ll)] [skola]
    ha [hava] stängt   ha [hava] stängt

Conditional jag skulle ha [hava] stängt   vi skulle ha [hava] stängt
Perfect du skulle ha [hava] stängt   ni skulle ha [hava] stängt
han skulle ha [hava] stängt   de skulle ha [hava] stängt

INDICATIVE   *(att) stödja (IIa or IV)*

Present	jag stöder	vi stöder [stödja] *to support*
	du stöder	ni stöder [stödja]
	han stöder	de stöder [stödja]

Past	jag stödde	vi stödde
	du stödde	ni stödde
	han stödde	de stödde

Future	jag ska(ll) stödja	vi ska(ll) [skola] stödja
	du ska(ll) stödja	ni ska(ll) [skola] stödja
	han ska(ll) stödja	de ska(ll) [skola] stödja

Conditional	jag skulle stödja	vi skulle stödja
	du skulle stödja	ni skulle stödja
	han skulle stödja	de skulle stödja

Present	jag har stött	vi har [ha] [hava] stött
Perfect	du har stött	ni har [ha] [hava] stött
	han har stött	de har [ha] [hava] stött

Past Perfect	jag hade stött	vi hade stött
	du hade stött	ni hade stött
	han hade stött	de hade stött

Future	jag kommer att [ska(ll)]	vi kommer att [ska(ll)] [skola]
Perfect	ha [hava] stött	ha [hava] stött
	du kommer att [ska(ll)]	ni kommer att [ska(ll)] [skola]
	ha [hava] stött	ha [hava] stött
	han kommer att [ska(ll)]	de kommer att [ska(ll)] [skola]
	ha [hava] stött	ha [hava] stött

Conditional	jag skulle ha [hava] stött	vi skulle ha [hava] stött
Perfect	du skulle ha [hava] stött	ni skulle ha [hava] stött
	han skulle ha [hava] stött	de skulle ha [hava] stött

INDICATIVE

(att) störa (IIa)

to disturb

Present	jag stör	vi stör [störa]
	du stör	ni stör [störa]
	han stör	de stör [störa]
Past	jag störde	vi störde
	du störde	ni störde
	han störde	de störde
Future	jag ska(ll) störa	vi ska(ll) [skola] störa
	du ska(ll) störa	ni ska(ll) [skola] störa
	han ska(ll) störa	de ska(ll) [skola] störa
Conditional	jag skulle störa	vi skulle störa
	du skulle störa	ni skulle störa
	han skulle störa	de skulle störa
Present	jag har stört	vi har [ha] [hava] stört
Perfect	du har stört	ni har [ha] [hava] stört
	han har stört	de har [ha] [hava] stört
Past Perfect	jag hade stört	vi hade stört
	du hade stört	ni hade stört
	han hade stört	de hade stört
Future	jag kommer att [ska(ll)]	vi kommer att [ska(ll)] [skola]
Perfect	ha [hava] stört	ha [hava] stört
	du kommer att [ska(ll)]	ni kommer att [ska(ll)] [skola]
	ha [hava] stört	ha [hava] stört
	han kommer att [ska(ll)]	de kommer att [ska(ll)] [skola]
	ha [hava] stört	ha [hava] stört
Conditional	jag skulle ha [hava] stört	vi skulle ha [hava] stört
Perfect	du skulle ha [hava] stört	ni skulle ha [hava] stört
	han skulle ha [hava] stört	de skulle ha [hava] stört

159

INDICATIVE

(att) supa (IV)
to sip, tipple,
drink (liquor)

Present	jag super	vi super [supa]
	du super	ni super [supa]
	han super	de super [supa]

Past	jag söp	vi söp [söpo]
	du söp	ni söp [söpo]
	han söp	de söp [söpo]

Future	jag ska(ll) supa	vi ska(ll) [skola] supa
	du ska(ll) supa	ni ska(ll) [skola] supa
	han ska(ll) supa	de ska(ll) [skola] supa

Conditional	jag skulle supa	vi skulle supa
	du skulle supa	ni skulle supa
	han skulle supa	de skulle supa

Present	jag har supit	vi har [ha] [hava] supit
Perfect	du har supit	ni har [ha] [hava] supit
	han har supit	de har [ha] [hava] supit

Past Perfect	jag hade supit	vi hade supit
	du hade supit	ni hade supit
	han hade supit	de hade supit

Future	jag kommer att [ska(ll)]	vi kommer att [ska(ll)] [skola]
Perfect	ha [hava] supit	ha [hava] supit
	du kommer att [ska(ll)]	ni kommer att [ska(ll)] [skola]
	ha [hava] supit	ha [hava] supit
	han kommer att [ska(ll)]	de kommer att [ska(ll)] [skola]
	ha [hava] supit	ha [hava] supit

Conditional	jag skulle ha [hava] supit	vi skulle ha [hava] supit
Perfect	du skulle ha [hava] supit	ni skulle ha [hava] supit
	han skulle ha [hava] supit	de skulle ha [hava] supit

* unusual, but possible.

INDICATIVE

(att) svara (I)
to answer,
reply

Present	jag svarar	vi svarar [svara]
	du svarar	ni svarar [svara]
	han svarar	de svarar [svara]
Past	jag svarade	vi svarade
	du svarade	ni svarade
	han svarade	de svarade
Future	jag ska(ll) svara	vi ska(ll) [skola] svara
	du ska(ll) svara	ni ska(ll) [skola] svara
	han ska(ll) svara	de ska(ll) [skola] svara
Conditional	jag skulle svara	vi skulle svara
	du skulle svara	ni skulle svara
	han skulle svara	de skulle svara
Present	jag har svarat	vi har [ha] [hava] svarat
Perfect	du har svarat	ni har [ha] [hava] svarat
	han har svarat	de har [ha] [hava] svarat
Past Perfect	jag hade svarat	vi hade svarat
	du hade svarat	ni hade svarat
	han hade svarat	de hade svarat
Future	jag kommer att [ska(ll)]	vi kommer att [ska(ll)] [skola]
Perfect	ha [hava] svarat	ha [hava] svarat
	du kommer att [ska(ll)]	ni kommer att [ska(ll)] [skola]
	ha [hava] svarat	ha [hava] svarat
	han kommer att [ska(ll)]	de kommer att [ska(ll)] [skola]
	ha [hava] svarat	ha [hava] svarat
Conditional	jag skulle ha [hava] svarat	vi skulle ha [hava] svarat
Perfect	du skulle ha [hava] svarat	ni skulle ha [hava] svarat
	han skulle ha [hava] svarat	de skulle ha [hava] svarat

INDICATIVE

(att) svida ** *(IV)*

to smart,
ache

Present	den svider	
	det svider	de svider [svida]
Past	den sved	
	det sved	de sved [svedo]
Future	den ska(ll) svida	
	det ska(ll) svida	de ska(ll) [skola] svida
Conditional	den skulle svida	
	det skulle svida	de skulle svida
Present	den har svidit	
Perfect	det har svidit	de har [ha] [hava] svidit
Past Perfect	den hade svidit	
	det hade svidit	de hade svidit
Future	den kommer att [ska(ll)]	
Perfect	ha [hava] svidit	
	det kommer att [ska(ll)]	de kommer att [ska(ll)] [skola]
	ha [hava] svidit	ha [hava] svidit
Conditional	den skulle ha [hava] svidit	
Perfect	det skulle ha [hava] svidit	de skulle ha [hava] svidit

---

* *svida* is an impersonal verb; forms other than third person forms are inconceivable; the imperative is only theoretical.

INDICATIVE

(att) svika (IV)
to fail,
disappoint,
betray,
deceive

Present	jag sviker	vi sviker [svika]
	du sviker	ni sviker [svika]
	han sviker	de sviker [svika]
Past	jag svek	vi svek [sveko]
	du svek	ni svek [sveko]
	han svek	de svek [sveko]
Future	jag ska(ll) svika	vi ska(ll) [skola] svika
	du ska(ll) svika	ni ska(ll) [skola] svika
	han ska(ll) svika	de ska(ll) [skola] svika
Conditional	jag skulle svika	vi skulle svika
	du skulle svika	ni skulle svika
	han skulle svika	de skulle svika
Present Perfect	jag har svikit	vi har [ha] [hava] svikit
	du har svikit	ni har [ha] [hava] svikit
	han har svikit	de har [ha] [hava] svikit
Past Perfect	jag hade svikit	vi hade svikit
	du hade svikit	ni hade svikit
	han hade svikit	de hade svikit
Future Perfect	jag kommer att [ska(ll)] ha [hava] svikit	vi kommer att [ska(ll)] [skola] ha [hava] svikit
	du kommer att [ska(ll)] ha [hava] svikit	ni kommer att [ska(ll)] [skola] ha [hava] svikit
	han kommer att [ska(ll)] ha [hava] svikit	de kommer att [ska(ll)] [skola] ha [hava] svikit
Conditional Perfect	jag skulle ha [hava] svikit	vi skulle ha [hava] svikit
	du skulle ha [hava] svikit	ni skulle ha [hava] svikit
	han skulle ha [hava] svikit	de skulle ha [hava] svikit

INDICATIVE

(att) svälta* (IV)

(intransitive)

to starve

Present	jag svälter	vi svälter [svälta]
	du svälter	ni svälter [svälta]
	han svälter	de svälter [svälta]

Past	jag svalt	vi svalt [svulto]
	du svalt	ni svalt [svulto]
	han svalt	de svalt [svulto]

Future	jag ska(ll) svälta	vi ska(ll) [skola] svälta
	du ska(ll) svälta	ni ska(ll) [skola] svälta
	han ska(ll) svälta	de ska(ll) [skola] svälta

Conditional	jag skulle svälta	vi skulle svälta
	du skulle svälta	ni skulle svälta
	han skulle svälta	de skulle svälta

Present	jag har svultit	vi har [ha] [hava] svultit
Perfect	du har svultit	ni har [ha] [hava] svultit
	han har svultit	de har [ha] [hava] svultit

Past Perfect	jag hade svultit	vi hade svultit
	du hade svultit	ni hade svultit
	han hade svultit	de hade svultit

Future	jag kommer att [ska(ll)]	vi kommer att [ska(ll)] [skola]
Perfect	ha [hava] svultit	ha [hava] svultit
	du kommer att [ska(ll)]	ni kommer att [ska(ll)] [skola]
	ha [hava] svultit	ha [hava] svultit
	han kommer att [ska(ll)]	de kommer att [ska(ll)] [skola]
	ha [hava] svultit	ha [hava] svultit

Conditional	jag skulle ha [hava] svultit	vi skulle ha [hava] svultit
Perfect	du skulle ha [hava] svultit	ni skulle ha [hava] svultit
	han skulle ha [hava] svultit	de skulle ha [hava] svultit

---

* *svälta* (IV) means 'to starve' (involuntarily).

INDICATItVE

(att) svälta (IIb or IV)*

Present	jag svälter
	du svälter
	han svälter

vi svälter [svälta]
ni svälter [svälta]
de svälter [svälta]

(transitive)
to starve (out),
starve (someone)

Past	jag svälte (svalt)
	du svälte (svalt)
	han svälte (svalt)

vi svälte (svalt)
ni svälte (svalt)
de svälte (svalt)

Future	jag ska(ll) svälta
	du ska(ll) svälta
	han ska(ll) svälta

vi ska(ll) [skola] svälta
ni ska(ll) [skola] svälta
de ska(ll) [skola] svälta

Conditional	jag skulle svälta
	du skulle svälta
	han skulle svälta

vi skulle svälta
ni skulle svälta
de skulle svälta

Present	jag har svält
Perfect	du har svält
	han har svält

vi har [ha] [hava] svält
ni har [ha] [hava] svält
de har [ha] [hava] svält

Past Perfect	jag hade svält
	du hade svält
	han hade svält

vi hade svält
ni hade svält
de hade svält

Future	jag kommer att [ska(ll)]
Perfect	ha [hava] svält
	du kommer att [ska(ll)]
	ha [hava] svält
	han kommer att [ska(ll)]
	ha [hava] svält

vi kommer att [ska(ll)] [skola]
ha [hava] svält
ni kommer att [ska(ll)] [skola]
ha [hava] svält
de kommer att [ska(ll)] [skola]
ha [hava] svält

Conditional	jag skulle ha [hava] svält
Perfect	du skulle ha [hava] svält
	han skulle ha [hava] svält

vi skulle ha [hava] svält
ni skulle ha [hava] svält
de skulle ha [hava] svält

---

* *svälta* as a transitive verb is basically a Class IIb verb (note that the supine has only the regular IIb form: *svält*). However, the past form *svälte* co-exists with a strong form *svalt*, through contamination by confusion with the intransitive verb *svälta* (q.v.); *svälta sig* (IIb) means 'to starve oneself' (intentionally).

INDICATIVE

(att) svär(j)a *(IV)*

Present	jag svär	vi svär [svär(j)a]	*to swear*
	du svär	ni svär [svär(j)a]	
	han svär	de svär [svär(j)a]	

Past jag svor   vi svor [svuro]
       du svor   ni svor [svuro]
       han svor   de svor [svuro]

Future jag ska(ll) svär(j)a   vi ska(ll) [skola] svär(j)a
       du ska(ll) svär(j)a   ni ska(ll) [skola] svär(j)a
       han ska(ll) svär(j)a   de ska(ll) [skola] svär(j)a

Conditional jag skulle svär(j)a   vi skulle svär(j)a
       du skulle svär(j)a   ni skulle svär(j)a
       han skulle svär(j)a   de skulle svär(j)a

Present jag har svurit   vi har [ha] [hava] svurit
Perfect du har svurit   ni har [ha] [hava] svurit
       han har svurit   de har [ha] [hava] svurit

Past Perfect jag hade svurit   vi hade svurit
       du hade svurit   ni hade svurit
       han hade svurit   de hade svurit

Future jag kommer att [ska(ll)]   vi kommer att [ska(ll)] [skola]
Perfect   ha [hava] svurit   ha [hava] svurit
       du kommer att [ska(ll)]   ni kommer att [ska(ll)] [skola]
           ha [hava] svurit   ha [hava] svurit
       han kommer att [ska(ll)]   de kommer att [ska(ll)] [skola]
           ha [hava] svurit   ha [hava] svurit

Conditional jag skulle ha [hava] svurit   vi skulle ha [hava] svurit
Perfect du skulle ha [hava] svurit   ni skulle ha [hava] svurit
       han skulle ha [hava] svurit   de skulle ha [hava] svurit

INDICATIVE

(att) sy (III)

to sew

Present	jag syr	vi syr [sy]
	du syr	ni syr [sy]
	han syr	de syr [sy]
Past	jag sydde	vi sydde
	du sydde	ni sydde
	han sydde	de sydde
Future	jag ska(ll) sy	vi ska(ll) [skola] sy
	du ska(ll) sy	ni ska(ll) [skola] sy
	han ska(ll) sy	de ska(ll) [skola] sy
Conditional	jag skulle sy	vi skulle sy
	du skulle sy	ni skulle sy
	han skulle sy	de skulle sy
Present	jag har sytt	vi har [ha] [hava] sytt
Perfect	du har sytt	ni har [ha] [hava] sytt
	han har sytt	de har [ha] [hava] sytt
Past Perfect	jag hade sytt	vi hade sytt
	du hade sytt	ni hade sytt
	han hade sytt	de hade sytt
Future	jag kommer att [ska(ll)]	vi kommer att [ska(ll)] [skola]
Perfect	ha [hava] sytt	ha [hava] sytt
	du kommer att [ska(ll)]	ni kommer att [ska(ll)] [skola]
	ha [hava] sytt	ha [hava] sytt
	han kommer att [ska(ll)]	de kommer att [ska(ll)] [skola]
	ha [hava] sytt	ha [hava] sytt
Conditional	jag skulle ha [hava] sytt	vi skulle ha [hava] sytt
Perfect	du skulle ha [hava] sytt	ni skulle ha [hava] sytt
	han skulle ha [hava] sytt	de skulle ha [hava] sytt

INDICATIVE

(att) säga (IV or IIa)

to say

Present jag säger
du säger
han säger

vi säger [säga]
ni säger [säga]
de säger [säga]

Past jag sa(de)
du sa(de)
han sa(de)

vi sa(de)
ni sa(de)
de sa(de)

Future jag ska(ll) säga
du ska(ll) säga
han ska(ll) säga

vi ska(ll) [skola] säga
ni ska(ll) [skola] säga
de ska(ll) [skola] säga

Conditional jag skulle säga
du skulle säga
han skulle säga

vi skulle säga
ni skulle säga
de skulle säga

Present jag har sagt
Perfect du har sagt
han har sagt

vi har [ha] [hava] sagt
ni har [ha] [hava] sagt
de har [ha] [hava] sagt

Past Perfect jag hade sagt
du hade sagt
han hade sagt

vi hade sagt
ni hade sagt
de hade sagt

Future jag kommer att [ska(ll)]
Perfect ha [hava] sagt
du kommer att [ska(ll)]
ha [hava] sagt
han kommer att [ska(ll)]
ha [hava] sagt

vi kommer att [ska(ll)] [skola]
ha [hava] sagt
ni kommer att [ska(ll)] [skola]
ha [hava] sagt
de kommer att [ska(ll)] [skola]
ha [hava] sagt

Conditional jag skulle ha [hava] sagt
Perfect du skulle ha [hava] sagt
han skulle ha [hava] sagt

vi skulle ha [hava] sagt
ni skulle ha [hava] sagt
de skulle ha [hava] sagt

---

*   *sa* is more common in spoken Swedish, and *sade* is more common in written Swedish.
**   the imperative form *säj* occurs in colloquial or informal style.

INDICATIVE

(att) sälja (IV or IIa)

Present	jag säljer	vi säljer [sälja]
	du säljer	ni säljer [sälja]
	han säljer	de säljer [sälja]

to sell

Past	jag sålde	vi sålde
	du sålde	ni sålde
	han sålde	de sålde

Future	jag ska(ll) sälja	vi ska(ll) [skola] sälja
	du ska(ll) sälja	ni ska(ll) [skola] sälja
	han ska(ll) sälja	de ska(ll) [skola] sälja

Conditional	jag skulle sälja	vi skulle sälja
	du skulle sälja	ni skulle sälja
	han skulle sälja	de skulle sälja

Present	jag har sålt	vi har [ha] [hava] sålt
Perfect	du har sålt	ni har [ha] [hava] sålt
	han har sålt	de har [ha] [hava] sålt

Past Perfect	jag hade sålt	vi hade sålt
	du hade sålt	ni hade sålt
	han hade sålt	de hade sålt

Future	jag kommer att [ska(ll)]	vi kommer att [ska(ll)] [skola]
Perfect	ha [hava] sålt	ha [hava] sålt
	du kommer att [ska(ll)]	ni kommer att [ska(ll)] [skola]
	ha [hava] sålt	ha [hava] sålt
	han kommer att [ska(ll)]	de kommer att [ska(ll)] [skola]
	ha [hava] sålt	ha [hava] sålt

Conditional	jag skulle ha [hava] sålt	vi skulle ha [hava] sålt
Perfect	du skulle ha [hava] sålt	ni skulle ha [hava] sålt
	han skulle ha [hava] sålt	de skulle ha [hava] sålt

169

	INDICATIVE		*(att) sätta (IV or IIb)*
Present	jag sätter	vi sätter [sätta]	*to set,*
	du sätter	ni sätter [sätta]	
	han sätter	de sätter [sätta]	*place, put*
Past	jag satte	vi satte	
	du satte	ni satte	
	han satte	de satte	
Future	jag ska(ll) sätta	vi ska(ll) [skola] sätta	
	du ska(ll) sätta	ni ska(ll) [skola] sätta	
	han ska(ll) sätta	de ska(ll) [skola] sätta	
Conditional	jag skulle sätta	vi skulle sätta	
	du skulle sätta	ni skulle sätta	
	han skulle sätta	de skulle sätta	
Present Perfect	jag har satt	vi har [ha] [hava] satt	
	du har satt	ni har [ha] [hava] satt	
	han har satt	de har [ha] [hava] satt	
Past Perfect	jag hade satt	vi hade satt	
	du hade satt	ni hade satt	
	han hade satt	de hade satt	
Future Perfect	jag kommer att [ska(ll)] ha [hava] satt	vi kommer att [ska(ll)] [skola] ha [hava] satt	
	du kommer att [ska(ll)] ha [hava] satt	ni kommer att [ska(ll)] [skola] ha [hava] satt	
	han kommer att [ska(ll)] ha [hava] satt	de kommer att [ska(ll)] [skola] ha [hava] satt	
Conditional Perfect	jag skulle ha [hava] satt	vi skulle ha [hava] satt	
	du skulle ha [hava] satt	ni skulle ha [hava] satt	
	han skulle ha [hava] satt	de skulle ha [hava] satt	

INDICATIVE		*(att) ta (taga) (IV)*

Present jag tar (tager)   vi tar (tager) [ta] [taga] *to take*
du tar (tager   ni tar (tager) [ta] [taga]
han tar (tager)   de tar (tager) [ta] [taga]

Past jag tog   vi tog [togo]
du tog   ni tog [togo]
han tog   de tog [togo]

Future jag ska(ll) ta(ga)   vi ska(ll) [skola] ta(ga)
du ska(ll) ta(ga)   ni ska(ll) [skola] ta(ga)
han ska(ll) ta(ga)   de ska(ll) [skola] ta(ga)

Conditional jag skulle ta(ga)   vi skulle ta(ga)
du skulle ta(ga)   ni skulle ta(ga)
han skulle ta(ga)   de skulle ta(ga)

Present jag har tagit   vi har [ha] [hava] tagit
Perfect du har tagit   ni har [ha] [hava] tagit
han har tagit   de har [ha] [hava] tagit

Past Perfect jag hade tagit   vi hade tagit
du hade tagit   ni hade tagit
han hade tagit   de hade tagit

Future jag kommer att [ska(ll)]   vi kommer att [ska(ll)] [skola]
Perfect   ha [hava] tagit   ha [hava] tagit
du kommer att [ska(ll)]   ni kommer att [ska(ll)] [skola]
   ha [hava] tagit   ha [hava] tagit
han kommer att [ska(ll)]   de kommer att [ska(ll)] [skola]
   ha [hava] tagit   ha [hava] tagit

Conditional jag skulle ha [hava] tagit   vi skulle ha [hava] tagit
Perfect du skulle ha [hava] tagit   ni skulle ha [hava] tagit
han skulle ha [hava] tagit   de skulle ha [hava] tagit

PRINC. PARTS: *tala, talade [talte*], talat [talt], talad*
IMPERATIVE: *tala!*

INDICATIVE

(att) tala (I or IIb)

to speak,
talk

Present	jag talar	vi talar [tala]
	du talar	ni talar [tala]
	han talar	de talar [tala]
Past	jag talade [talte*]	vi talade [talte*]
	du talade [talte*]	ni talade [talte*]
	han talade [talte*]	de talade [talte*]
Future	jag ska(ll) tala	vi ska(ll) [skola] tala
	du ska(ll) tala	ni ska(ll) [skola] tala
	han ska(ll) tala	de ska(ll) [skola] tala
Conditional	jag skulle tala	vi skulle tala
	du skulle tala	ni skulle tala
	han skulle tala	de skulle tala
Present Perfect	jag har talat [talt]	vi har [ha] [hava] talat [talt]
	du har talat [talt]	ni har [ha] [hava] talat [talt]
	han har talat [talt]	de har [ha] [hava] talat [talt]
Past Perfect	jag hade talat [talt]	vi hade talat [talt]
	du hade talat [talt]	ni hade talat [talt]
	han hade talat [talt]	de hade talat [talt]
Future Perfect	jag kommer att [ska(ll)] ha [hava] talat [talt]	vi kommer att [ska(ll)] [skola] ha [hava] talat [talt]
	du kommer att [ska(ll)] ha [hava] talat [talt]	ni kommer att [ska(ll)] [skola] ha [hava] talat [talt]
	han kommer att [ska(ll)] ha [hava] talat [talt]	de kommer att [ska(ll)] [skola] ha [hava] talat [talt]
Conditional Perfect	jag skulle ha [hava] talat [talt]	vi skulle ha [hava] talat [talt]
	du skulle ha [hava] talat [talt]	ni skulle ha [hava] talat [talt]
	han skulle ha [hava] talat [talt]	de skulle ha [hava] talat [talt]

* *talte* is colloquial; it is also used in poetical language (for rhyme, etc.).

INDICATIVE

(att) tiga (IV)
to be silent

Present	jag tiger	vi tiger [tiga]
	du tiger	ni tiger [tiga]
	han tiger	de tiger [tiga]

Past	jag teg	vi teg [tego]
	du teg	ni teg [tego]
	han teg	de teg [tego]

Future	jag ska(ll) tiga	vi ska(ll) [skola] tiga
	du ska(ll) tiga	ni ska(ll) [skola] tiga
	han ska(ll) tiga	de ska(ll) [skola] tiga

Conditional	jag skulle tiga	vi skulle tiga
	du skulle tiga	ni skulle tiga
	han skulle tiga	de skulle tiga

Present	jag har tigit (tegat)	vi har [ha] [hava] tigit (tegat)
Perfect	du har tigit (tegat)	ni har [ha] [hava] tigit (tegat)
	han har tigit (tegat)	de har [ha] [hava] tigit (tegat)

Past Perfect	jag hade tigit (tegat)	vi hade tigit (tegat)
	du hade tigit (tegat)	ni hade tigit (tegat)
	han hade tigit (tegat)	de hade tigit (tegat)

Future	jag kommer att [ska(ll)]	vi kommer att [ska(ll)] [skola]
Perfect	ha [hava] tigit (tegat)	ha [hava] tigit (tegat)
	du kommer att [ska(ll)]	ni kommer att [ska(ll)] [skola]
	ha [hava] tigit (tegat)	ha [hava] tigit (tegat)
	han kommer att [ska(ll)]	de kommer att [ska(ll)] [skola]
	ha [hava] tigit (tegat)	ha [hava] tigit (tegat)

Conditional	jag skulle ha [hava] tigit (tegat)	vi skulle ha [hava] tigit (tegat)
Perfect	du skulle ha [hava] tigit (tegat)	ni skulle ha [hava] tigit (tegat)
	han skulle ha [hava] tigit (tegat)	de skulle ha [hava] tigit (tegat)

INDICATIVE

(att) titta (I)
to look

Present	jag tittar	vi tittar [titta]
	du tittar	ni tittar [titta]
	han tittar	de tittar [titta]

Past	jag tittade	vi tittade
	du tittade	ni tittade
	han tittade	de tittade

Future	jag ska(ll) titta	vi ska(ll) [skola] titta
	du ska(ll) titta	ni ska(ll) [skola] titta
	han ska(ll) titta	de ska(ll) [skola] titta

Conditional	jag skulle titta	vi skulle titta
	du skulle titta	ni skulle titta
	han skulle titta	de skulle titta

Present Perfect	jag har tittat	vi har [ha] [hava] tittat
	du har tittat	ni har [ha] [hava] tittat
	han har tittat	de har [ha] [hava] tittat

Past Perfect	jag hade tittat	vi hade tittat
	du hade tittat	ni hade tittat
	han hade tittat	de hade tittat

Future Perfect	jag kommer att [ska(ll)] ha [hava] tittat	vi kommer att [ska(ll)] [skola] ha [hava] tittat
	du kommer att [ska(ll)] ha [hava] tittat	ni kommer att [ska(ll)] [skola] ha [hava] tittat
	han kommer att [ska(ll)] ha [hava] tittat	de kommer att [ska(ll)] [skola] ha [hava] tittat

Conditional Perfect	jag skulle ha [hava] tittat	vi skulle ha [hava] tittat
	du skulle ha [hava] tittat	ni skulle ha [hava] tittat
	han skulle ha [hava] tittat	de skulle ha [hava] tittat

INDICATIVE

(att) tjuta (IV)

to howl

Present	jag tjuter	vi tjuter [tjuta]
	du tjuter	ni tjuter [tjuta]
	han tjuter	de tjuter [tjuta]
Past	jag tjöt	vi tjöt [tjöto]
	du tjöt	ni tjöt [tjöto]
	han tjöt	de tjöt [tjöto]
Future	jag ska(ll) tjuta	vi ska(ll) [skola] tjuta
	du ska(ll) tjuta	ni ska(ll) [skola] tjuta
	han ska(ll) tjuta	de ska(ll) [skola] tjuta
Conditional	jag skulle tjuta	vi skulle tjuta
	du skulle tjuta	ni skulle tjuta
	han skulle tjuta	de skulle tjuta
Present Perfect	jag har tjutit	vi har [ha] [hava] tjutit
	du har tjutit	ni har [ha] [hava] tjutit
	han har tjutit	de har [ha] [hava] tjutit
Past Perfect	jag hade tjutit	vi hade tjutit
	du hade tjutit	ni hade tjutit
	han hade tjutit	de hade tjutit
Future Perfect	jag kommer att [ska(ll)] ha [hava] tjutit	vi kommer att [ska(ll)] [skola] ha [hava] tjutit
	du kommer att [ska(ll)] ha [hava] tjutit	ni kommer att [ska(ll)] [skola] ha [hava] tjutit
	han kommer att [ska(ll)] ha [hava] tjutit	de kommer att [ska(ll)] [skola] ha [hava] tjutit
Conditional Perfect	jag skulle ha [hava] tjutit	vi skulle ha [hava] tjutit
	du skulle ha [hava] tjutit	ni skulle ha [hava] tjutit
	han skulle ha [hava] tjutit	de skulle ha [hava] tjutit

INDICATIVE

(att) tro (III)
to believe

Present	jag tror	vi tror [tro]
	du tror	ni tror [tro]
	han tror	de tror [tro]
Past	jag trodde	vi trodde
	du trodde	ni trodde
	han trodde	de trodde
Future	jag ska(ll) tro	vi ska(ll) [skola] tro
	du ska(ll) tro	ni ska(ll) [skola] tro
	han ska(ll) tro	de ska(ll) [skola] tro
Conditional	jag skulle tro	vi skulle tro
	du skulle tro	ni skulle tro
	han skulle tro	de skulle tro
Present Perfect	jag har trott	vi har [ha] [hava] trott
	du har trott	ni har [ha] [hava] trott
	han har trott	de har [ha] [hava] trott
Past Perfect	jag hade trott	vi hade trott
	du hade trott	ni hade trott
	han hade trott	de hade trott
Future Perfect	jag kommer att [ska(ll)] ha [hava] trott	vi kommer att [ska(ll)] [skola] ha [hava] trott
	du kommer att [ska(ll)] ha [hava] trott	ni kommer att [ska(ll)] [skola] ha [hava] trott
	han kommer att [ska(ll)] ha [hava] trott	de kommer att [ska(ll)] [skola] ha [hava] trott
Conditional Perfect	jag skulle ha [hava] trott	vi skulle ha [hava] trott
	du skulle ha [hava] trott	ni skulle ha [hava] trott
	han skulle ha [hava] trott	de skulle ha [hava] trott

INDICATIVE

(att) trycka (IIb)

Present	jag trycker	vi trycker [trycka]
	du trycker	ni trycker [trycka]
	han trycker	de trycker [trycka]

to print,

press

Past jag tryckte — vi tryckte
du tryckte — ni tryckte
han tryckte — de tryckte

Future jag ska(ll) trycka — vi ska(ll) [skola] trycka
du ska(ll) trycka — ni ska(ll) [skola] trycka
han ska(ll) trycka — de ska(ll) [skola] trycka

Conditional jag skulle trycka — vi skulle trycka
du skulle trycka — ni skulle trycka
han skulle trycka — de skulle trycka

Present jag har tryckt — vi har [ha] [hava] tryckt
Perfect du har tryckt — ni har [ha] [hava] tryckt
han har tryckt — de har [ha] [hava] tryckt

Past Perfect jag hade tryckt — vi hade tryckt
du hade tryckt — ni hade tryckt
han hade tryckt — de hade tryckt

Future jag kommer att [ska(ll)] — vi kommer att [ska(ll)] [skola]
Perfect ha [hava] tryckt — ha [hava] tryckt
du kommer att [ska(ll)] — ni kommer att [ska(ll)] [skola]
ha [hava] tryckt — ha [hava] tryckt
han kommer att [ska(ll)] — de kommer att [ska(ll)] [skola]
ha [hava] tryckt — ha [hava] tryckt

Conditional jag skulle ha [hava] tryckt — vi skulle ha [hava] tryckt
Perfect du skulle ha [hava] tryckt — ni skulle ha [hava] tryckt
han skulle ha [hava] tryckt — de skulle ha [hava] tryckt

INDICATIVE

(att) träffa (I)

Present	jag träffar	vi träffar [träffa]	*to meet,*
	du träffar	ni träffar [träffa]	*find, hit*
	han träffar	de träffar [träffa]	

Past jag träffade
du träffade
han träffade

vi träffade
ni träffade
de träffade

Future jag ska(ll) träffa
du ska(ll) träffa
han ska(ll) träffa

vi ska(ll) [skola] träffa
ni ska(ll) [skola] träffa
de ska(ll) [skola] träffa

Conditional jag skulle träffa
du skulle träffa
han skulle träffa

vi skulle träffa
ni skulle träffa
de skulle träffa

Present jag har träffat
Perfect du har träffat
han har träffat

vi har [ha] [hava] träffat
ni har [ha] [hava] träffat
de har [ha] [hava] träffat

Past Perfect jag hade träffat
du hade träffat
han hade träffat

vi hade träffat
ni hade träffat
de hade träffat

Future jag kommer att [ska(ll)]
Perfect ha [hava] träffat
du kommer att [ska(ll)]
ha [hava] träffat
han kommer att [ska(ll)]
ha [hava] träffat

vi kommer att [ska(ll)] [skola]
ha [hava] träffat
ni kommer att [ska(ll)] [skola]
ha [hava] träffat
de kommer att [ska(ll)] [skola]
ha [hava] träffat

Conditional jag skulle ha [hava] träffat
Perfect du skulle ha [hava] träffat
han skulle ha [hava] träffat

vi skulle ha [hava] träffat
ni skulle ha [hava] träffat
de skulle ha [hava] träffat

INDICATIVE *(att) tvätta (I)*

Present	jag tvättar	vi tvättar [tvätta]	to wash
	du tvättar	ni tvättar [tvätta]	
	han tvättar	de tvättar [tvätta]	

Past jag tvättade — vi tvättade
du tvättade — ni tvättade
han tvättade — de tvättade

Future jag ska(ll) tvätta — vi ska(ll) [skola] tvätta
du ska(ll) tvätta — ni ska(ll) [skola] tvätta
han ska(ll) tvätta — de ska(ll) [skola] tvätta

Conditional jag skulle tvätta — vi skulle tvätta
du skulle tvätta — ni skulle tvätta
han skulle tvätta — de skulle tvätta

Present Perfect jag har tvättat — vi har [ha] [hava] tvättat
du har tvättat — ni har [ha] [hava] tvättat
han har tvättat — de har [ha] [hava] tvättat

Past Perfect jag hade tvättat — vi hade tvättat
du hade tvättat — ni hade tvättat
han hade tvättat — de hade tvättat

Future Perfect jag kommer att [ska(ll)] ha [hava] tvättat — vi kommer att [ska(ll)] [skola] ha [hava] tvättat
du kommer att [ska(ll)] ha [hava] tvättat — ni kommer att [ska(ll)] [skola] ha [hava] tvättat
han kommer att [ska(ll)] ha [hava] tvättat — de kommer att [ska(ll)] [skola] ha [hava] tvättat

Conditional Perfect jag skulle ha [hava] tvättat — vi skulle ha [hava] tvättat
du skulle ha [hava] tvättat — ni skulle ha [hava] tvättat
han skulle ha [hava] tvättat — de skulle ha [hava] tvättat

INDICATIVE

(att) tycka* *(IIb)*

to think, like

Present	jag tycker	vi tycker [tycka]
	du tycker	ni tycker [tycka]
	han tycker	de tycker [tycka]
Past	jag tyckte	vi tyckte
	du tyckte	ni tyckte
	han tyckte	de tyckte
Future	jag ska(ll) tycka	vi ska(ll) [skola] tycka
	du ska(ll) tycka	ni ska(ll) [skola] tycka
	han ska(ll) tycka	de ska(ll) [skola] tycka
Conditional	jag skulle tycka	vi skulle tycka
	du skulle tycka	ni skulle tycka
	han skulle tycka	de skulle tycka
Present Perfect	jag har tyckt	vi har [ha] [hava] tyckt
	du har tyckt	ni har [ha] [hava] tyckt
	han har tyckt	de har [ha] [hava] tyckt
Past Perfect	jag hade tyckt	vi hade tyckt
	du hade tyckt	ni hade tyckt
	han hade tyckt	de hade tyckt
Future Perfect	jag kommer att [ska(ll)] ha [hava] tyckt	vi kommer att [ska(ll)] [skola] ha [hava] tyckt
	du kommer att [ska(ll)] ha [hava] tyckt	ni kommer att [ska(ll)] [skola] ha [hava] tyckt
	han kommer att [ska(ll)] ha [hava] tyckt	de kommer att [ska(ll)] [skola] ha [hava] tyckt
Conditional Perfect	jag skulle ha [hava] tyckt	vi skulle ha [hava] tyckt
	du skulle ha [hava] tyckt	ni skulle ha [hava] tyckt
	han skulle ha [hava] tyckt	de skulle ha [hava] tyckt

* the deponent verb *tyckas* means 'to seem'.

INDICATIVE

(att) tänka (IIb)
to think

Present jag tänker   vi tänker [tänka]
          du tänker   ni tänker [tänka]
          han tänker   de tänker [tänka]

Past jag tänkte   vi tänkte
       du tänkte   ni tänkte
       han tänkte   de tänkte

Future jag ska(ll) tänka   vi ska(ll) [skola] tänka
         du ska(ll) tänka   ni ska(ll) [skola] tänka
         han ska(ll) tänka   de ska(ll) [skola] tänka

Conditional jag skulle tänka   vi skulle tänka
              du skulle tänka   ni skulle tänka
              han skulle tänka   de skulle tänka

Present   jag har tänkt   vi har [ha] [hava] tänkt
Perfect   du har tänkt   ni har [ha] [hava] tänkt
            han har tänkt   de har [ha] [hava] tänkt

Past Perfect jag hade tänkt   vi hade tänkt
               du hade tänkt   ni hade tänkt
               han hade tänkt   de hade tänkt

Future   jag kommer att [ska(ll)]   vi kommer att [ska(ll)] [skola]
Perfect   ha [hava] tänkt   ha [hava] tänkt
           du kommer att [ska(ll)]   ni kommer att [ska(ll)] [skola]
               ha [hava] tänkt   ha [hava] tänkt
           han kommer att [ska(ll)]   de kommer att [ska(ll)] [skola]
               ha [hava] tänkt   ha [hava] tänkt

Conditional jag skulle ha [hava] tänkt   vi skulle ha [hava] tänkt
Perfect   du skulle ha [hava] tänkt   ni skulle ha [hava] tänkt
               han skulle ha [hava] tänkt   de skulle ha [hava] tänkt

INDICATIVE		*(att) töras (IV or IIa)*
		to dare†

Present	jag törs	vi törs [töras]
	du törs	ni törs [töras]
	han törs	de törs [töras]
Past	jag tordes	vi tordes
	du tordes	ni tordes
	han tordes	de tordes
Future	jag ska(ll) töras [tordas]	vi ska(ll) [skola] töras [tordas]
	du ska(ll) töras [tordas]	ni ska(ll) [skola] töras [tordas]
	han ska(ll) töras [tordas]	de ska(ll) [skola] töras [tordas]
Conditional	jag skulle töras [tordas]	vi skulle töras [tordas]
	du skulle töras [tordas]	ni skulle töras [tordas]
	han skulle töras [tordas]	de skulle töras [tordas]
Present Perfect	jag har torts [tordats]	vi har [ha] [hava] torts [tordats]
	du har torts [tordats]	ni har [ha] [hava] torts [tordats]
	han har torts [tordats]	de har [ha] [hava] torts [tordats]
Past Perfect	jag hade torts [tordats]	vi hade torts [tordats]
	du hade torts [tordats]	ni hade torts [tordats]
	han hade torts [tordats]	de hade torts [tordats]
Future Perfect	jag kommer att [ska(ll)] ha [hava] torts [tordats]	vi kommer att [ska(ll)] [skola] ha [hava] torts [tordats]
	du kommer att [ska(ll)] ha [hava] torts [tordats]	ni kommer att [ska(ll)] [skola] ha [hava] torts [tordats]
	han kommer att [ska(ll)] ha [hava] torts [tordats]	de kommer att [ska(ll)] [skola] ha [hava] torts [tordats]
Conditional Perfect	jag skulle ha [hava] torts [tordats]	vi skulle ha [hava] torts [tordats]
	du skulle ha [hava] torts [tordats]	ni skulle ha [hava] torts [tordats]
	han skulle ha [hava] torts [tordats]	de skulle ha [hava] torts [tordats]

*   see Wellander, *Riktig svenska*, page 274 (fjärde tryckningen); the supine *tordats* is formed according to Class I and is found in some dialects.

**   the imperative can occur dialectally, principally in northern areas, but elsewhere is only theoretical.

†   more common, and totally regular, is the verb *våga* (I), 'to dare'.

INDICATIVE

(att) undra (I)
to wonder

Present	jag undrar	vi undrar [undra]
	du undrar	ni undrar [undra]
	han undrar	de undrar [undra]
Past	jag undrade	vi undrade
	du undrade	ni undrade
	han undrade	de undrade
Future	jag ska(ll) undra	vi ska(ll) [skola] undra
	du ska(ll) undra	ni ska(ll) [skola] undra
	han ska(ll) undra	de ska(ll) [skola] undra
Conditional	jag skulle undra	vi skulle undra
	du skulle undra	ni skulle undra
	han skulle undra	de skulle undra
Present Perfect	jag har undrat	vi har [ha] [hava] undrat
	du har undrat	ni har [ha] [hava] undrat
	han har undrat	de har [ha] [hava] undrat
Past Perfect	jag hade undrat	vi hade undrat
	du hade undrat	ni hade undrat
	han hade undrat	de hade undrat
Future Perfect	jag kommer att [ska(ll)] ha [hava] undrat	vi kommer att [ska(ll)] [skola] ha [hava] undrat
	du kommer att [ska(ll)] ha [hava] undrat	ni kommer att [ska(ll)] [skola] ha [hava] undrat
	han kommer att [ska(ll)] ha [hava] undrat	de kommer att [ska(ll)] [skola] ha [hava] undrat
Conditional Perfect	jag skulle ha [hava] undrat	vi skulle ha [hava] undrat
	du skulle ha [hava] undrat	ni skulle ha [hava] undrat
	han skulle ha [hava] undrat	de skulle ha [hava] undrat

INDICATIVE   *(att) vara (IV)*

Present	jag är	vi är [äro]
	du är	ni är [äro]
	han är	de är [äro]

to be

Past	jag var	vi var [voro]
	du var	ni var [voro]
	han var	de var [voro]

Future	jag ska(ll) vara	vi ska(ll) [skola] vara
	du ska(ll) vara	ni ska(ll) [skola] vara
	han ska(ll) vara	de ska(ll) [skola] vara

Conditional	jag skulle vara	vi skulle vara
	du skulle vara	ni skulle vara
	han skulle vara	de skulle vara

Present Perfect	jag har varit	vi har [ha] [hava] varit
	du har varit	ni har [ha] [hava] varit
	han har varit	de har [ha] [hava] varit

Past Perfect	jag hade varit	vi hade varit
	du hade varit	ni hade varit
	han hade varit	de hade varit

Future Perfect	jag kommer att [ska(ll)] ha [hava] varit	vi kommer att [ska(ll)] [skola] ha [hava] varit
	du kommer att [ska(ll)] ha [hava] varit	ni kommer att [ska(ll)] [skola] ha [hava] varit
	han kommer att [ska(ll)] ha [hava] varit	de kommer att [ska(ll)] [skola] ha [hava] varit

Conditional Perfect	jag skulle ha [hava] varit	vi skulle ha [hava] varit
	du skulle ha [hava] varit	ni skulle ha [hava] varit
	han skulle ha [hava] varit	de skulle ha [hava] varit

INDICATIVE

(att) veta (IV)
to know
(something)

Present	jag vet	vi vet [veta]
	du vet	ni vet [veta]
	han vet	de vet [veta]

Past	jag visste	vi visste
	du visste	ni visste
	han visste	de visste

Future	jag ska(ll) veta	vi ska(ll) [skola] veta
	du ska(ll) veta	ni ska(ll) [skola] veta
	han ska(ll) veta	de ska(ll) [skola] veta

Conditional	jag skulle veta	vi skulle veta
	du skulle veta	ni skulle veta
	han skulle veta	de skulle veta

Present Perfect	jag har vetat	vi har [ha] [hava] vetat
	du har vetat	ni har [ha] [hava] vetat
	han har vetat	de har [ha] [hava] vetat

Past Perfect	jag hade vetat	vi hade vetat
	du hade vetat	ni hade vetat
	han hade vetat	de hade vetat

Future Perfect	jag kommer att [ska(ll)] ha [hava] vetat	vi kommer att [ska(ll)] [skola] ha [hava] vetat
	du kommer att [ska(ll)] ha [hava] vetat	ni kommer att [ska(ll)] [skola] ha [hava] vetat
	han kommer att [ska(ll)] ha [hava] vetat	de kommer att [ska(ll)] [skola] ha [hava] vetat

Conditional Perfect	jag skulle ha [hava] vetat	vi skulle ha [hava] vetat
	du skulle ha [hava] vetat	ni skulle ha [hava] vetat
	han skulle ha [hava] vetat	de skulle ha [hava] vetat

INDICATIVE

(att) vika (IV or IIb)
to fold,
give way,
retreat, yield

Present	jag viker	vi viker [vika]
	du viker	ni viker [vika]
	han viker	de viker [vika]
Past	jag vek [vikte]	vi vek [vikte] [veko]
	du vek [vikte]	ni vek [vikte] [veko]
	han vek [vikte]	de vek [vikte] [veko]
Future	jag ska(ll) vika	vi ska(ll) [skola] vika
	du ska(ll) vika	ni ska(ll) [skola] vika
	han ska(ll) vika	de ska(ll) [skola] vika
Conditional	jag skulle vika	vi skulle vika
	du skulle vika	ni skulle vika
	han skulle vika	de skulle vika
Present *Perfect*	jag har vikit [vikt]	vi har [ha] [hava] vikit [vikt]
	du har vikit [vikt]	ni har [ha] [hava] vikit [vikt]
	han har vikit [vikt]	de har [ha] [hava] vikit [vikt]
Past Perfect	jag hade vikit [vikt]	vi hade vikit [vikt]
	du hade vikit [vikt]	ni hade vikit [vikt]
	han hade vikit [vikt]	de hade vikit [vikt]
Future *Perfect*	jag kommer att [ska(ll)] ha [hava] vikit [vikt]	vi kommer att [ska(ll)] [skola] ha [hava] vikit [vikt]
	du kommer att [ska(ll)] ha [hava] vikit [vikt]	ni kommer att [ska(ll)] [skola] ha [hava] vikit [vikt]
	han kommer att [ska(ll)] ha [hava] vikit [vikt]	de kommer att [ska(ll)] [skola] ha [hava] vikit [vikt]
Conditional *Perfect*	jag skulle ha [hava] vikit [vikt]	vi skulle ha [hava] vikit [vikt]
	du skulle ha [hava] vikit [vikt]	ni skulle ha [hava] vikit [vikt]
	han skulle ha [hava] vikit [vikt]	de skulle ha [hava] vikit [vikt]

INDICATIVE

(att) vilja (IV)
to want (to),
be willing (to)

Present	jag vill	vi vill [vilja]
	du vill	ni vill [vilja]
	han vill	de vill [vilja]
Past	jag ville	vi ville
	du ville	ni ville
	han ville	de ville
Future	jag ska(ll) vilja	vi ska(ll) [skola] vilja
	du ska(ll) vilja	ni ska(ll) [skola] vilja
	han ska(ll) vilja	de ska(ll) [skola] vilja
Conditional	jag skulle vilja	vi skulle vilja
	du skulle vilja	ni skulle vilja
	han skulle vilja	de skulle vilja
Present Perfect	jag har velat	vi har [ha] [hava] velat
	du har velat	ni har [ha] [hava] velat
	han har velat	de har [ha] [hava] velat
Past Perfect	jag hade velat	vi hade velat
	du hade velat	ni hade velat
	han hade velat	de hade velat
Future Perfect	jag kommer att [ska(ll)] ha [hava] velat	vi kommer att [ska(ll)] [skola] ha [hava] velat
	du kommer att [ska(ll)] ha [hava] velat	ni kommer att [ska(ll)] [skola] ha [hava] velat
	han kommer att [ska(ll)] ha [hava] velat	de kommer att [ska(ll)] [skola] ha [hava] velat
Conditional Perfect	jag skulle ha [hava] velat	vi skulle ha [hava] velat
	du skulle ha [hava] velat	ni skulle ha [hava] velat
	han skulle ha [hava] velat	de skulle ha [hava] velat

INDICATIVE

(att) vina **(IV)**
to whistle,
buzz,
whir,
whiz

Present	den viner	
	det viner	de viner [vina]
Past	den ven	
	det ven	de ven [veno]
Future	den ska(ll) vina	
	det ska(ll) vina	de ska(ll) [skola] vina
Conditional	den skulle vina	
	det skulle vina	de skulle vina
Present	den har vinit	
Perfect	det har vinit	de har [ha] [hava] vinit
Past Perfect	den hade vinit	
	det hade vinit	de hade vinit
Future	den kommer att [ska(ll)]	
Perfect	ha [hava] vinit	
	det kommer att [ska(ll)]	de kommer att [ska(ll)] [skola]
	ha [hava] vinit	ha [hava] vinit
Conditional	den skulle ha [hava] vinit	
Perfect	det skulle ha [hava] vinit	de skulle ha [hava] vinit

* as *vina* is an impersonal verb, forms other than the third person forms are almost inconceivable, except perhaps poetically; the imperative is only theoretical.

INDICATIVE

(att) vinna (IV)
to win

Present	jag vinner	vi vinner [vinna]
	du vinner	ni vinner [vinna]
	han vinner	de vinner [vinna]
Past	jag vann	vi vann [vunno]
	du vann	ni vann [vunno]
	han vann	de vann [vunno]
Future	jag ska(ll) vinna	vi ska(ll) [skola] vinna
	du ska(ll) vinna	ni ska(ll) [skola] vinna
	han ska(ll) vinna	de ska(ll) [skola] vinna
Conditional	jag skulle vinna	vi skulle vinna
	du skulle vinna	ni skulle vinna
	han skulle vinna	de skulle vinna
Present	jag har vunnit	vi har [ha] [hava] vunnit
Perfect	du har vunnit	ni har [ha] [hava] vunnit
	han har vunnit	de har [ha] [hava] vunnit
Past Perfect	jag hade vunnit	vi hade vunnit
	du hade vunnit	ni hade vunnit
	han hade vunnit	de hade vunnit
Future	jag kommer att [ska(ll)]	vi kommer att [ska(ll)] [skola]
Perfect	ha [hava] vunnit	ha [hava] vunnit
	du kommer att [ska(ll)]	ni kommer att [ska(ll)] [skola]
	ha [hava] vunnit	ha [hava] vunnit
	han kommer att [ska(ll)]	de kommer att [ska(ll)] [skola]
	ha [hava] vunnit	ha [hava] vunnit
Conditional	jag skulle ha [hava] vunnit	vi skulle ha [hava] vunnit
Perfect	du skulle ha [hava] vunnit	ni skulle ha [hava] vunnit
	han skulle ha [hava] vunnit	de skulle ha [hava] vunnit

INDICATIVE

(att) visa (I or IIb)

Present	jag visar	vi visar [visa]	*to show,*
	du visar	ni visar [visa]	
	han visar	de visar [visa]	*point out*

Past jag visade [viste*]   vi visade [viste*]
du visade [viste*]   ni visade [viste*]
han visade [viste*]   de visade [viste*]

Future jag ska(ll) visa   vi ska(ll) [skola] visa
du ska(ll) visa   ni ska(ll) [skola] visa
han ska(ll) visa   de ska(ll) [skola] visa

Conditional jag skulle visa   vi skulle viså
du skulle visa   ni skulle visa
han skulle visa   de skulle visa

Present jag har visat [vist]   vi har [ha] [hava] visat [vist]
Perfect du har visat [vist]   ni har [ha] [hava] visat [vist]
han har visat [vist]   de har [ha] [hava] visat [vist]

Past Perfect jag hade visat [vist]   vi hade visat [vist]
du hade visat [vist]   ni hade visat [vist]
han hade visat [vist]   de hade visat [vist]

Future jag kommer att [ska(ll)]   vi kommer att [ska(ll)] [skola]
Perfect   ha [hava] visat [vist]   ha [hava] visat [vist]
du kommer att [ska(ll)]   ni kommer att [ska(ll)] [skola]
    ha [hava] visat [vist]   ha [hava] visat [vist]
han kommer att [ska(ll)]   de kommer att [ska(ll)] [skola]
    ha [hava] visat [vist]   ha [hava] visat [vist]

Conditional jag skulle ha [hava] visat [vist]   vi skulle ha [hava] visat [vist]
Perfect du skulle ha [hava] visat [vist]   ni skulle ha [hava] visat [vist]
han skulle ha [hava] visat [vist]   de skulle ha [hava] visat [vist]

* very colloquial.

INDICATIVE

(att) vrida (IV)
to twist,
turn

Present	jag vrider	vi vrider [vrida]
	du vrider	ni vrider [vrida]
	han vrider	de vrider [vrida]

Past	jag vred	vi vred [vredo]
	du vred	ni vred [vredo]
	han vred	de vred [vredo]

Future	jag ska(ll) vrida	vi ska(ll) [skola] vrida
	du ska(ll) vrida	ni ska(ll) [skola] vrida
	han ska(ll) vrida	de ska(ll) [skola] vrida

Conditional	jag skulle vrida	vi skulle vrida
	du skulle vrida	ni skulle vrida
	han skulle vrida	de skulle vrida

Present	jag har vridit	vi har [ha] [hava] vridit
Perfect	du har vridit	ni har [ha] [hava] vridit
	han har vridit	de har [ha] [hava] vridit

Past Perfect	jag hade vridit	vi hade vridit
	du hade vridit	ni hade vridit
	han hade vridit	de hade vridit

Future	jag kommer att [ska(ll)]	vi kommer att [ska(ll)] [skola]
Perfect	ha [hava] vridit	ha [hava] vridit
	du kommer att [ska(ll)]	ni kommer att [ska(ll)] [skola]
	ha [hava] vridit	ha [hava] vridit
	han kommer att [ska(ll)]	de kommer att [ska(ll)] [skola]
	ha [hava] vridit	ha [hava] vridit

Conditional	jag skulle ha [hava] vridit	vi skulle ha [hava] vridit
Perfect	du skulle ha [hava] vridit	ni skulle ha [hava] vridit
	han skulle ha [hava] vridit	de skulle ha [hava] vridit

INDICATIVE

(att) välja (IV or IIa)

Present	jag väljer	vi väljer [välja]	*to choose,*
	du väljer	ni väljer [välja]	*elect*
	han väljer	de väljer [välja]	

Past	jag valde	vi valde
	du valde	ni valde
	han valde	de valde

Future	jag ska(ll) välja	vi ska(ll) [skola] välja
	du ska(ll) välja	ni ska(ll) [skola] välja
	han ska(ll) välja	de ska(ll) [skola] välja

Conditional	jag skulle välja	vi skulle välja
	du skulle välja	ni skulle välja
	han skulle välja	de skulle välja

Present	jag har valt	vi har [ha] [hava] valt
Perfect	du har valt	ni har [ha] [hava] valt
	han har valt	de har [ha] [hava] valt

Past Perfect	jag hade valt	vi hade valt
	du hade valt	ni hade valt
	han hade valt	de hade valt

Future	jag kommer att [ska(ll)]	vi kommer att [ska(ll)] [skola]
Perfect	ha [hava] valt	ha [hava] valt
	du kommer att [ska(ll)]	ni kommer att [ska(ll)] [skola]
	ha [hava] valt	ha [hava] valt
	han kommer att [ska(ll)]	de kommer att [ska(ll)] [skola]
	ha [hava] valt	ha [hava] valt

Conditional	jag skulle ha [hava] valt	vi skulle ha [hava] valt
Perfect	du skulle ha [hava] valt	ni skulle ha [hava] valt
	han skulle ha [hava] valt	de skulle ha [hava] valt

INDICATIVE   *(att) vända (IIa)*

Present	jag vänder	vi vänder [vända] *to turn*
	du vänder	ni vänder [vända]
	han vänder	de vänder [vända]
Past	jag vände	vi vände
	du vände	ni vände
	han vände	de vände
Future	jag ska(ll) vända	vi ska(ll) [skola] vända
	du ska(ll) vända	ni ska(ll) [skola] vända
	han ska(ll) vända	de ska(ll) [skola] vända
Conditional	jag skulle vända	vi skulle vända
	du skulle vända	ni skulle vända
	han skulle vända	de skulle vända
Present	jag har vänt	vi har [ha] [hava] vänt
Perfect	du har vänt	ni har [ha] [hava] vänt
	han har vänt	de har [ha] [hava] vänt
Past Perfect	jag hade vänt	vi hade vänt
	du hade vänt	ni hade vänt
	han hade vänt	de hade vänt
Future	jag kommer att [ska(ll)]	vi kommer att [ska(ll)] [skola]
Perfect	ha [hava] vänt	ha [hava] vänt
	du kommer att [ska(ll)]	ni kommer att [ska(ll)] [skola]
	ha [hava] vänt	ha [hava] vänt
	han kommer att [ska(ll)]	de kommer att [ska(ll)] [skola]
	ha [hava] vänt	ha [hava] vänt
Conditional	jag skulle ha [hava] vänt	vi skulle ha [hava] vänt
Perfect	du skulle ha [hava] vänt	ni skulle ha [hava] vänt
	han skulle ha [hava] vänt	de skulle ha [hava] vänt

INDICATIVE

(att) vänja (IV or IIa)

Present	jag vänjer	vi vänjer [vänja]	*to accustom,*
	du vänjer	ni vänjer [vänja]	
	han vänjer	de vänjer [vänja]	*get used to*

Past	jag vande	vi vande
	du vande	ni vande
	han vande	de vande

Future	jag ska(ll) vänja	vi ska(ll) [skola] vänja
	du ska(ll) vänja	ni ska(ll) [skola] vänja
	han ska(ll) vänja	de ska(ll) [skola] vänja

Conditional	jag skulle vänja	vi skulle vänja
	du skulle vänja	ni skulle vänja
	han skulle vänja	de skulle vänja

Present	jag har vant	vi har [ha] [hava] vant
Perfect	du har vant	ni har [ha] [hava] vant
	han har vant	de har [ha] [hava] vant

Past Perfect	jag hade vant	vi hade vant
	du hade vant	ni hade vant
	han hade vant	de hade vant

Future	jag kommer att [ska(ll)]	vi kommer att [ska(ll)] [skola]
Perfect	ha [hava] vant	ha [hava] vant
	du kommer att [ska(ll)]	ni kommer att [ska(ll)] [skola]
	ha [hava] vant	ha [hava] vant
	han kommer att [ska(ll)]	de kommer att [ska(ll)] [skola]
	ha [hava] vant	ha [hava] vant

Conditional	jag skulle ha [hava] vant	vi skulle ha [hava] vant
Perfect	du skulle ha [hava] vant	ni skulle ha [hava] vant
	han skulle ha [hava] vant	de skulle ha [hava] vant

INDICATIVE   *(att) vänta (I)*

Present jag väntar   vi väntar [vänta]   *to wait*
           du väntar   ni väntar [vänta]
           han väntar   de väntar [vänta]

Past   jag väntade   vi väntade
           du väntade   ni väntade
           han väntade   de väntade

Future   jag ska(ll) vänta   vi ska(ll) [skola] vänta
           du ska(ll) vänta   ni ska(ll) [skola] vänta
           han ska(ll) vänta   de ska(ll) [skola] vänta

Conditional jag skulle vänta   vi skulle vänta
               du skulle vänta   ni skulle vänta
               han skulle vänta   de skulle vänta

Present jag har väntat   vi har [ha] [hava] väntat
Perfect du har väntat   ni har [ha] [hava] väntat
           han har väntat   de har [ha] [hava] väntat

Past Perfect jag hade väntat   vi hade väntat
                du hade väntat   ni hade väntat
                han hade väntat   de hade väntat

Future   jag kommer att [ska(ll)]   vi kommer att [ska(ll)] [skola]
Perfect   ha [hava] väntat   ha [hava] väntat
           du kommer att [ska(ll)]   ni kommer att [ska(ll)] [skola]
              ha [hava] väntat   ha [hava] väntat
           han kommer att [ska(ll)]   de kommer att [ska(ll)] [skola]
              ha [hava] väntat   ha [hava] väntat

Conditional jag skulle ha [hava] väntat   vi skulle ha [hava] väntat
Perfect   du skulle ha [hava] väntat   ni skulle ha [hava] väntat
               han skulle ha [hava] väntat   de skulle ha [hava] väntat

INDICATIVE

(att) växa (IIb or IV)

Present	jag växer du växer han växer	vi växer [växa] ni växer [växa] de växer [växa]	*to grow*

Past   jag växte   vi växte [vuxo]*
           du växte   ni växte [vuxo]*
           han växte   de växte [vuxo]*

Future   jag ska(ll) växa   vi ska(ll) [skola] växa
          du ska(ll) växa   ni ska(ll) [skola] växa
          han ska(ll) växa   de ska(ll) [skola] växa

Conditional jag skulle växa   vi skulle växa
           du skulle växa   ni skulle växa
           han skulle växa   de skulle växa

Present   jag har växt (vuxit)   vi har [ha] [hava] växt (vuxit)
Perfect   du har växt (vuxit)   ni har [ha] [hava] växt (vuxit)
          han har växt (vuxit)   de har [ha] [hava] växt (vuxit)

Past Perfect jag hade växt (vuxit)   vi hade växt (vuxit)
            du hade växt (vuxit)   ni hade växt (vuxit)
            han hade växt (vuxit)   de hade växt (vuxit)

Future   jag kommer att [ska(ll)]   vi kommer att [ska(ll)] [skola]
Perfect   ha [hava] växt (vuxit)   ha [hava] växt (vuxit)
          du kommer att [ska(ll)]   ni kommer att [ska(ll)] [skola]
           ha [hava] växt (vuxit)   ha [hava] växt (vuxit)
         han kommer att [ska(ll)]   de kommer att [ska(ll)] [skola]
           ha [hava] växt (vuxit)   ha [hava] växt (vuxit)

Conditional jag skulle ha [hava] växt (vuxit)   vi skulle ha [hava] växt (vuxit)
Perfect   du skulle ha [hava] växt (vuxit)   ni skulle ha [hava] växt (vuxit)
           han skulle ha [hava] växt (vuxit) de skulle ha [hava] växt (vuxit)

---

* *växa* is now basically a weak (IIb) verb. The strong past tense form *vuxo* does occur – only in the plural – in certain dialects, from which a past subjunctive form *vuxe* can be derived. Rather more common are the alternate supine *vuxit* and alternate past participle *vuxen*. Note also: *en vuxen* 'an adult'.

INDICATIVE   *(att) åka (IIb)*

Present	jag åker	vi åker [åka]
	du åker	ni åker [åka]
	han åker	de åker [åka]

to go, travel

Past	jag åkte	vi åkte
	du åkte	ni åkte
	han åkte	de åkte

Future	jag ska(ll) åka	vi ska(ll) [skola] åka
	du ska(ll) åka	ni ska(ll) [skola] åka
	han ska(ll) åka	de ska(ll) [skola] åka

Conditional	jag skulle åka	vi skulle åka
	du skulle åka	ni skulle åka
	han skulle åka	de skulle åka

Present	jag har åkt	vi har [ha] [hava] åkt
Perfect	du har åkt	ni har [ha] [hava] åkt
	han har åkt	de har [ha] [hava] åkt

Past Perfect	jag hade åkt	vi hade åkt
	du hade åkt	ni hade åkt
	han hade åkt	de hade åkt

Future	jag kommer att [ska(ll)]	vi kommer att [ska(ll)] [skola]
Perfect	ha [hava] åkt	ha [hava] åkt
	du kommer att [ska(ll)]	ni kommer att [ska(ll)] [skola]
	ha [hava] åkt	ha [hava] åkt
	han kommer att [ska(ll)]	de kommer att [ska(ll)] [skola]
	ha [hava] åkt	ha [hava] åkt

Conditional	jag skulle ha [hava] åkt	vi skulle ha [hava] åkt
Perfect	du skulle ha [hava] åkt	ni skulle ha [hava] åkt
	han skulle ha [hava] åkt	de skulle ha [hava] åkt

INDICATIVE

(att) älska (I)
to love

Present	jag älskar	vi älskar [älska]
	du älskar	ni älskar [älska]
	han älskar	de älskar [älska]
Past	jag älskade	vi älskade
	du älskade	ni älskade
	han älskade	de älskade
Future	jag ska(ll) älska	vi ska(ll) [skola] älska
	du ska(ll) älska	ni ska(ll) [skola] älska
	han ska(ll) älska	de ska(ll) [skola] älska
Conditional	jag skulle älska	vi skulle älska
	du skulle älska	ni skulle älska
	han skulle älska	de skulle älska
Present Perfect	jag har älskat	vi har [ha] [hava] älskat
	du har älskat	ni har [ha] [hava] älskat
	han har älskat	de har [ha] [hava] älskat
Past Perfect	jag hade älskat	vi hade älskat
	du hade älskat	ni hade älskat
	han hade älskat	de hade älskat
Future Perfect	jag kommer att [ska(ll)] ha [hava] älskat	vi kommer att [ska(ll)] [skola] ha [hava] älskat
	du kommer att [ska(ll)] ha [hava] älskat	ni kommer att [ska(ll)] [skola] ha [hava] älskat
	han kommer att [ska(ll)] ha [hava] älskat	de kommer att [ska(ll)] [skola] ha [hava] älskat
Conditional Perfect	jag skulle ha [hava] älskat	vi skulle ha [hava] älskat
	du skulle ha [hava] älskat	ni skulle ha [hava] älskat
	han skulle ha [hava] älskat	de skulle ha [hava] älskat

INDICATIVE

(att) äta (IV)

to eat

Present	jag äter	vi äter [äta]
	du äter	ni äter [äta]
	han äter	de äter [äta]

Past	jag åt	vi åt [åto]
	du åt	ni åt [åto]
	han åt	de åt [åto]

Future	jag ska(ll) äta	vi ska(ll) [skola] äta
	du ska(ll) äta	ni ska(ll) [skola] äta
	han ska(ll) äta	de ska(ll) [skola] äta

Conditional	jag skulle äta	vi skulle äta
	du skulle äta	ni skulle äta
	han skulle äta	de skulle äta

Present	jag har ätit	vi har [ha] [hava] ätit
Perfect	du har ätit	ni har [ha] [hava] ätit
	han har ätit	de har [ha] [hava] ätit

Past Perfect	jag hade ätit	vi hade ätit
	du hade ätit	ni hade ätit
	han hade ätit	de hade ätit

Future	jag kommer att [ska(ll)]	vi kommer att [ska(ll)] [skola]
Perfect	ha [hava] ätit	ha [hava] ätit
	du kommer att [ska(ll)]	ni kommer att [ska(ll)] [skola]
	ha [hava] ätit	ha [hava] ätit
	han kommer att [ska(ll)]	de kommer att [ska(ll)] [skola]
	ha [hava] ätit	ha [hava] ätit

Conditional	jag skulle ha [hava] ätit	vi skulle ha [hava] ätit
Perfect	du skulle ha [hava] ätit	ni skulle ha [hava] ätit
	han skulle ha [hava] ätit	de skulle ha [hava] ätit

INDICATIVE

(att) önska (I)

to wish,
want,
desire

Present	jag önskar	vi önskar [önska]
	du önskar	ni önskar [önska]
	han önskar	de önskar [önska]
Past	jag önskade	vi önskade
	du önskade	ni önskade
	han önskade	de önskade
Future	jag ska(ll) önska	vi ska(ll) [skola] önska
	du ska(ll) önska	ni ska(ll) [skola] önska
	han ska(ll) önska	de ska(ll) [skola] önska
Conditional	jag skulle önska	vi skulle önska
	du skulle önska	ni skulle önska
	han skulle önska	de skulle önska
Present	jag har önskat	vi har [ha] [hava] önskat
Perfect	du har önskat	ni har [ha] [hava] önskat
	han har önskat	de har [ha] [hava] önskat
Past Perfect	jag hade önskat	vi hade önskat
	du hade önskat	ni hade önskat
	han hade önskat	de hade önskat
Future	jag kommer att [ska(ll)]	vi kommer att [ska(ll)] [skola]
Perfect	ha [hava] önskat	ha [hava] önskat
	du kommer att [ska(ll)]	ni kommer att [ska(ll)] [skola]
	ha [hava] önskat	ha [hava] önskat
	han kommer att [ska(ll)]	de kommer att [ska(ll)] [skola]
	ha [hava] önskat	ha [hava] önskat
Conditional	jag skulle ha [hava] önskat	vi skulle ha [hava] önskat
Perfect	du skulle ha [hava] önskat	ni skulle ha [hava] önskat
	han skulle ha [hava] önskat	de skulle ha [hava] önskat

INDICATIVE

(att) öppna (I)

to open

Present	jag öppnar	vi öppnar [öppna]
	du öppnar	ni öppnar [öppna]
	han öppnar	de öppnar [öppna]
Past	jag öppnade	vi öppnade
	du öppnade	ni öppnade
	han öppnade	de öppnade
Future	jag ska(ll) öppna	vi ska(ll) [skola] öppna
	du ska(ll) öppna	ni ska(ll) [skola] öppna
	han ska(ll) öppna	de ska(ll) [skola] öppna
Conditional	jag skulle öppna	vi skulle öppna
	du skulle öppna	ni skulle öppna
	han skulle öppna	de skulle öppna
Present Perfect	jag har öppnat	vi har [ha] [hava] öppnat
	du har öppnat	ni har [ha] [hava] öppnat
	han har öppnat	de har [ha] [hava] öppnat
Past Perfect	jag hade öppnat	vi hade öppnat
	du hade öppnat	ni hade öppnat
	han hade öppnat	de hade öppnat
Future Perfect	jag kommer att [ska(ll)] ha [hava] öppnat	vi kommer att [ska(ll)] [skola] ha [hava] öppnat
	du kommer att [ska(ll)] ha [hava] öppnat	ni kommer att [ska(ll)] [skola] ha [hava] öppnat
	han kommer att [ska(ll)] ha [hava] öppnat	de kommer att [ska(ll)] [skola] ha [hava] öppnat
Conditional Perfect	jag skulle ha [hava] öppnat	vi skulle ha [hava] öppnat
	du skulle ha [hava] öppnat	ni skulle ha [hava] öppnat
	han skulle ha [hava] öppnat	de skulle ha [hava] öppnat

REFERENCE INDEX OF SWEDISH VERBS

INTRODUCTION

THE FOLLOWING LIST INCLUDES virtually all verbs which the beginning student may encounter in studying Swedish, and identifies the conjugation pattern (or patterns) which each verb follows. Where two conjugation patterns (called "Classes") are given, the first one is more common and the one which the foreign student should learn. The second pattern is either less common, archaic, poetic, or only partially applicable (as is explained below).

This list includes all verbs which occur in the three thousand most frequent words in Swedish. A complete inventory of the first, second and third thousand most frequent words in Swedish can be found in *Basic Swedish Word List*, by Allwood and Wilhelmsen. All verbs cited in *Språkets vanligaste ord*, by Carita Hassler-Göransson, are likewise included. Virtually every strong and irregular (Class IV) verb in Swedish is included in this list, without regard to its frequency of occurrence. Other verbs likely to be encountered in traveling, in popular magazines and in useful everyday expressions have also been included. Finally, the most common prefixed verbs have been included, with a reference to the base verb (e.g.: anordna [< *ordna*]).

In their *Basic Swedish Word List*, Allwood and Wilhelmsen indicate that verbs fall most frequently in the first conjugation and least frequently in the third. Their findings show that among the thousand most frequent Swedish words, the verbs are distributed as follows:

Conjugation Class I	tala (tal-ar, tal-ade, tal-at)	42%
Conjugation Class IIa	böja (böj-er, böj-de, böj-t)	15%
Conjugation Class IIb	köpa (köp-er, köp-te, köp-t)	14%
Conjugation Class III	bo (bo-r, bo-dde, bo-tt)	4%
Conjugation Class IV	(strong and irregular verbs)	25%

The distribution in the list which follows in this book is somewhat distorted in favor of Class IV verbs; since these verbs provide the most difficulty for the student, even those which occur relatively infrequently have been included.

The so-called fourth conjugation (Class IV) is composed primarily of STRONG VERBS, but also includes verbs which can best be regarded as simply irregular. In other words, Class IV verbs are all verbs which do not fall into one of the three regular (or weak) conjugations. WEAK VERBS have the same stem vowel in the infinitive, past tense and supine/past participle. Furthermore, weak verbs have a "dental suffix" in the past tense and in the supine/past participle forms. In English, the dental past tense of weak verbs ends in -(e)d: walk/walked; share/shared. The past participle in English is identical with the past tense in weak verbs: I have walked; I have shared. Similarly, Swedish weak verbs have a dental suffix in the past tense: *talade, ställde, köpte, bodde*; in the supine: *talat, ställt, köpt, bott*; and in the past participle: *talad, ställd, köpt, bodd*, etc. Samples of weak verb conjugation patterns showing the preservation of the infinitive vowel are:

tala-talade-talat/talad
ställa-ställde-ställt/ställd
köpa-köpte-köpt/köpt
bo-bodde-bott/bodd

Strong verbs, on the other hand, have no ending in the past tense or supine/past participle forms, but do have stem vowel changes such as the following:

skriva-skrev-skrivit/skriven
frysa-frös-frusit/frusen
dricka-drack-druckit/drucken
fara-for-farit/faren
bära-bar-burit/buren
gå-gick-gått/gången
låta-lät-låtit/-låten

Likewise, English strong verbs have a vowel change but no ending in the past tense; for example: *give–gave*; *write–wrote*.

Most Swedish strong verbs have a supine form (the form used to make the "perfect" tenses) ending in *-it*. The student will undoubtedly notice that a number of Swedish strong verbs have their English counterparts (and still more have their German counterparts), and this makes it somewhat easier to learn the forms. For example, English *spring–sprang– sprung* corresponds in form exactly to Swedish *springa–sprang–sprungit* ('to run'). More usually, however, the corresponding verbs will be strong in both languages but with different (though often similar) vowel patterns. For example, English *sing-sang-sung* corresponds to Swedish *sjunga-sjöng-sjungit*.

Where vowels are given in parentheses, they refer to the Class IV conjugation pattern; the first vowel is the past tense stem vowel and the second is the supine/past participle stem vowel [e.g.: *njuta (ö, u)* indicates that the past tense of *njuta* is *njöt* and the supine is *njutit*.] When a verb can — but does not usually — belong to Class IV, these vowels of course only apply to Class IV. Occasionally, a verb is in one class in the past and another class in the supine (e.g.: *"dyka (ö, [y])* IV or IIb" indicates that the past tense is *dök* — a Class IV pattern — and the supine is *dykt* — a Class IIb pattern; the verb may also follow the regular Class IIb pattern: *dyka-dykte-dykt*. The fact that the vowel [y] is in brackets indicates that the strong supine vowel does not exist, and that the supine therefore occurs only in the weak form.) This is typical of a verb moving from one class into another; the verb *dyka* is very close to becoming a totally regular Class IIb verb, as the past tense form *dykte* is gradually replacing *dök*. These verbs, and verbs which do not follow any predictable pattern (or follow a mixture of patterns) are "irregular" verbs (e.g.: *vara-var-varit,* present tense *är*) and are included in Class IV in this book.

Again, the verbs in the following list are arranged according to Swedish alphabetical order. It should be remembered that the three modified vowel symbols (å, ä and ö) are the last three letters of the Swedish alphabet. Thus *fylla* will precede *få* and *följa*; *vända* will precede *åka, älska* and *önska*; etc.

No attempt has been made here to include every possible verb form (poetic, colloquial, slang, dialect, archaic, obsolete, etc.). A very comprehensive list can be found in Uppvall's *Swedish Grammar and Reader* which, though itself somewhat outdated (1938), treats variant forms of Swedish verbs in great detail. In order to make this present list more useful, English translations have been provided. The verbs which are in bold face appear fully conjugated in the part IV, "201 Swedish Verbs fully conjugated in all the tenses." As mentioned earlier, the vowel quality (long or short) of each vowel is not given. In general, however, it is true in Swedish that a vowel preceding a single consonant is long, whereas a vowel preceding a double consonant is short. For example: the verb *gripa, grep, gripit* has long vowels; the verb *finna, fann, funnit* has short vowels. This rule is also applicable to English vowels, but the rule is far more dependable and consistent in Swedish than in English. [NOTE English *hint, lint, mint* as opposed to *pint*!] Finally, no attempt has been made to indicate the prepositional usage with each verb (e.g.: *brås på någon* 'to resemble someone, to take after someone'.) A good dictionary will indicate prepositional usage, as will any complete grammar text; it was considered beyond the scope of this book to consider prepositions and their idiomatic usage in verbal constructions.

VERB	CLASS	ENGLISH TRANSLATION
akta	I	mind, take care
anbringa (a, a) [<bringa]	I or IV	fix, affix, apply
andas	I	breathe [deponent]
andra(ga) (o, a) [<dra(ga)]	IV	advance, set forth, state one's reasons
anfalla (ö, a) [<falla]	IV	attack
anfäkta [<fäkta]	I	harass, assail, tempt
anföra [<föra]	IIa	lead, conduct, state, adduce, quote, cite
ange (a, i or e) [<ge, giva]	IV	mention, state, report, inform
angiva (a, i or e) [<ge, giva]	IV	mention, state, report, inform
angripa (e, i) [<gripa]	IV	attack, assail, affect
angå (i, å) [<gå]	IV	concern, have reference to
angöra (o, o) [<göra]	IV	touch at, call at
anhålla (ö, å) [<hålla]	IV	apprehend, arrest, ask, request
ankomma (o, o) [<komma]	IV	arrive, depend
anlita [<lita]	I	have recourse to, apply to, utilize
anlägga (a, a) [<lägga]	IV	build, erect, construct, lay out, commit
anlända	I	arrive
annonsera	I	advertise
anordna [<ordna]	I	arrange
anpassa [<passa]	I	adapt
anrätta [<rätta]	I	prepare, cook
anse (å, e) [<se]	IV	consider
ansluta [<sluta]	I	connect, join
anstränga	IIa	make an effort, try hard, strain
ansvara [<svara]	I	be responsible
anta(ga) (o, a) [<ta(ga)]	IV	suppose
anteckna [<teckna]	I	make notes
använda [<vända]	IIa	use
arbeta	I	work
avbeställa [<ställa]	IIa	cancel
avbilda [<bilda]	I	reproduce
avbryta (ö, u) [<bryta]	IV	interrupt
avdela [<dela]	I	detach, separate
avdöma [<döma]	IIa	decide (a case)
avfordra [<fordra]	I	demand
avföra [<föra]	IIa	remove, carry off
avge (a, i or e) [<ge, giva]	IV	emit, hand in, deliver (an opinion)

VERB	CLASS	ENGLISH TRANSLATION
avgiva (a, i or e) [<*ge, giva*]	IV	emit, hand in, deliver (an opinion)
avgå (i, å) [<*gå*]	IV	leave, resign
avgöra (o, o) [<*göra*]	IV	decide, settle
avhandla [<*handla*]	I	discuss, negotiate
avkräva [<*kräva*]	IIa	demand (something from someone)
avleda [<*leda*]	IIa	carry off, divert, derive
avlåta (ä, å) [<*låta*]	IV	dispatch, send off, issue
avlägga (a, a) [<*lägga*]	IV	lay aside, make, pay (a visit), pass (an examination)
avlämna [<*lämna*]	I	deliver, leave
avlösa [<*lösa*]	IIb	succeed, relieve, take the place (of)
avpassa [<*passa*]	I	fit, adjust
avresa [<*resa*]	IIb	depart
avrätta [<*rätta*]	I	execute, put to death
avsky [<*sky*]	III	detest
avslöja [*slöja*]	I	expose
avstå (o, å) [<*stå*]	IV	refrain, do without
avtala [<*tala*]	I	agree
avundas	I	envy
bada	I	bathe, take a bath
baka	I	bake
be (a, e) [=*bedja*, q.v.]	IV	ask, pray
beakta [<*akta*]	I	pay attention to
bearbeta [<*arbeta*]	I	work up, try to influence, revise
be(dja) (a, e)	IV	ask, pray
bedra(ga) (o, a) [<*dra(ga)*]	IV	deceive
bedöma [<*döma*]	IIa	judge (the value of), estimate, criticize
befalla (ö, a) [<*falla* (IV)]	IIa [N.B.!]	order, command
befara (o, a) [<*fara*]	IV	fear, travel through (a country)
befatta sig [<*fatta*]	I	concern oneself (with)
befinna (a, u) [<*finna*]	IV	be, be situated, be located
befinna sig (a, u) [<*finna*]	IV	be, exist
befordra [<*fordra*]	I	promote, help, advance
befria [<*fria*]	I	free, liberate, relieve
befästa [<*fästa*]	IIb or I	fortify, secure, strengthen
begagna	I	use, take advantage of
bege sig (a, i or e) [<*ge, giva*]	IV	go, proceed, travel, depart
begiva sig (a, i or e) [<*ge, giva*]	IV	go, proceed, travel, depart

208

VERB	CLASS	ENGLISH TRANSLATION
begrava (o, a)	IV or IIa	bury
begripa (e, i) [<gripa]	IV	understand
begynna	IIb	begin
begå (i, å) [<gå]	IV	commit, make, celebrate
begära	IIa	demand
behandla [<handla]	I	treat, deal with, handle, discuss
behålla (ö, å) [<hålla]	IV	keep
behärska [<härska]	I	rule, master, command
behärska sig [<härska]	I	control oneself
behöva	IIa	need
beklaga [<klaga]	I	complain, regret
beklaga sig [<klaga]	I	complain
bekomma (o, o) [<komma]	IV	get, receive
bekväma sig	I	comply, put up with
bekymra sig	I	worry
bekänna [<känna]	IIa	confess
belägga (a, a) [<lägga]	IV	cover, overlay, secure (a place), support
belöpa sig	IIb	amount to, add up to
bereda [<reda]	IIa	prepare, cause, make, furnish
bero	III	depend
beräkna [<räkna]	I	calculate
berätta [<rätta]	I	tell, relate
berömma	IIa	praise
beröra [<röra]	IIa	affect, touch (upon)
bese (å, e) [<se]	IV	inspect
beskriva (e, i) [<skriva]	IV	describe
bestå (o, å) [<stå]	IV	consist, remain
beställa [<ställa]	IIa	order
bestämma	IIa	decide
besvära [<svara]	I	trouble, inconvenience
besöka [<söka]	IIb	visit, see
betala	I, IIb or IIa	pay
bete sig [<te]	III or IIa	behave
betona	I	stress, emphasize
betrakta	I	view, look at
betyda [<tyda]	IIa	mean, be important
beundra [<undra]	I	admire
bevara [<vara I]	I	keep, preserve
bevisa [<visa]	I	prove
bibehålla (ö, å) [<hålla]	IV	keep up, maintain, reserve
bibringa (a, a) [<bringa]	I or IV	impart, convey (to someone)

VERB	CLASS	ENGLISH TRANSLATION
bida (i, i)	I or IV	bide
bidra(ga) (o, a) [<dra(ga)]	IV	contribute
bifalla (ö, a) [<falla]	IV	approve, assent (to)
bifoga [<foga]	I	have at one's disposal, attach, add, enclose
bila	I	go by car
bilda	I	form, shape, educate
bilägga (a, a) [<lägga]	IV	make up, settle, enclose, attach
binda (a, u)	IV	bind, tie
bita (e, i)	IV	bite
bjuda (ö, u)	IV	ask, invite, offer
blanda	I	mix
bleka	IIb	bleach, discolor [transitive]
blekna	I	turn pale [intransitive]
bli (e, i) [=bliva, q.v.]	IV	become, get
bli(va) (e, i)	IV	become, get
blomma	I	bloom, blossom, flower
blunda	I	close one's eyes
blåsa	IIb	blow
blända	I	dazzle
blöda	IIa	bleed
bo	III	live, inhabit, dwell, reside
bocka sig	I	bow
boka	I	book, reserve
borsta	I	brush
bota	I	cure, remedy
bringa (a, a)	IV or I	make, bring, take, conduct
brinna (a, u)	IV	burn (up) [intransitive]
brista (a, u)	IV	burst, break
brottas	I	wrestle [deponent]
bruka	I	generally do (something), use
bry	III	puzzle, tease
bry sig	III	mind, care (about), bother (about)
bryna	IIb	sharpen, whet
bryta (ö, u)	IV	break
bråka	I	be noisy, bother
brås	III	resemble (someone); take after (someone) [deponent]
bräcka	IIb	break
bränna	IIa	burn [transitive]
buga sig	I	bow

| --- | --- | --- |
bygga	IIa	build
byta	IIb	change
bädda	I	make (the) bed
bända	IIa	pry (open)
bära (a, u)	IV	carry, wear, bear
böja	IIa	bend
böra (o, o)	IV or IIa	ought (to)
börja	I	begin
böta	I	pay (a fine)
campa	I	camp (out)
crawla	I	(do the) crawl, (swim the) crawl
cykla	I	cycle, ride a bicycle
damma	I	be dusty
dansa	I	dance
darra	I	tremble
dela	I or IIb	share, divide
delgiva (a, i or e) [<*ge, giva*]	IV	inform (someone about something)
delta(ga) (o, a) [<*ta(ga)*]	IV	take part, participate
diktera	I	dictate
dimpa (a, u)	IV	tumble, fall
diska	I	do the dishes
diskutera	I	discuss
doppa	I	dip, submerge
dra (o, a) [=*draga* (q.v.)]	IV	pull, draw
dra(ga) (o, a)	IV	pull, draw
dra(ga) sig (o, a) [<*dra(ga)*]	IV	be reluctant, stretch out
dras (dragas) (o, a) [<*dra(ga)*]	IV	put up (with)
dricka (a, u)	IV	drink
driva (e, i)	IV	drive, urge
droppa	I	drip
drunkna	I	be drowned [intransitive]
drypa (ö, u)	IV	drip
dränka	IIb	drown [transitive]
dräpa (a, ä)	IIb or IV	kill, slay, murder
dröja	IIa	wait, be some time, loiter, dawdle, linger [intransitive]
drömma	IIa	dream

VERB	CLASS	ENGLISH TRANSLATION
duga (ö, u)	IIa or IV	be good enough, do, serve, be fit
duka	I	set (table)
duscha	I	shower, take a shower
dväljas (a, a)	IV	dwell, sojourn
dyka (ö, [y])	IV or IIb	dive
dämpa	I	soften, pad
dö (o, ö)	IV	die [intransitive]
döda	I	kill [transitive]
dölja (o, o)	IV or IIa	conceal
döma	IIa	judge
döpa	IIb	baptize
elda	I	fire (up), heat
envisas	I	be obstinate [deponent]
erbjuda (ö, u) [< *bjuda*]	IV	offer
erhålla (ö, å) [< *hålla*]	IV	receive, obtain
erkänna [< *känna*]	IIa	admit, confess, approve
erlägga (a, a) [< *lägga*]	IV	pay
ersätta (a, a) [< *sätta*]	IV	compensate, substitute, replace
expediera	I	dispatch, attend to
explodera	I	explode
falla (ö, a)	IV	fall [intransitive]
falla sig (ö, a) [< *falla*]	IV	come, happen
fara (o, a)	IV	go
fastna	I	get stuck, be caught
fatta	I	understand, grasp, take
fattas	I	be missing, lack [deponent]
fika	I	strive, seek (to), attain
finna (a, u)	IV	find
finna sig (a, u)	IV	acquiesce
finnas (a, u)	IV	be, exist [deponent]
fira	I	celebrate
fiska	I	fish, go fishing, angle
fjäska	I	make a fuss (of), ingratiate oneself, fawn (on), make up (to)
fly	III	flee
flyga (ö, u)	IV	fly, go by air
flyta (ö, u)	IV	float, flow

VERB	CLASS	ENGLISH TRANSLATION
flytta	I	move
flytta sig	I	move
flå	III	flay
fnysa (ö, u)	IV or IIb	snort, sniff (at)
foga	I	bring together, join, add
fordra	I	demand, require
fortfara (o, a) [<fara]	IV	continue
fortgå (i, å) [<gå]	IV	go on, proceed
fortsätta (a, a) [<sätta]	IV	go on, continue
fotografera	I	photograph, take (a) picture
frambringa (a, a) [<bringa]	I or IV	produce
framföra [<föra]	IIa	drive (a car), present, deliver
framhålla (ö, å) [<hålla]	IV	show off, point out, hold up (to see)
framhäva [<häva]	IIa	emphasize
framkalla [<kalla]	I	evoke, develop
framlägga (a, a) [<lägga]	IV	set out, submit, put forward, present
fresta	I	tempt
fria	I	set free, clear
frigöra (o, o) [<göra]	IV	free, liberate, disengage, set free
frikänna [<känna]	IIa	acquit
friskna	I	rise, get well
frukta	I	fear
frysa (ö, u)	IV	be cold, freeze
fråga	I	ask
frånga (i, å) [<gå]	IV	appear, be clear
frånkänna [<känna]	IIa	pronounce (someone) destitute, deny (someone's competence)
frälsa	I or IIb	save, free
fröjda	I	delight, gladden
fröjdas	I	rejoice (at), delight (in) [deponent]
fullfölja [<följa]	IIa	complete, follow up, carry through
fullgöra (o, o) [<göra]	IV	carry out, perform, fulfill
fundera	I	ponder
fungera	I	work, function
fuska	I	cheat, scamp
fylla	IIa	fill
få (i, å)	IV	get, receive, may, be permitted
fånga	I	catch
fäkta	I	fence, tilt
fälla	IIa	fell, bring down [transitive]
fästa	IIb or I	fasten

VERB	CLASS	ENGLISH TRANSLATION
fästa sig	IIb	get attached, mind
föda	IIa	bear (a child), give birth to
följa	IIa	follow, accompany
föra	IIa	lead, take
förakta [< akta]	I	despise, have contempt for
föranleda [< leda]	IIa	lead (to), cause, occasion
föranlåta (ä, å) [< låta]	IV	cause, induce, feel called upon (to do something)
förarga	I	annoy
förbanna	I	curse
förbehålla (ö, å) [< hålla]	IV	reserve (something for someone)
förbereda [< reda]	IIa	prepare
förbigå (i, å) [< gå]	IV	pass over, pass by
förbjuda (ö, u) [< bjuda]	IV	forbid, prohibit
förbättra	I	improve
fördela [< dela]	I	distribute
fördra(ga) (o, a) [< dra(ga)]	IV	bear, stand, put up with, digest
fördriva (e, i) [< driva]	IV	drive away, while away, pass (time)
fördröja [< dröja]	IIa	delay, detain [transitive]
fördöma [< döma]	IIa	condemn
förebrå	III	reproach
föredra(ga) (o, a) [< dra(ga)]	IV	prefer, read, introduce
förefalla (ö, a) [< falla]	IV	seem, occur, appear
föregiva (a, i or e) [< ge, giva]	IV	pretend, allege
föregripa (e, i) [< gripa]	IV	forestall, anticipate
föregå (i, å) [< gå]	IV	precede
förehålla (ö, å) [< hålla]	IV	expostulate, represent
förekomma (o, o) [< komma]	IV	occur, seem, anticipate, forestall, prevent, be met with
förelägga (a, a) [< lägga]	IV	prescribe, impose, command
förena	I	unite
föreslå (o, a) [< slå]	IV	propose, suggest
föreställa [< ställa]	IIa	represent, introduce
föreställa sig [< ställa]	IIa	imagine, introduce oneself
förfalla (ö, a) [< falla]	IV	degenerate, fall into decay, sink
förfara (o, a) [< fara]	IV	proceed
författa [< fatta]	I	write, author, compose
förfäkta [< fäkta]	I	defend
förfölja [< följa]	IIa	pursue, persecute
förföra [< föra]	IIa	seduce
förgripa sig (e, i) [< gripa]	IV	commit an outrage, assault, violate

214

VERB	CLASS	ENGLISH TRANSLATION
förgås (i, å) [<gå]	IV	perish, die [deponent]
förgäta (a, ä)	IV	forget [archaic]
förgöra (o, o) [<göra]	IV	destroy, annihilate, bewitch
förhandla [<handla]	I	negotiate
förhasta sig	I	be rash
förhålla sig (ö, å) [<hålla]	IV	be, behave
förhärska [<härska]	I	predominate
förhäva [<häva]	IIa	pride oneself
förhöra [<höra]	IIa	examine, question
förklara	I	explain
förkomma (o, o) [<komma]	IV	get lost, miscarry
förkyla sig	IIa	catch cold
förleda [<leda]	IIa	mislead, seduce
förlita sig [<lita]	IIa	trust
förlora	I	lose
förlova sig [<lova]	I	become engaged, get engaged, be engaged
förlåta (ä, å)	IV	forgive, pardon
förlägga (a, a) [<lägga]	IV	mislay, publish, station, assign
förläna	I or IIb	grant
förlösa [<lösa]	IIb	deliver
förmoda	I	suppose
förmå [<må (III)]	III	get to, make, prevail (upon)
förmörka	I	darken, obscure [transitive]
förneka [<neka]	I	deny
förnimma (a, u)	IV	perceive, be informed
förolämpa [<lämpa]	I	insult, offend
förordna [<ordna]	I	ordain, decree, appoint, provide
förpassa [<passa]	I	dispatch
förrätta [<rätta]	I	accomplish, perform, carry out, conduct
förskräcka	IIb	terrify
försmå	III	despise
försona [<sona]	I	atone (for)
försova sig (o, o) [<sova]	IV	oversleep
förstå (o, å) [<stå]	IV	understand
förstå sig (o, å) [<stå]	IV	be evident, understand
förstöra [<störa]	IIa	destroy
försumma	I	miss, neglect
försvara [<svara]	I	defend
försvinna (a, u) [<svinna]	IV	disappear
försäkra	I	assure, insure

215

VERB	CLASS	ENGLISH TRANSLATION
försöka [<*söka*]	IIb	try
förtjusa [<*tjusa*]	I	charm, enchant
förtjäna [<*tjäna*]	I	earn, deserve
förtulla [<*tulla*]	I	declare, pay duty
förvandla	I	change
förvåna	I	surprise
förvåna sig	I	wonder
förvärva	I or IIa	acquire
förälska sig [<*älska*]	I	fall in love
förändra [<*ändra*]	I	change

VERB	CLASS	ENGLISH TRANSLATION
gala (o, a)	IV or IIa	crow, yell, cuckoo
gapa	I	gape, shout
garantera	I	guarantee
ge (a, i or e)	IV	give
ge sig (a, i or e)	IV	give in, surrender
gendriva (e, i) [<*driva*]	IV	disprove, refute
genomdriva (e, i) [<*driva*]	IV	force through
genomföra [<*föra*]	IIa	carry out
genomgå (i, å) [<*gå*]	IV	pervade, pass through, undergo, experience
gifta sig	IIb	marry, get married
gissa	I	guess
giva (a, i or e) [=*ge*, q.v.]	IV	give
gjuta (ö, u)	IV	cast, mold
glida (e, i)	IV	glide
glo	III	gape, stare
glädja (a, a)	IV or IIa	gladden, make happy, please
glädja sig (a, a)	IV or IIa	be happy (about), rejoice (over)
glömma	IIa	forget
gnaga	IIa or I	gnaw
gnida (e, i)	IV	rub
gno	III	rub, grind
gnugga	I	rub
godkänna [<*känna*]	IIa	pass, approve
gottgöra (o, o) [<*göra*]	IV	recompense, remunerate, make good
gratulera	I	congratulate
grimasera	I	grimace, make faces
grina	I	grin, cry, laugh, sneer, weep
gripa (e, i)	IV	grasp, catch, seize

VERB	CLASS	ENGLISH TRANSLATION
gro	III	sprout, grow
gry	III	dawn
gråta (ä, å)	IV	cry, weep
gräla	I	quarrel
gräva	IIa	dig
gunga	I	rock, swing
gå (i, å)	IV	go, walk
gälla	IIa	concern, be valid
gäspa	I	yawn
gömma	IIa	hide, conceal
göra (o, o)	IV or IIa	do, make
ha (a, a) [=*hava*, q.v.]	IV	have
hamna	I	land
handla	I	shop, buy
hata	I	hate
ha(va) (a, a)	IV	have
hejda	I	stop
hemfalla (ö, a) [<*falla*]	IV	revert (to), yield (to), give way (to), become addicted (to)
heta	IIb or IV	be, be called, be named
hetsa	I	inflame, heat up [transitive]
hetta	I	get hot, be hot [intransitive]
hindra	I	prevent
hinna (a, u)	IV	have time, attain, be in time
hitta	I	find
hjälpa	IIb	help
hoppa	I	jump
hoppas	I	hope [deponent]
hosta	I	cough
hota	I	threaten
hugga (ö, u)	IV	hew, chop, cut, grab, stab
hurra	I	cheer
hushålla [<*hålla* (IV)]	I [N.B.!]	manage, economize
hyra	IIa	rent, let, hire
hysa	IIb	harbor, have
hålla (ö, å)	IV	hold
hålla sig (ö, å)	IV	keep
hållas (ö, å)	IV	keep on, have one's way [deponent]
håna	I	mock, ridicule

VERB	CLASS	ENGLISH TRANSLATION
hälla	IIa	pour
hälsa	I	greet, salute
hämnas	I	take revenge, avenge [deponent]
hämta	I	fetch, get
hämta sig	I	recover
hända	IIa	happen
hänföra [<föra]	IIa	assign, class, thrill
hänföra sig [<föra]	IIa	have reference (to), date back (to)
hänga	IIa	hang
hängiva sig (a, i or e) [<ge, giva]	IV	give oneself up, devote oneself
härleda [<leda]	IIa	derive, deduce
härröra [<röra]	IIa	arise (from), originate, come from
härska	I	rule, reign, prevail, predominate
häva	IIa	heave, toss
högakta [<akta]	I	hold in high esteem
höja	IIa	raise
höra	IIa	hear

iaktta(ga) (o, a) [<ta(ga)]	IV	observe
inbjuda (ö, u) [<bjuda]	IV	invite
inbringa (a, a) [<bringa]	I or IV	yield (a profit), bring in
indela [<dela]	I	divide, classify
indra(ga) (o, a) [<dra(ga)]	IV	stop, discontinue, confiscate
infalla (ö, a) [<falla]	IV	invade, fall on (a date)
infinna sig (a, u) [<finna]	IV	attend, appear, put in an appearance
infordra [<fordra]	I	demand
införa [<föra]	IIa	introduce, insert, import
infria [<fria]	I	redeem (a promise), fulfill
ingiva (a, i or e) [<ge, giva]	IV	hand in, inspire
ingripa (e, i) [<gripa]	IV	intervene, interfere
ingå (i, å) [<gå]	IV	enter, be included
inkalla [<kalla]	I	draft, call for, call in
inleda [<leda]	IIa	begin
inlåta sig (ä, å) [<låta]	IV	engage (in), enter (into)
inlämna [<lämna]	I	hand in
inlösa [<lösa]	IIb	cash, redeem
innebära (a, u) [<bära]	IV	signify, mean, imply
innefatta [<fatta]	I	include, comprise
innehålla (ö, å) [<hålla]	IV	contain
inordna [<ordna]	I	fit in

VERB	CLASS	ENGLISH TRANSLATION
inpassa [<passa]	I	fit in, insert, interpolate
inreda [<reda]	IIa	furnish, equip
inrätta [<rätta]	I	establish, found, create, arrange, organize
instämma	I	agree
intressera	I	interest
inverka [<verka]	I	influence, have (an) effect
invända [<vända]	IIa	object
jaga	I	hunt, chase
jobba	I	work
jämföra [<föra]	IIa	compare
jämna	I	level, make level
kalla	I	call
kallna	I	get cold, cool [intransitive]
kamma	I	comb
kasta	I	throw
kasta sig	I	throw oneself, toss
kila	I	hurry, be off, beat it
kittla	I	tickle
kladda	I	daub, smear, soil, smudge
klaga	I	complain
klandra	I	blame
klappa	I	pat, tap
klara	I	manage
klargöra (o, o) [<göra]	IV	make clear, explain
klarna	I	clear up
klia	I	itch
klia sig	I	scratch oneself
klinga (a, u)	I or IV	ring, sound, resound [impersonal]
klippa	IIb	cut
kliva (e, i)	IV	stride, step, climb
klyva (ö, u)	IV	cleave, split
klå	III	beat, swindle, scratch, thrash
klä	III	dress
kläcka	IIb	hatch
kläda [=klä, q.v.]	III	dress
klämma	IIa	squeeze

219

VERB	CLASS	ENGLISH TRANSLATION
klättra	I	climb
knacka	I	knock
knalla	I	detonate, push on, jog along
knipa (e, i)	IV	pinch
knoga	I	struggle along
knuffa	I	shove, push, jostle
knycka	IIb	pinch, steal
knysta	I or IIb	grumble
knyta (ö, u)	IV	tie, knot, clench
knäcka	IIb	crack, break
knäppa	IIb	button, snap
koka	I or IIb	boil, cook
kollidera	I	collide
kombinera	I	combine
komma (o, o)	IV	come
koncentrera	I	concentrate
konservera	I	preserve
kontrollera	I	check, control
koppla	I	couple, leash, connect
korsa	I	cross
kosta	I	cost
krama	I	crush, embrace
kritisera	I	criticize
krossa	I	smash, crush
krya	I	get well, recover
krydda	I	season, spice
krympa	IIb	shrink
krypa (ö, u)	IV	creep, crawl
krysta	I or IIb	strain
krångla	I	be troublesome
kräkas	IIb	vomit [deponent]
kräva	IIa	demand, crave
kröna	IIb	crown
kunna (u, u)	IV	can, be able (to), may, know
kvida (e, i)	IV	moan, bemoan, whine
kvittera	I	acknowledge, sign, (give a) receipt
kväda (a, ä)	IV	recite, sing
kvälja (a, a)	IV or IIa	torment
kyla	IIa	chill, cool [transitive]
kyssa	IIb	kiss
käka	I	eat, have some grub [colloquial]

VERB	CLASS	ENGLISH TRANSLATION
kämpa	I	fight, struggle
känna	IIa	know, feel
känna sig	IIa	feel
kännas	IIa	feel, be noticeable [impersonal] [deponent]
köa	I	stand in line, line up, queue (up)
köpa	IIb	buy
köra	IIa	drive (a car)
lackera	I	lacquer, paint, varnish
laga	I	mend, make
landa	I	land
langa	I	hand over, chuck, bootleg
lassa	I	load
lasta	I	load
lata sig	I	be lazy, be idle, idle about
le (o, e)	IV	smile
leda	IIa	lead
leka	IIb	play
leta	I	look for
leva (e, e)	IIa or IV	live
leverera	I	deliver
lida (e, i)	IV	suffer
lifta	I	hitch-hike
ligga (å, e)	IV	lie (down) [intransitive]
likna	I	resemble
linda	I	wind, bind, wrap
lindra	I	ease, alleviate
lita	I	rely, depend (upon)
ljuda (ö, u)	IV	sound
ljuga (ö, u)	IV	lie, tell a lie
ljusna	I	get light, brighten [intransitive]
locka	I	allure, lure, entice, wave
lossna	I	come off, loosen
lova	I	promise
lugna sig	I	calm down
lukta	I	smell
lura	I	fool, cheat
lyckas	I	succeed [deponent]
lyckönska [<önska]	I	congratulate

VERB	CLASS	ENGLISH TRANSLATION
lyda (y or ö, [y])	IIa or IV	obey, run, read, be worded
lyfta	IIb or I	lift
lysa	IIb	shine, light (up), give light [transitive or intransitive]
lyssna	I	listen
låna	I or IIb	borrow, lend, loan
låsa	IIb	lock
låta (ä, å)	IV	let, permit
låtsa	I	pretend
låtsas	I	pretend, make believe [deponent]
lägga (a, a)	IV or IIa	lay, put [transitive]
lägga sig (a, a)	IV	lie down, go to bed
lämna	I	leave
lämpa	I	adjust, adapt, suit, accommodate
längta	I	long
lära	IIa	teach, instruct, learn
lära sig	IIa	learn, teach oneself
läsa	IIb	read
lätta	I	ease, lift
löddra sig	I	lather (oneself)
löna sig	I	pay (off), be worth while
löpa	IIb	run
lösa	IIb	undo, loosen, release, untie, decipher, pay for, take, cash (in)

magra	I	lose weight, slim down
mana	I or IIb	urge, admonish
markera	I	score, indicate
massera	I	massage
meddela [< *dela*]	I	inform, communicate, state, let know
medföra [< *föra*]	IIa	cause
medge (a, i or e) [< *ge, giva*]	IV	admit, allow, grant, confess
medgiva (a, i or e) [= *medge*, q.v.]	IV	admit, allow, grant, confess
medverka [< *verka*]	I	collaborate, also appear
mena	I or IIb	mean, intend
meta	I	fish, go fishing, angle
minnas	IIa	remember, recall [deponent]
minska	I	lessen, diminish
missa	I	miss
missförstå (o, å) [< *stå*]	IV	misunderstand

VERB	CLASS	ENGLISH TRANSLATION
misshandla [<*handla*]	I	maltreat, injure, mishandle
misskänna [<*känna*]	IIa	misjudge, underrate
misslyckas [<*lyckas*]	I	fail [deponent]
missta(ga) sig (o, a) [<*ta(ga)*]	IV	be mistaken
misstänka [<*tänka*]	IIb	suspect
mista	IIb or I	lose
motsvara [<*svara*]	I	correspond (to), be equal (to), fulfill
motta(ga) (o, a) [<*ta(ga)*]	IV	receive
mumla	I	mumble
må	III	be, feel
må	IV	may
måla	I	paint
måsta* (måste) [* in Finland and in N. Swedish dialects]	IV	must
märka	IIb	notice
mäta	IIb	measure
möblera	I	furnish
möjliggöra (o, o) [<*göra*]	IV	make possible, facilitate
mörkna	I	get dark, darken [intransitive]
möta	IIb	meet
mötas	IIb	meet [deponent]
nappa	I	bite, snatch
narra	I	fool
narras	I	lie
nedbringa (a, a) [<*bringa*]	I or IV	bring down, reduce
nedlåta sig (ä, å) [<*låta*]	IV	condescend
nedlägga (a, a) [<*lägga*]	IV	invest, discontinue, abandon, close down
neka	I	deny
nicka	I	nod
niga (e, i)	IV	curtsy, bow
njuta (ö, u)	IV	enjoy, take pleasure, relish
nosa	I	sniff
numrera	I	number, assign a number (to)
nypa (ö, u)	IV	pinch
nysa (ö, u or [y])	IV or IIb	sneeze
nå	III	reach, get there, attain
nämna	IIa	mention
närma	I	approach
närma sig	I	approach

VERB	CLASS	ENGLISH TRANSLATION
nästa	I or IIb	baste, stitch
nöja sig	IIa	be satisfied
nöta	IIb	wear (out)
observera	I	observe, notice
odla	I	cultivate
offentliggöra (o, o) [<*göra*]	IV	publish, make public
offra	I	sacrifice
omarbeta [<*arbeta*]	I	remodel, revise
ombilda [<*bilda*]	I	transform, reorganize
omfamna	I	embrace
omfatta [<*fatta*]	I	comprise, embrace
omge (a, i or e) [<*ge, giva*]	IV	surround
omkomma (o, o) [<*komma*]	IV	die, be killed
omlägga (a, a) [<*lägga*]	IV	rearrange, reorganize, revise
opponera sig	I	protest
ordna	I	arrange, settle
organisera	I	organize
orka	I	have the strength to
oroa [<*roa*]	I	worry, disturb
osa	I	smell
packa	I	pack
parkera	I	park (the car)
passa	I	fit, suit, watch
passera	I	pass
peka	I	point
peta	I	poke, pick
pigga	I	pep (up), cheer (up), pick (up), stimulate
pipa (e, i)	IV	pipe, chirp, cheep, squeak
piska	I	whip
placera	I	place, locate
planera	I	plan
plantera	I	plant
plaska	I	splash
plocka	I	pick
plugga	I	grind
plumsa	I	splash, flop, plop
plåga	I	torture

| --- | --- | --- |
pläga	I	be used to, be accustomed to
plöja	IIa	plow
pollettera	I	register, check
posta	I	mail, post
praktisera	I	practice
prata	I	talk, chat
predika	I	preach
prenumerera	I	subscribe
presentera	I	introduce
pressa	I	press, iron
pricka	I	hit bull's eye
promenera	I	walk
protestera	I	protest
prova	I	try, try on
pruta	I	bargain, haggle
pryda	IIa	embellish, beautify
pröva	I	try
pudra	I	powder
pumpa	I	pump
putsa	I	polish
pyssla	I	busy oneself, putter around
påbjuda (ö, u) [< bjuda]	IV	enact, command, prescribe, impose
pågå (i, å) [< gå]	IV	go on, be in progress
påkalla [< kalla]	I	claim, demand, require
påminna [< minnas] (note that	IIa	remind
minnas is a deponent verb)		
påpeka [< peka]	I	point out
påstå (o, å) [< stå]	IV	maintain, state
påverka [< verka]	I	influence
rafsa	I	scramble
raka	I	shave
raka sig	I	shave (oneself)
ramla	I	fall, tumble
ransonera	I	ration
raska	I	hurry
rasta	I	rest, pause, take a rest
reagera	I	react
reda	IIa	order, keep account of
reda sig	IIa	manage

VERB	CLASS	ENGLISH TRANSLATION
redogöra (o, o) [<*göra*]	IV	account, report, relate
redovisa [<*visa*]	I	give an account
reformera	I	reform
regera	I	rule
reglera	I	adjust, regulate
regna	I	rain
rekommendera	I	recommend
rengöra (o, o) [<*göra*]	IV or IIa	clean, wash, scour, scrub, polish
rensa	I	pick, clean, weed, remove
reparera	I	mend, repair
repetera	I	repeat, rehearse, revise
representera	I	represent
resa	IIb	go, travel, leave, depart [intransitive]; raise, lift [transitive]
resa sig	IIb	get up, rise
reservera	I	reserve
resonera	I	argue
respektera	I	respect
reta	I	tease, irritate
rida (e, i)	IV	ride (horseback)
rikta	I	direct, point
ringa	IIa	ring, chime, toll, call
rinna (a, u)	IV	run, flow
riskera	I	risk
rista	I	inscribe, cut
rista [due to confusion with above verb, Swedish speakers often conjugate this verb according to class I.]	IIb or I	shake
rita	I	draw, sketch, outline
riva (e, i)	IV	rip, scratch, pull down, tear (down), demolish, raze
ro	III	row
roa	I	amuse
roa sig	I	amuse oneself, have a good time
rodna	I	blush
ropa	I	call (out), cry (out)
rosta	I	get rusty, toast
rufsa	I	ruffle
ruinera	I	ruin
rulla	I	roll

VERB	CLASS	ENGLISH TRANSLATION
rusa	I	rush, hurry
ruttna	I	rot, putrefy, decay
rycka	IIb	snatch, tear
ryka (ö, u or [y])	IV or IIb	smoke, reek, steam, fume [intransitive]
ryta (ö, u or y)	IV	roar
råda	IIa	advise
rådgöra (o, o) [<göra]	IV	consult, confer
råka	I or IIb	happen to, find way, meet, encounter
räcka	IIb	reach, pass, hand (over)
rädda	I	save, rescue
räfsa	I	rake (together)
räkna	I	count
rätta	I	correct
rödja [=röja, q.v.]	IIa	clear, show, expose
röja	IIa	clear, show, expose
röka	IIb	smoke [transitive]
röna	IIb	experience
röra	IIa	move, touch
röra sig	IIa	move
rösta	I	vote
sakna	I	miss
saknas	I	be missing [deponent]
sakta	I	slow down
salta	I	salt
samarbeta [<arbeta]	I	cooperate, collaborate
samla	I	collect
samla sig	I	pull oneself together, concentrate
sammanfalla (ö, a) [<falla]	IV	coincide, concur
sammanfatta [<fatta]	I	sum up, summarize
sammanfoga [<foga]	I	join, unite
sammanföra [<föra]	IIa	combine, bring together
sammanhålla (ö, å) [<hålla]	IV	keep together, combine
sammankalla [<kalla]	I	call together, summon
sammanträda [<träda]	IIa	meet
samordna [<ordna]	I	coordinate
samtala [<tala]	I	converse
samtycka [<tycka]	IIb	agree, consent (to)
samverka [<verka]	I	concur, collaborate, join
sansa sig	I	calm down

VERB	CLASS	ENGLISH TRANSLATION
schamponera	I	shampoo, give a shampoo
se (å, e)	IV	see, notice, observe, witness
segla	I	sail
segra	I	win
servera	I	serve
shamponera [= *schamponera*, q.v.]	I	shampoo, give a shampoo
sikta	I	aim
simma	I	swim
sitta (a, u)	IV	sit [intransitive]
sjuda (ö, u)	IV	seethe
sjunga (ö, u)	IV	sing
sjunka (ö, u)	IV	sink, fall, go down, go under [intransitive]
skada	I	harm, hurt, injure, bruise
skaffa	I	get, procure
skaka	I	shake
skala	I	peel, pare
skapa	I	create, shape
skarva	I	lengthen, join, exaggerate, lie [colloquial; = *ljuga*]
skava	IIa	scrape, chafe
ske	III	happen [impersonal]
skicka	I	send
skildra	I	relate, describe
skilja	IIa or IV	part, separate
skiljas	IIa or IV	part, divorce [deponent]
skina (e, i)	IV	shine
skingra	I	dispel, scatter
skjuta (ö, u)	IV	push, shoot
skjutsa	I	give a lift
sko	III	shoe
skoja	I	joke, have fun
skola (u, o)	IV	shall, will
skona	I or IIb	spare, save (from)
skramla	I	rattle
skrapa	I	scrape
skratta	I	laugh
skrida (e, i)	IV	glide, proceed
skrika (e, i)	IV	cry, scream, shout
skrinlägga (a, a) [< *lägga*]	IV	postpone, consign to oblivion
skriva (e, i)	IV	write

VERB	CLASS	ENGLISH TRANSLATION
skrympa ([y], u)	IIb or IV	become wrinkled
skryta (ö, u)	IV	boast, brag
skrämma	IIa	frighten
skräpa	I	look untidy, litter
skura	I	scrub
sky	III	shun
skydda	I	cover, protect
skylta	I	display, show off
skynda	I	hurry
skynda sig	I	hurry
skälla	IIa	scold, bark
skämmas	IIa	be ashamed [deponent]
skämta	I	joke
skänka	IIb	donate, give
skära (a, u)	IV	cut
skära sig (a, u)	IV	cut oneself, turn
skölja	IIa	rinse, wash
sköta	IIb	manage
sladda	I	skid
slarva	I	be careless, fool, waste (away)
slaska	I	be slushy [intransitive]; splash [transitive]
slicka	I	lick
slinka (a, u)	IV	slink
slinta (a, u)	IV	slip
slippa (a, u)	IV	escape, be excused, be spared from
slita (e, i)	IV	tear, wear, work hard, wear out
slockna	I	go out, be extinguished [intransitive]
sluka (ö, u)	IV or I	devour
slumpa sig	I	chance, happen
sluta	I	finish, end, stop, come to an end [intransitive]
sluta (ö, u)	IV	conclude, close, bring to an end [transitive]
slå (o, a)	IV	hit, beat, strike
slåss (o, a)	IV	fight [deponent]
släcka	IIb	put out, quench, extinguish [transitive]
slänga	IIa	throw (away)
släppa	IIb	let go, release
slöja	I	veil, fog
slösa	I	waste

VERB	CLASS	ENGLISH TRANSLATION
smaka	I	taste
smeka	IIb	caress
smickra	I	flatter
sminka	I	make up, paint
smita (e, i)	IV	shirk, run away, sneak (away)
smitta	I	infect
smyga (ö, u)	IV	sneak, slip away
smäda	I	abuse, revile, defame, blaspheme
smälla	IIa	slap
smälta (a, u)	IIb or IV	dissolve, melt, digest
smörja (o, o)	IV or IIa	grease, lubricate, annoint
snida	I	carve
sno	III	twist
snyfta	I	sob
snyta (ö, u)	IV	blow nose, steal
snärja	IIa	ensnare
snöa	I	snow
sockra	I	sweeten
sola sig	I	lie in sun, bask in sun
solbada [< bada]	I	sun-bathe, take a sun-bath
somna	I	fall asleep, go off to sleep [intransitive]
sona	I	atone (for)
sopa	I	sweep
sova (o, o)	IV	sleep, be sleeping, fall asleep [intransitive]
spara	I or IIa	save
sparka	I	kick
specialisera	I	specialize
spegla sig	I	look in mirror, be reflected
spela	I or IIb	play
spika	I	nail
spilla	IIa	spill
spinna (a, u)	IV	spin
spionera	I	spy
sporta	I	go in for sports
spotta	I	spit
spricka (a, u)	IV	burst, crack, break (open) [intransitive]
sprida (e, i)	IIa or IV	spread
springa (a, u)	IV	run
spritta (a, u)	IV	jump, start, be started
spräcka	I	crack, burst, split [transitive]

| --- | --- | --- |
sprätta	I	rip
sprätta	IIb	scatter, spatter
spurta	I	spurt
spy	III	vomit
spå	III	predict, foretell
spänna	IIa	stretch, strain
spörja (o, o)	IV or IIa	ask. learn
spörjas (o, o)	IV	be rumored, be asked
stampa	I	stamp, trample, pitch
stanna	I	stop, stay
starta	I	start
stava	I	spell
sticka	I	knit
sticka (a, u)	IV	stick, prick, sting, put
stiga (e, i)	IV	rise, step
stinga (a, u)	IV	sting
stinka (a, u)	IV	stink
stjäla (a, u)	IV	steal
stjälpa [(a, u) : rare]	IIb [or IV : rare]	overturn, upset
stoppa	I	stop, darn
straffa	I	punish
strejka	I	strike, go on strike
strida (e, i)	IV or IIa	fight
strunta	I	not care
stryka (ö, u)	IV	stroke, cross out, iron, paint
stråla	I	beam, shine, sparkle
sträcka	IIb	stretch
strö	III	strew
studera	I	study
stupa	I	fall (in battle)
styra	IIa	rule, steer, control
stå (o, å)	IV	stand [intransitive]
stå sig (o, å) [<*stå*]	IV	remain the same
städa	I	tidy (up), clean room, do room
städja (a, a)	IV or IIa	employ, engage
ställa	IIa	put, place [transitive]
stämma	IIa	stem, check, stop
stänga	IIa	shut, close
stänka	IIb	sprinkle, spatter
stöda [=*stödja*, q.v.]	IIa	support

VERB	CLASS	ENGLISH TRANSLATION
stödja (ö, ö)	IIa or IV	support
störa	IIa	disturb
sucka	I	sigh
suga (ö, u)	IV	suck
supa (ö, u)	IV	drink (liquor), sip, tipple
svara	I	answer, reply
svettas	I	perspire, sweat [deponent]
svida (e, i)	IV	ache, smart, burn
svika (e, i)	IV	fail, disappoint, betray, deceive
svimma	I	faint
svinna (a, u)	IV	vanish
svullna	I	swell
svälja (a, a)	IV or IIb	swallow
svälla	IIa	swell, fill, rise
svälta (a, u)	IV	starve (involuntarily) [intransitive]
svälta (a, [ä])	IIb or IV	starve (out), starve (someone) [transitive]
svälta sig	IIb	starve oneself (intentionally)
svänga	IIa	swing, turn
svära (o, u)	IV	swear, curse
svärja (o, u) [=*svära*, q.v.]	IV	swear, curse
sy	III	sew
syna	I or IIb	examine, inspect
synas	IIb	be seen, appear, show, seem [deponent]
syra	I	(make) sour
syra	IIa	(become) sour
syssla	I	be busy, do, work
så	III	sow
såga	I	saw
såra	I	hurt, wound
säga (a, a)	IV or IIa	say
sälja (å, å)	IV or IIa	sell
sämjas	IIa	agree [deponent]
sända	IIa	send, forward, remit, broadcast
sänka	IIb	lower, sink [transitive]
sätta (a, a)	IV or IIb	put, set, place [transitive]
sätta sig (a, a)	IV or IIb	sit down, take a seat
söka	IIb	seek, look for, search
sörja	IIa	mourn
söva	IIa	put to sleep, lull [transitive]

VERB	CLASS	ENGLISH TRANSLATION
ta (o, a) [=*taga*, q.v.]	IV	take
tacka	I	thank
ta(ga) (o, a)	IV	take
tala	I or IIb	speak, talk
tappa	I	lose
te sig	III or IIa	appear, seem, look like
teckna	I	sign, draw
telefonera	I	phone, call up, telephone
tiga (e, i)	IV	be silent
tilldela [<*dela*]	I or IIb	allot, assign, confer, award
tilldra(ga) (o, a) [<*dra(ga)*]	IV	happen, occur
tillerkänna [<*känna*]	IIa	ascribe, attribute
tillfalla (ö, a) [<*falla*]	IV	fall to (someone), go to (someone)
tillfoga [<*foga*]	I	affix, add, inflict (upon)
tillföra [<*föra*]	IIa	bring, supply
tillfredsställa [<*ställa*]	IIa	satisfy
tillgodogöra sig (o, o) [<*göra*]	IV	utilize, make use of, avail oneself (of), assimilate, profit (by)
tillgripa (e, i) [<*gripa*]	IV	resort to
tillgå (i, å) [<*gå*]	IV	be managed, have access to
tillhöra [<*höra*]	IIa	belong (to)
tillkalla [<*kalla*]	I	summon, call
tillkomma (o, o) [<*komma*]	IV	be added, belong to, be one's duty
tillkännagiva (a, i or e) [<*ge, giva*]	IV	make known, notify, announce, declare
tillreda [<*reda*]	IIa	prepare, get ready
tilltala [<*tala*]	I	address, appeal (to), speak to
tillåta (ä, å) [<*låta*]	IV	permit, allow
tillägga (a, a) [<*lägga*]	IV	add
tillämna [<*lämna*]	I	intend, have in view
tillämpa [<*lämpa*]	I	apply
titta	I	look
tjusa	I or IIb	charm
tjuta (ö, u)	IV	howl
tjäna	I or IIb	serve, earn
tordas [=töras (q. v.)]	IV or IIa	dare [deponent]
torka	I	wipe, dry
trampa	I	tread
transportera	I	transport
trassla	I	entangle
trilla	I	fall, tumble, roll
trivas	IIa	get along, get on, feel at home [deponent]

VERB	CLASS	ENGLISH TRANSLATION
tro	III	believe, think
trycka	IIb	print, press
tryta (ö, u)	IV	be getting low, run out (of)
tråda	IIa	tread
träffa	I	meet, find, hit
träffas	I	be at home, meet [deponent]
tränga	IIa	press, jostle
trösta	I	console
trötta	I	tire, fatigue [transitive]
tröttna	I	get tired, become tired [intransitive]
tugga	I	chew
tulla	I	pay duty
tveka	I	hesitate
tvinga (a, u)	I or IV	force, oblige, compel
tvivla	I	doubt
tvätta	I	wash
tvätta sig	I	wash oneself
tycka	IIb	think, like
tyckas	IIb	seem [deponent]
tyda	IIa	interpret, decipher, make out
tysta	I	silence [transitive]
tystna	I	become silent, grow silent, stop speaking [intransitive]
tåla	IIa or IIb	endure, suffer
täcka	IIb	cover
tälja	IIa	cut, whittle
tälja (a, a)	IV	tell, recount
tälta	I	camp (out), pitch tent
tämja (a, a)	IIa or IV	tame
tända	IIa	light, strike (match), turn on (light)
tänka	IIb	think
tänka sig	IIb	imagine
tävla	I	compete
töa	I	thaw
tömma	IIa	empty
töras (o, o)	IV or IIa	dare [deponent]
umbära (a, u) [<*bära*]	IV	do without
umgås (i, å) [<*gå*]	IV	mix with, associate (with), see (frequently), [deponent]

VERB	CLASS	ENGLISH TRANSLATION
undergå (i, å) [<gå]	IV	undergo, go through
underhålla (ö, å) [<hålla]	IV	entertain, maintain, support
underkänna [<känna]	IIa	disapprove, reject, fail
underlåta (ä, å) [<låta]	IV	neglect
underordna [<ordna]	I	subordinate
underrätta [<rätta]	I	inform
undervisa [<visa]	I	teach
undgå (i, å) [<gå]	IV	elude, avoid, escape
undkomma (o, o) [<komma]	IV	escape
undra	I	wonder
undvika (e, i) [<vika]	IV	avoid
uppbjuda (ö, u) [<bjuda]	IV	mobilize, muster
uppbära (a, u) [<bära]	IV	receive, cash, collect
uppdela [<dela]	I	divide
uppdra(ga) (o, a) [<dra(ga)]	IV	commission someone (to do something)
uppdriva (e, i) [<driva]	IV	raise, procure
uppehålla (ö, å) [<hålla]	IV	support, sustain, keep up, delay
uppehålla sig (ö, å) [<hålla]	IV	stay, reside, remain
uppfatta [<fatta]	I	catch, comprehend, understand, interpret
uppfinna (a, u) [<finna]	IV	invent
uppföra [<föra]	IIa	erect, build, perform
uppföra sig [<föra]	IIa	behave, conduct oneself
uppgiva (a, i or e) [<ge, giva]	IV	give up, abandon, state
uppgå (i, å) [<gå]	IV	amount (to), reach
upphöra [<höra]	IIa	cease, stop
uppkalla [<kalla]	I	name a person (after someone)
uppkomma (o, o) [<komma]	IV	arise, originate
upplåta (ä, å) [<låta]	IV	give up, grant the use (of)
upplösa [<lösa]	IIb	dissolve, disperse, disband
upprepa	I	repeat
upprätta [<rätta]	I	raise, establish, found, restore
upprätthålla (ö, å) [<hålla]	IV	uphold, support, maintain, preserve
uppröra [<röra]	IIa	stir up, arouse, excite, disturb, agitate
uppskatta	I	appreciate, estimate
uppstå (o, å) [<stå]	IV	arise, come up
uppträda	IIa	appear
upptäcka [<täcka]	IIb	discover
uppvakta [<vakta]	I	honor, court, pay one's respects
ursäkta	I	excuse, pardon
utanordna [<ordna]	I	order (a sum) to be paid

235

VERB	CLASS	ENGLISH TRANSLATION
utarbeta [< *arbeta*]	I	work, out, elaborate
utbilda [< *bilda*]	I	train, develop
utbjuda (ö, u) [< *bjuda*]	IV	offer for sale
utdöma [< *döma*] .	IIa	reject, rule out
utelämna [< *lämna*]	I	leave out, omit, pass over
utfalla (ö, a) [< *falla*]	IV	turn out, fall (out)
utfästa [< *fästa*]	IIb	offer, promise (a reward)
utföra [< *föra*]	IIa	execute, carry out, perform, export
utgå (i, å) [< *gå*]	IV	start (from), expire, come to an end, leave, become extinct
utgöra (o, o) [< *göra*]	IV	constitute, amount to
utkräva [< *kräva*]	IIa	take vengeance, demand, exact
utlåta sig (ä, å) [< *låta*]	IV	give an opinion, state
utlägga (a, a) [< *lägga*]	IV	expound, comment (upon)
utlämna [< *lämna*]	I	give out, hand out, issue
utlösa [< *lösa*]	IIb	redeem, ransom, release, cause
utreda [< *reda*]	IIa	disentangle, investigate, analyze
uträtta [< *rätta*]	I	do, perform, accomplish
uttrycka [< *trycka*]	IIb	express
utveckla	I	develop
vaka	I	keep watch (over), keep vigil [intransitive]
vakna	I	wake up, awaken [intransitive]
vakta	I	guard
vandra	I	walk, wander
vara	I	last, go on, continue
vara (a, a)	IV	be
varda (a, [o])	IV	become, be, (let there) be [archaic]
varsko	III	warn
vattna	I	water, irrigate, sprinkle [transitive]
vederlägga (a, a) [< *lägga*]	IV	deny, refute, disprove
verka	I	seem, work
veta (i, e)	IV	know
vetta (e, e)	IV	face, open on (to)
vidarebefordra [< *fordra*]	I	forward
vidgå (i, å) [< *gå*]	IV	confess
vidkännas [< *känna*]	IIa	bear, suffer
vika (e, i)	IV or IIb	fold, retreat, give way, yield
vila	I	rest

236

VERB	CLASS	ENGLISH TRANSLATION
vilja (i, e)	IV	want, be willing (to)
vina (e, i)	IV	whine, buzz, whir, whistle
vinka	I	wave, beckon
vinna (a, u)	IV	win
visa	I or IIb	show
visa sig	I or IIb	appear
viska	I	whisper
vispa	I	whip, beat
vistas	I	stay, reside, sojourn [deponent]
vricka	I	sprain
vrida (e, i)	IV	turn, twist
vräka	IIb	throw, evict, eject
våga	I	dare
väcka	IIb	call, awaken, wake [transitive]
vädra	I	air, sniff
väga	IIa	weigh
vägra	I	refuse
välja (a, a)	IV or IIa	choose, elect
välta	I	roll (up)
välta	IIb	turn over, keel over, fall, tumble
vämjas	IIa	feel ill, be nauseous, be disgusted [deponent]
vända	IIa	turn
vända sig	IIa	turn
vänja (a, a)	IV or IIa	get used to, accustom
vänta	I	wait
vänta sig	I	expect
värka	IIb	ache
värma	IIa	warm, heat (up)
väsnas	I	be noisy, make noise [deponent]
väta	IIb	moisten, make wet [transitive]; get wet [intransitive]
växa (u, u)	IIb or IV	grow
växla	I	change, shunt
yra	I	rave, be delirious
yra	IIa	whirl, fly (around)
ysta	I	make cheese, curdle

VERB	CLASS	ENGLISH TRANSLATION
ådra(ga) sig (o, a) [< dra(ga)]	IV	contract, catch (a cold), attract, incur
åka	IIb	go, travel
ålägga (a, a) [< lägga]	IV	enjoin, command, order
ångra	I	repent, regret
åstadkomma (o, o) [< komma]	IV	achieve, produce, do
åta(ga) sig (o, a) [< ta(ga)]	IV	undertake
återgiva (a, i or e) [< ge, giva]	IV	reproduce, render
återhålla (ö, å) [< hålla]	IV	restrain, hold back
återkomma (o, o) [< komma]	IV	return, come back, recur
återlämna [< lämna]	I	return
återstå (o, å) [< stå]	IV	remain
återta(ga) (o, a) [< ta(ga)]	IV	take back, recapture, recover, resume
återvända [< vända]	IIa	return, turn back
åtrå	III	long for, desire, crave, covet
äga	IIa	own
älska	I	love
ändra	I	alter, change
ändra sig	I	change, change one's mind
äta (å, ä)	IV	eat
öka	I or IIb	increase
önska	I	wish, want, desire
öppna	I	open
öva	I	practice, exercise
öva sig	I	practice, do exercises
överbringa (a, a) [< bringa]	I or IV	deliver
överdriva (e, i) [< driva]	IV	exaggerate
överfalla (ö, a) [< falla]	IV	assault, attack
överföra [< föra]	IIa	transfer, carry over, carry across
övergiva (a, i or e) [< ge, giva]	IV	abandon
övergå (i, å) [< gå]	IV	cross, pass over, surpass, change (to)
överlåta (ä, å) [< låta]	IV	hand over
överlägga (a, a) [< lägga]	IV	deliberate, discuss
överlämna [< lämna]	I	deliver
överraska [< raska]	I	surprise
översätta (a, a) [< sätta]	IV	translate
övertala [< tala]	I or IIb	persuade

BIBLIOGRAPHY

1. DICTIONARIES: Bi-lingual and Mono-Lingual

Björkhagen, Im[manuel]. *Svensk-engelsk ordlista. 3000 vanliga ord och fraser.* [Stockholm: Svenska Bokförlaget/Bonnier, 1968]

Broberg, Bertil och Arne Ahlberg. *Amerikansk/engelsk-svensk militärordbok.* [Stockholm: Svenska Bokförlaget/Bonnier, 1957]

Casserberg, Ture. *Första engelsk-svenska ordboken.* [Stockholm: Svenska Bokförlaget/Norstedt, 1957]

Danielsson, Bror. *Modern engelsk-svensk ordbok/A Modern English-Swedish Dictionary.* [Stockholm: Bokförlaget Prisma, Fjärde upplagan, 1969]

Engström, Einar. *Engelsk-svensk teknisk ordbok.* [Stockholm: Sv. trävarutidn., Åttonde upplagan, 1960]

Engström, Einar. *Svensk-tysk teknisk ordbok.* [Stockholm: Sv. trävarutidn., Tredje upplagan, 1959]

Engström, Einar. *Tysk-svensk teknisk ordbok.* [Stockholm: Sv. trävarutidn., Tredje upplagan, 1958]

Ernolv, Carl, Anna C. Petterson and Margareta Ångström. *Svensk-engelsk ordbok (Svenska Bokförlagets Fickordböcker).* [Stockholm: Läromedelsförlagen/Språkförlaget, Andra upplagan, 1969]

Freudenthal, Fritiof m.fl. *Engelskt-svenskt lexikon.* [Stockholm: Natur och Kultur, Andra rev. upplagan, 1960]

Gullberg, Ingvar E. *Svensk-engelsk fackordbok.* [Stockholm: P. A. Norstedt och Söners Förlag, 1964]

Hammar, Thelka. *Svensk-fransk ordbok.* [Stockholm: Svenska Bokförlaget/Norstedts, 1967]

Harlock, Walter E. *Svensk-engelsk ordbok: Skolupplagan.* Revised by Rudolph Santesson et al. as *Svensk-engelsk ordbok.* [Stockholm: Läromedelsförlagen/Språkförlaget, 1970]

Hellquist, Elof. *Svensk etymologisk ordbok. Band I: A-N. Band II: O-Ö.* [Lund: C. W. K. Gleerups Förlag, Tredje upplagan, 1966]

Hoppe, Auerbach und Reutercrona. *Tysk-svensk ordbok: Skolupplagan.* Revised edition of: *Tysk-svensk ordbok.* [Stockholm: Svenska Bokförlaget/Norstedts, 1965]

Illustrerad svensk ordbok. [Stockholm: Natur och Kultur, 1964]

Klint, A[xel]. *Engelskt-svenskt miniatyrlexikon.* [Stockholm: Svenska Bokförlaget]

Klint, A[xel]. *Svenskt-engelskt miniatyrlexikon.* [Stockholm: Svenska Bokförlaget/Nordstedt, Tredje upplagan, 1959]

Klint, A[xel]. *Svenskt-tyskt miniatyrlexikon.* [Stockholm: Svenska Bokförlaget/Norstedt, Andra omarb. upplagan, 1959]

Kärre, Karl, Harald Lindkvist, Ruben Nöjd and Mats Redin. *English-Swedish Dictionary: School Edition/Engelsk-svensk ordbok: Skolupplaga.* [Stockholm: Läromedelsförlagen/Språkförlaget, 1970]

Modern engelsk-svensk ordbok. [Stockholm: Bokförlaget Prisma, 1971]
Modern svensk-engelsk ordbok / A Modern Swedish-English Dictionary. [Stockholm: Bokförlaget Prisma, 1970; rev. 1972]
Niloés engelsk-svenska och svensk-engelska lexikon. [Stockholm: Niloé, 1960]
Nöjd, Ruben. *Engelsk-svensk ordbok. Serielexikon.* [Stockholm: Svenska Bokförlaget/Bonnier, 1939 (reprinted 1946, 1948, 1950)]
Nöjd, Ruben, Astrid Tornberg and Margareta Ångström. *McKay's Modern English-Swedish and Swedish-English Dictionary.* [New York: David McKay Company, Inc., Fifth printing, 1965]
Ord för ord. Svenska synonymer och uttryck. [Stockholm: Nordiska Uppslagsböcker, 1964]
Strömbergs Synonymordboken. [Stockholm: Strömbergs Bokförlag, Fjärde bearb. upplagan, 1965]
Svenska Akademiens *Ordbok över svenska språket.* [SAOB] [Lund: Lindstedts univ.-bokh. (distr.), 1893-present; continuing]
Svenska Akademiens *Ordlista över svenska språket.* [Stockholm: Svenska Bokförlaget/Norstedts, Nionde upplagan, 1950; Tionde upplagan, 1973]
Svenska Bokförlagets *Svensk-engelsk ordbok.* [See: Harlock, Walter E.]
Svenska Duden: Bildlexikon. [Örebro: IPC International Publishing Company, 1966 / Mannheim: Duden-Verlag, 1966]
Tornberg, Astrid och Margareta Ångström. *Svensk-engelsk ordbok. Serielexikon.* [Stockholm: Svenska Bokförlaget/Bonnier, 1959]
Vising, Johan. *Fransk-svensk ordbok.* [Stockholm: Svenska Bokförlaget/Norstedts, Tredje upplagan, 1965]
Wenström, Edm[und]. *Engelsk-svensk ordbok (Svenska Bokförlagets Fickordböcker).* Fullständigt omarbetat av Ruben Nöjd och Anna C. Petterson. [Stockholm: Svenska Bokförlaget/Norstedts, 1965]

2. SWEDISH TEXTBOOKS: English

Beite, Ann-Mari, Gertrud Englund, Siv Higelin and Nils-Gustav Hildeman. *Basic Swedish Grammar.* [Stockholm: Almqvist & Wiksell, 1963. Third edition, 1967]
Björkhagen, Im[manuel]. *First Swedish Book.* [Stockholm: Svenska Bokförlaget Norstedts, Ninth edition (rev.), 1967]
Björkhagen, Im[manuel]. *Modern Swedish Grammar.* [Stockholm: Svenska Bokförlaget/Norstedts, Ninth Edition (Revised), 1966]
Borland, Harold H. *Swedish for Students.* [Heidelberg: Julius Groos Verlag / London: George Harrap and Company, Ltd., 1970]
Higelin, Siv and Claude Stephenson. *Swedish by Radio.* [Stockholm: Radio Sweden, n.d.]
Hildeman, Nils-Gustav, Ann-Mari Beite et al. *Learn Swedish. Textbook for Beginners.* [Stockholm: Almqvist & Wiksell, Fourth Edition, 1973]

Hildeman, Nils-Gustav, Per-Axel Hildeman and Ingemar Olsson. *Practice Swedish: Exercises in the Swedish Language.* [Stockholm: Almqvist & Wiksell, 1957. 2nd. ed., 1971]

Hildeman, Nils-Gustav and Ingemar Olsson. *Key to Practice Swedish: Exercises in the Swedish Language.* [Stockholm: Almqvist & Wiksell, 1963]

Johnson, Walter. *Beginning Swedish.* [Rock Island, Ill.: Augustana Book Concern, 1939, reprinted 1946; new edition: Philadelphia: Fortress Press, 1952, repr. 1961]

Laycock, G. Kenneth and Martin S. Allwood. *Idiomatic English Sentences with Swedish Equivalents.* [Stockholm: Almqvist & Wiksell, 1945]

Lundell, Torborg, Carol Clover and Kaarina Nikkilä. *Svenska-Swedish for Beginners.* [Santa Barbara and Berkeley, Calif.: private printing, Revised test edition, 1971; Los Angeles: Gerber Foundation, Revised ed., 1972]

McClean, R. J. *Teach Yourself Swedish: A Grammar of the Modern Language.* [London: The English Universities Press Ltd., 1947. Third Edition, 1969]

Rice, Allan Lake. *Swedish: A Practical Grammar.* [Rock Island, Illinois: Augustana Press, 1958]

Rosén, Gunnar. *A Short Swedish Grammar.* [Stockholm: Folkuniversitetets Förlag, 1970]

Rosén, Gunnar. *Liten svensk grammatik på engelska.* [Stockholm: Folkuniversitetets Förlag, 1971]

Ryden, Einar R. *Spoken Swedish.* [Ann Arbor, Mich.: Edwards Brothers, Inc., 1945]

Söderbäck, Martin. *Advanced Spoken Swedish.* [Rock Island, Illinois: Augustana Book Concern, Rev. Ed., 1947]

Söderbäck, Martin. *Elementary Spoken Swedish.* [Philadelphia: Fortress Press, 1947]

Uppvall, Axel Johan. *Swedish Grammar and Reader.* [New York: Albert Bonnier Publishing House, 1938]

Vickner, Edwin J. *Simplified Swedish Grammar.* [Chicago: Baptist Conference Press]

Vickner, Edwin J. *Swedish Composition and Word Study.* [Chicago: Baptist Conference Press, n.d.]

3. SWEDISH TEXTBOOKS: Swedish

Allwood, Martin S., ed., i samarbete med Postlethwaite, Nilsson, och Laycock. *Engelska vokabler och idiom med viktigare amerikanska varianter.* [Stockholm, 1964]

Boström, Sylvia. *Från av till över: Övningsbok i svenska språket för utlänningar.* [Stockholm: Folkuniversitetets Förlag, 1969]

Bruzaeus, Lena och Ulf Wallin. *Svenska: Textbok. Svenska: Lärarhandledning. Mera svenska: Textbok. Mera svenska: Lärarhandledning. Mera svenska: Elevens bok. Mera svenska: Lärarens bok. Ännu mera svenska: Textbok. Ännu mera svenska: Lärarhandledning. Ännu mera svenska: Elevens bok. Ännu mera svenska: Lärarens bok.* [Lund: Kursverksamheten vid Lunds universitet, 1971-72]

Ekroth, Gun, Siv Higelin och Agnete Hjorth. *Svenska för er inom sjukvården.* [Stockholm: Sveriges Radios förlag, 1971]

Hansel, Elna och Siv Higelin. *Svenska på svenska: Del 1. Svenska på svenska: Del 2. Svenska på svenska: 15 bandövningar för utlänningar. Supplement till svenska på svenska: 14 bandövningar för utlänningar.* [Stockholm: Språkförlaget Skriptor, 1967-68; rev. 1970-71]

Higelin, Siv, Gun Ekroth, Agnete Hjorth, Solveig Kristiansen och Åse Tiegs. *Samtal på svenska.* [Stockholm: Sveriges Radios förlag, 1973]

Higelin, Siv, Bengt Svensson, Kerstin Petersson, Björn Hammarberg och Olle Vejde. *Svenska för er: Del 1: (Lärobok, Övningsbok, Ordlistor [på arabiska, engelska, finska, franska, grekiska, italienska, polska, rumänska, serbokroatiska, spanska, tjeckiska, turkiska, tyska och ungerska], Allmän lärarhandledning, Lektionsutkast.) Svenska för er: Del 2: (Lärobok, Övningsbok, Ordlistor [på arabiska, engelska, finska, franska, grekiska, italienska, polska, rumänska, serbokroatiska, spanska, tjeckiska, turkiska, tyska och ungerska], Allmän lärarhandledning, Lektionsutkast.)* [Stockholm: Sveriges Radios förlag, 1967-68]

Higelin, Siv. *Svenska på svenska.* [See: Hansel, Elna]

Hildeman, Nils-Gustav, Ann-Mari Hedbäck, et al. *Lär er svenska. Lär er svenska: Övningsbok. Lär er svenska: Facit till Övningsbok. Lär er svenska: Lärarhandledning. Lär er svenska: Ordlistor (på engelska, finska, franska, grekiska, italienska, serbokroatiska, tjeckiska och tyska.)* [Stockholm: Almqvist & Wiksell, 1968]

Nylund-Brodda, Elizabeth, Britta Holm m.fl. *Enspråkiga övningar i svenska, Del 1. Enspråkiga övningar i svenska, Del 2.* [Stockholm: Språkförlaget Skriptor, Nionde upplagan, 1972]

Rosén, Gunnar. *Öva svenska.* [Stockholm: Folkuniversitetets Förlag, Sjätte upplagan, 1966]

Rosén, Gunnar. *Svenska för utlänningar. Svenska för utlänningar: Ordlistor på engelska, finska, franska och tyska.* [Stockholm: Folkuniversitetets Förlag, 1966]

4. SWEDISH TEXTBOOKS: Languages Other Than English or Swedish

Gravier-Nord. *Manuel pratique de langue suédoise.* [Paris: Klincksieck, 1964]

Hammar, Elisabet. *Schwedische Grammatik für Deutschsprachige.* [Stockholm: Svenska Bokförlaget/Norstedt, Andra upplagan, 1967]

Hildeman, Nils-Gustav, Ann-Mari Beite et al. *Lerne Schwedisch: Lehrbuch für Anfänger.* [Stockholm: Almqvist & Wiksell, Dritte Auflage, 1966]

Kolvoort-Delhez, Drs. A. M. *Vi talar svenska: Praktisch Leerboek voor de zweedse taal.* [Den Haag: Van Goor Zonen, 1963]

Lindbérg, Nils-Herman. *Lehrbuch der schwedischen Sprache: I: Lesebuch. II: Grammatik.* [Stockholm: Esselte Studium. Sjätte upplagan, 1965]

Mutén, Alexander. *30 Stunden Schwedisch für Anfänger (Langenscheidts Kurzlehrbuch).* [Berlin/München/Zürich: Langenscheidt, 1941. Neubearbeitung 1964 von Dr. Hansgeorg Kornitzky.]

Rosén, Gunnar. *Liten svensk grammatik på franska.* [Stockholm: Folkuniversitetets förlag, 1971]

Rosén, Gunnar. *Liten svensk grammatik på tyska.* [Stockholm: Folkuniversitetets förlag, 1971]

Wolf, Werner. *Kleine schwedische Sprachlehre (Methode Gaspey-Otto-Sauer).* [Heidelberg: Julius Groos, Verlag, Achte Auflage, 1967]

Wolf, Werner. *Schlüssel zur kleinen schwedischen Sprachlehre.* [Heidelberg: Julius Groos, Verlag, Achte Auflage, 1967]

Åström, Olof. *Le suédois en vingt leçons.* [Stockholm: Svenska Bokförlaget/Bonnier, Andra upplagan, 1966]

Åström, Olof and Angelo P. Nussdorfer. *Švedski jezik u dvadeset vježbi.* [Stockholm: Svenska Bokförlaget/Bonnier, 1966]

Åström, Olof and Alfonso Montabone. *Venti lezioni di svedese.* [Stockholm: Svenska Bokförlaget/Bonnier, 1966]

5. READERS for STUDENTS of SWEDISH

Allwood, Martin S. and Arthur A. Wald. *Svenska som lever/Living Swedish.* [Stockholm: Gebers Förlag/Rock Island, Illinois: Augustana Book Concern, 1948]

Brandberg, P. and R. J. McClean. *A Swedish Reader.* [London: University of London: The Athlone Press, 1953]

Franzén, Gösta. *Prose and Poetry of Modern Sweden: An Intermediate Swedish Reader.* [Lincoln: University af Nebraska Press, 1969]

Hammar, Tomas. *Leva i Sverige: Samhällsorientering för invandrare och svenskar.* [Stockholm: Sveriges Radios förlag, 1971]

Higelin, Siv. *Från Fakiren till Jolo: Lätta svenska texter för utlänningar. Vocabulary to Från Fakiren till Jolo.* (Also available in Finnish, French and German.) *Övningsbok till Från Fakiren till Jolo.* [Stockholm: Folkuniversitetets Förlag, Sjätte upplagan, 1963]

Higelin, Siv. *Om Sverige och svenskarna.* [Stockholm/Göteborg/Uppsala: Almqvist & Wiksell, 1964]

Higelin, Siv with Gunilla Jansson and Claude Stephenson. *Vi läser svenska tidningar.* [Stockholm: Radio Sweden, 1966]

Holm, Britta, ed. *Tidningstexter.* [Stockholm: Språkförlaget Skriptor]

Knutsson, Mari-Ann. *Välkommen till Sverige: arbetsmaterial för invandrarbarn i grundskolan.* [Stockholm: Språkförlaget Skriptor]

Ljungmark, Eje och Lilian Månsson. *Svenska för vuxna. Antologi.* [Stockholm: Läromedelsförlagen, 1972]

Lokrantz, Margherita Giordano och Gunnar Lokrantz. *Litterära texter: Antologi för studier i svenska.* [Stockholm/Malmö: Swedish Institute, 1972]

Manne, Gerd och Agnete Hjorth. *Leva bland människor: textbok. Leva bland människor: arbetsbok.* [Stockholm: Sveriges Radios förlag, 1973]

Mathlein, Marianne. *Läsebok för invandrare. Läsebok för invandrare: Övningar. Facit* (till övningar). [Stockholm: Läromedelsförlagen, 1971]

Stenbeck, Manne. *Svenska texter: Ett urval svensk prosa efter 1940.* [Stockholm: Wahlström och Widstrand, 1968]

Söderbäck, Martin. *Swedish Reader.* [Philadelphia: Fortress Press, 1952]

6. THE SWEDISH LANGUAGE: History, Structure, Stylistics, Slang, Grammar.

Ahlbäck, Olav. *Svenskan i Finland.* (Skrifter utgivna av Nämnden för svensk språkvård, 15) [Stockholm: Läromedelsförlagen, Andra upplagen, 1971]

Allwood, Martin S. and Inga Wilhelmsen. *Basic Swedish Word List.* [Philadelphia: Fortress Press, 1947; Fifth printing, 1966]

Allwood, Martin S. *Levande språkundervisning.* [Stockholm: Natur och Kultur, 1942]

Askeberg, Fritz och Bengt Holmberg. *Nusvenska.* [Stockholm: Svenska Bokförlaget/Bonniers, 1966]

Beckman, Natanael. *Svensk språklära.* [Stockholm: Svenska Bokförlaget Bonniers, Nionde, nästan oförändrade upplagan, 1964]

Bergman, G. *Rotvälska.* [Stockholm, 1931]

Bergman, G. *Slang och hemliga språk.* [Stockholm, 1931]

Bergman, Gösta. *A Short History of the Swedish Language.* [Stockholm: The Swedish Institute for Cultural Relations, 1947. (Translated and adapted by Francis P. Magoun, Jr., and Helge Kökeritz.) Revised, 1973]

Bergman, Gösta. *Kortfattad svensk språkhistoria.* [Stockholm: Bokförlaget Prisma, 1968. Tredje upplagan, 1972]

Bergroth, Hugo. *Finlandssvenska.* [Helsingfors, 1928]

Cederschiöld, Gustaf. *Framtidssvenska.* [Stockholm, 1917]

Cederschiöld, Gustaf. *Svensk stilistik.* [Stockholm, 1920]

Cederschiöld, Wilhelm. *God och dålig svenska.* [Stockholm, 1927]

Collinder, Björn. *Svenska – Vårt språks byggnad.* [Stockholm: Svenska Bokförlag/Norstedts, 1971]

Cronlind. *Kompendium i svensk grammatik.* [Göteborg: Kursverksamheten vid Göteborgs universitet, 1972]

Dahl, Östen. *Generativ grammatik på svenska.* [Lund: Studentlitt., 1971]

Dahlgren, F. A. *Glossarium öfver föråldrade eller ovanliga ord och talesätt i svenska språket.* [Lund: C. W. K. Gleerups Förlag, 1914-1916. Reprinted: Atelier Elektra, Köpenhamn/Copenhagen, 1961]

Dahlstedt, Karl-Hampus. *Svårigheter i svenskans uttal.* [Lund: Modersmålslärarnas förening, 1967]

Dalin, A. F. *Svenska språkets synonymer.* [Stockholm: J. Beckmans Bokförlag, Sjätte upplagan, 1969]

Engström, Agnar. *Stava rätt. Svenska ords uttal, stavning och avstavning.* [Stockholm: J. Beckmans Bokförlag, 1943]

Friberg, B. *Svenskt slanglexikon.* [Stockholm, Andra omarb. upplagan, 1964]

Friedländer, Herbert. *Varför säger man så?* [Stockholm: Ehlins, Andra upplagan, 1957]

Friedländer, Herbert. *Vet vi vad vi säger? Språkhistoriska kåserier.* [Stockholm: Tema/Liber, 1969]

Gibson, Haldo. *Svensk slangordbok.* [Stockholm: Läromedelsförlagen/Språkförlaget, 1969]

Hassler-Göransson, Carita. *Ordfrekvenser i nusvenskt skriftspråk.* [Stockholm: Språkförlaget Skriptor, 1966]

Hassler-Göransson, Carita. *Språkets vanligaste ord.* [Stockholm: A.-B. Seelig & C:o, 1956]

Heikel, Ivar A. *Hur språket utvecklat sig.* [Stockholm, 1936]

Hillman, Rolf, Nils Hänninger, Einar Lilie, Erik Lindström, Ernst Werner och Gösta Bergman. *Vårt språk och vår litteratur: Läro- och Läseböcker för gymnasiet. Band I: Litteraturläsning: jämte litteraturhistorisk orientering. Band II: Litteraturens historia: från omkring 1700 till våra dagar. Band III:1: Litteratur i urval: 1: Från Dalin till och med åttitalet. Band III:2: Litteraturläsning: Från nittitalet till nuvarande tid. Band IV: Vårt språk.* [Stockholm: Svenska Bokförlaget Norstedts, 1963 (I, II, III:2), 1964 (III:1), 1965 (IV)]

Holm, Pelle. *Ordspråk och talesätt.* [Stockholm: Albert Bonniers Förlag, 1965; rev. 1971]

Johannisson, Ture och K. G. Ljunggren. *Svensk handordbok: konstruktioner och fraseologi.* [Stockholm: Svenska Bokförlaget/Norstedts, 1970]

Kock, Axel. *Om språkets förändring.* [Göteborg, 1925]

Lagman, Elna och Edvin. *Lilla ordlistan: för låg- och mellanstadiet.* [Stockholm: Läromedelsförlagen Magn. Bergvall/A V Carlson, 1966. Femte tryckningen, 1970]

Lilie, Einar. *Hur skall jag tala och skriva?* [Stockholm, 1928]

Linder, Nils. *Regler och råd angående svenska språkets behandling i tal och skrift.* [Stockholm, 1908]

Lindroth, Hjalmar. *Aktuella språkfrågor.* [Stockholm, 1928]

Ljung, Magnus och Sölve Ohlander. *Allmän grammatik.* [Lund: Gleerup, 1971]

Ljunggren, C[arl] A[ugust]. *Stilarter och språkriktighetsregler.* [Lund: Gleerupska univ.-bokh., 1955]

Ljunggren, K[arl] G[ustav]. *Adjektivering av substantiv i svenskan: Undersökningar i svensk ordbildningen och betydelslära.* [Lund, 1939]

Ljunggren, Karl Gustav. *De främmande orden i svenskan.* [Lund, 1945]

Ljunggren, Karl Gustav. *Språkvård och språkforskning.* [Lund: Gleerup, 1946]

Malmberg, Bertil. *Nya vägar inom språkforskningen.* [Stockholm: Svenska Bokförlaget/Norstedts, Tredje upplagan, 1966]

Malmberg, Bertil. *Svensk fonetik.* [Lund: Gleerup, 1968]

Mjöberg, Josua. *Studier i språkets konst.* [Lund, 1939]

Noreen, Erik. *Svensk språkvård.* [Stockholm: Natur och Kultur, 1941]

Nylund-Brodda, Elizabeth och Britta Holm. *Deskriptiv svensk grammatik.* [Stockholm: Språkförlaget Skriptor AB, 1972]

Nylund-Brodda, Elizabeth, Britta Holm m.fl. *Kortfattad deskriptiv grammatik i svenska.* [Stockholm, 1970]

Odhner, Einar. *Svensk ordlista.* [Stockholm: Liber, Fjärde omarb. upplagan, 1966]

Odhner, Einar. *Vad betyder orden? Etymologisk ordlista.* [Stockholm: Ehlins, 1952]

Palmér, Johan. *Språkutveckling och språkvård.* [Malmö: Modersmålslärarnas förening, 1945]

Panelius, Olav och Torsten Steinby. *Svenska modeord.* [Lund: Gleerups, Andra upplagan, 1970]

Pipping, Rolf. *Språk och stil.* [Åbo, 1940]

Rosén, Sven. *Svenskarnars språk och svenska språket.* [Stockholm: J. Beckmans Bokförlag, 1946]

Sundén, D. A. *Svensk språklära.* [Stockholm: J. Beckmans Bokförlag, 30:de (reviderade) upplagan, Granskad av Gertrud Areskog, 1950]

Svanberg, Nils. *Svensk stilistik: En handbok för stilhistoriska studier.* [Stockholm: C. E. Fritzes Bokförlag, 1936]

Thorell, Olof. *Svensk grammatik.* [Stockholm: Esselte studium, 1973]

Törnudd, Klaus. *Svenska språkets ställning i Finland.* [Stockholm: Sveriges Finlandsföreningars riksförbund, Andra omarb. upplagan, 1966]

Walshe, M. O'C. *Introduction to the Scandinavian Languages.* [London: Andre Deutsch, 1965]

Wellander, Erik. *Riktig svenska: en handledning i svenska språkets vård.* [Stockholm: Svenska Bokförlaget Norstedts, Fjärde tryckningen, 1963; rev. 1973]

Wessén, Elias. *De nordiska språken.* [Stockholm: Almqvist & Wiksell, Åttonde upplagan, 1968]

Wessén, Elias. *Svensk språkhistoria. Band I: Ljudlära och ordböjningslära. Band II: Ordbildningslära. Band III: Grundlinjer till en historisk syntax.* [Stockholm/Göteborg/Uppsala: Almqvist & Wiksell (I: Sjunde upplagan; II: Fjärde upplagan; III: Andra upplagan,) 1965]

Wessén, Elias. *Våra Folkmål.* [Stockholm: C. E. Fritzes Bokförlag, 1970]

Wessén, Elias. *Våra ord: Kortfattad etymologisk ordbok.* [Stockholm: Svenska Bokförlaget Norstedts, 1966]

Wessén, Elias. *Vårt svenska språk.* [Stockholm: Almqvist & Wiksell, 1968]

Åkermalm, Åke. *Modern svenska: Språk- och stilfrågor.* [Lund: Modersmålslärarnas förening, Andra upplagan, 1967]

7. SWEDISH PHRASE BOOKS: Tourist Manuals

Berlitz Staff. *Swedish for Travellers.* [Geneva: Éditions Berlitz S. A., 1970]

Hugo's Simplified System: *Swedish in Three Months.* [London: Hugo's Language Institute, 1970]

Jamset, B. Ivan, A. I. L. *Basic Swedish.* [London/Philadelphia: Hirschfeld Brothers, Ltd., 1947]

Leander, Birgit and Åke. *Say it in Swedish.* [New York: Dover Publications, Inc., 1954]

Myking, Laila, ed. *Collins Phrase Books: Scandinavian.* [London/Glasgow: William Collins Sons and Co., Ltd., 1968]

Oswald, Jörel Sahlgren. *Swedish Phrase Book.* [London: The English Universities Press, Ltd., 1958]

Thimm, C. A. *Swedish Self-Taught*. [Philadelphia: David McKay, 2nd ed, revised by Carl Cederlöf, n.d.]

Waters, Malin and Jillian Norman. *Swedish Phrase Book*. [Harmondsworth (Middlesex), England/Baltimore, Maryland: Penguin Books, 1972]

8. MISCELLANEOUS REFERENCE WORKS: Sweden and Swedish Literature.

Alving, Hjalmar och Gudmar Hasselberg. *Svensk litteraturhistoria*. [Stockholm: Svenska Bokförlaget/Bonniers, Femte upplagan, 1965]

Andersson, Ingvar. *A History of Sweden*. [New York: Praeger, 1968]

Andersson, Ingvar. *Sveriges historia*. [Stockholm: Natur och Kultur, Sjätte upplagan, 1964]

Andrén, Nils Bertil Einar. *Modern Swedish Government*. [Stockholm: Almqvist & Wiksell, 2nd. rev. ed., 1968]

Andrén, Nils. *Svensk statskunskap*. [Stockholm: Utbildningsförlaget, Femte upplagan, 1972]

Austin, Paul Britten. *The Swedes: How they Live and Work*. [New York: Praeger, 1970]

Björck, Staffan, Hilding Sallnäs och Bertil Palmqvist. *Litteraturhistoria i fickformat*. [Stockholm: Tema/Utbildningsförlaget, 1971]

Board, Joseph B. *The Government and Politics of Sweden*. [Boston: Houghton Mifflin, 1970]

Fleisher, Frederic. *The New Sweden*. [New York: David McKay, 1967]

Gustafson, Alrik. *A History of Swedish Literature*. [Minneapolis: University of Minnesota Press, 1961]

Holmberg, Åke. *Sverige efter 1809. Politisk historia till nutiden*. [Stockholm: Läromedelsförlagen/Svenska bokförlaget, Andra upplagan, 1969]

Jansson, S[ven] B. F. *Runinskrifter i Sverige*. [Stockholm: Almqvist & Wiksell, 1963]

Norstedts Uppslagsbok: Illustrerad encyklopedi i ett band med världsatlas. [Stockholm: AB Nordiska Uppslagsböcker, 1962]

När-Var-Hur. [Stockholm: Bokförlaget Forum AB, årlig/annually]

Oakley, Stewart. *A Short History of Sweden*. [New York/Washington: Frederick A. Praeger, 1966]

Rothery, Agnes Edwards. *Sweden: The Land and the People*. [New York: The Viking Press, 1934]

Samuelsson, Kurt. *From Great Power to Welfare State: 300 Years of Swedish Social Development*. [London: Allen & Unwin, 1968]

Schück, Henrik och Karl Warburg. *Illustrerad svensk litteraturhistoria*. [Stockholm: Bokförlaget Natur och Kultur, 1949]

Scobbie, Irene. *Sweden*. [New York: Praeger, 1972]

Statistisk årsbok. [Stockholm: Statistiska Centralbyrån, årlig/annually]

Strode, Hudson. *Sweden: Model for a World*. [New York: Harcourt, Brace, 1949]

Stromberg, Andrew Adin. *A History of Sweden.* [New York: The Macmillan Co., 1931]

Svenskt litteraturlexikon. [Lund: C. W. K. Gleerup Bokförlag, 1964; Andra upplagan, 1970]

Sverige: Land och folk. Första delen: Allmän geografi. Andra delen: Landskap och kommunblock. Tredje delen: Atlas med register. [Stockholm: Natur och Kultur, 1966]

Tigerstedt, E. N., m.fl., eds. *Ny illustrerad svensk litteraturhistoria.* [Stockholm: Natur och Kultur, Andra bearbetade upplagan, 1957]

Tigerstedt, Eugène Napoleon. *Svensk litteraturhistoria.* [Stockholm: Natur och Kultur, 1971]

Tomasson, Richard F. *Sweden: Prototype of a Modern Society.* [New York: Random House, 1970]

Vem är det: svensk biografisk handbok, 1973. [Stockholm: P. A. Norstedt och Söners förlag, 1972. Vartannat år/biennial]

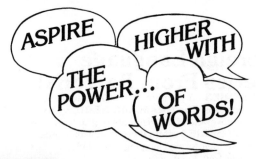

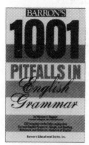